Beatrice Wälti

Das Paradox der Wissensverteilung und -nutzung

Der Mensch im Zentrum

Wälti, Beatrice: Das Paradox der Wissensverteilung und -nutzung: Der Mensch im Zentrum. Hamburg, disserta Verlag, 2015

Buch-ISBN: 978-3-95935-030-3
PDF-eBook-ISBN: 978-3-95935-031-0
Druck/Herstellung: disserta Verlag, Hamburg, 2015
Covermotiv: pixabay.com

Bibliografische Information der Deutschen Nationalbibliothek:
Die Deutsche Nationalbibliothek verzeichnet diese Publikation in der Deutschen
Nationalbibliografie; detaillierte bibliografische Daten sind im Internet über
http://dnb.d-nb.de abrufbar.

© disserta Verlag, Imprint der Diplomica Verlag GmbH
Hermannstal 119k, 22119 Hamburg
http://www.disserta-verlag.de, Hamburg 2015
Printed in Germany

Management Summary

Wissensmanagement ist keine Neuentdeckung, z.B. in den Zünften wurde schon früher Wissen gezielt bearbeitet und weitergegeben. In den letzten Jahrzenten verstärkte sich das Interesse, wobei Lehre und Forschung viel Neues hervorgebracht hat. Wissensmanagement ist bei grösseren Firmen schon mehrfach im Einsatz, während bei vielen KMU's jedoch die Ressource Wissen praktisch dem Zufallsprinzip überlassen wird. Vielfach wird Wissen nicht systematisch gepflegt und bewahrt, Verbesserungsmöglichkeiten werden vernachlässigt und die Wissens- und Kreativitätspotentiale der Mitarbeiter werden nicht optimal ausgeschöpft. Diese Einstellung kann fatale Folgen für die Wettbewerbsfähigkeit haben, zumal effiziente Kommunikation, die Sicherstellung von relevanten und aktuellen Informationen und schlussendlich Wissen bewusster und zielgerichteter einzusetzen sich jeder leisten kann. Erfolgsfaktoren sind immer weniger wirtschaftliche, technische oder organisatorische Verfahrensweisen sondern in erster Linie der zielgerichtete Umgang mit Wissen.

Der gewählte Wirtschaftszweig der IT Projekt Ressourcen Manager ist vom Standpunkt des Wissensmanagements aus gesehen äusserst interessant, er gehört zur Gruppe "KMU mit Projektwissen und Innovationsfähigkeit" und bewegt sich dementsprechend in einem wirtschaftlich dynamischen Umfeld mit starkem Wandel, schnellen Reaktionszeiten und einer relativ hohen Fluktuation. Zentral geprägt wird das IT Projekt Ressourcen Management durch die Dreiecksbeziehung Kunde - externer Mitarbeiter - Verleiher, was das Management der Wissensverteilung und -nutzung erheblich erschwert. Die vorliegende Arbeit behandelt einen Konzeptaufbau zur Einführung eines Wissenspools. Diese Arbeit und speziell die Ausarbeitung des Grobkonzepts konzentriert sich hauptsächlich um implizites Wissen, das bei Spezialisten ausgeprägt vorhanden ist und für Dritte meist mangelhaft abrufbar und damit ungenügend genutzt werden kann. Als Basis dient die empirische Analyse der Experteninterviews der IT Projekt Ressourcen Manager in der deutschsprachigen Schweiz.

Der wissenschaftliche Nutzen dieser Arbeit begründet sich in der Auswertung und Aufarbeitung der forschungsrelevanten Literatur sowie aus der empirische Untersuchung der IT Projekt Ressourcen Manager bezüglich vorhandener Verfahren und Instrumente zur Handhabung von Wissensmanagement. Die wirtschaftliche Ausbeute liegt in den praxisorientierten Vorschlägen und Handlungsempfehlungen zu Verfahren und Instrumenten zur Optimierung von Wissensverteilung und -nutzung, um schlussendlich das vorhandene Wissen nutzbarer zu machen sowie Motivatoren erfolgreich zu unterstützen und bestehende Barrieren abzumildern oder zu eliminieren.

Der Schwerpunkt dieser Arbeit liegt in der Untersuchung der Wirksamkeitssteigerung des vorhandenen Wissens. Basierend auf der Zielsetzung der Arbeit werden verschiedene Typologisierungen wie auch Modelle und Theorien vorgestellt und diskutiert. Aufbauend auf diesem Grundlagenverständnis der Zusammenhänge von Wissensmanagement und speziell der Wissensverteilung und -nutzung werden die Motivatoren (wie z.B. Anerkennung, individuelle Nutzenmaximierung, opportunistisches Verhalten) und Barrieren (wie z.B. Fähigkeiten, Fertigkeiten, Verhalten) der Wissensverteilung und -nutzung aufgezeigt. Der Abschluss bildet die Vorstellung der diversen Wissensmanagements-Instrumente, deren Detailbetrachtung und Beleuchtung der Vor- und Nachteile.

Der Forschungsprozess der Arbeit verläuft nach dem Modell von Mayer Horst Otto[1], wobei mittels einer empirischen Untersuchung durch 6 Experteninterviews die theoretischen Grundlagen mit der Praxis überprüft, ausgewertet und interpretiert werden. Dabei wird untersucht, welche Verfahren und Instrumente die IT Projekt Ressourcen Manager bisher angewandt und welche allenfalls in Zukunft für den Gebrauch geeignet wären.

Die Problemfelder und Wirkungszusammenhänge von Wissensverteilung und -nutzung sind geprägt von einer hohen Komplexität, weshalb als Erhebungsmethode die qualitative Methode "Leitfadengestütztes teilstandardisiertes Experteninterview" verwendet wurde. Der dadurch merklich höhere Zeitaufwand der Durchführung, Auswertung und Interpretation der Interviews begründet die Einschränkung auf die relativ tiefe Anzahl Experteninterviews, sie erlaubt dafür ein Höchstmass an Verständnissicherheit bei den Experten.

Die zuvor theoretisch untersuchten Einflussfaktoren bilden die Grundlage für den teilstandardisierten Umfrage-Leitfaden, mit dessen Hilfe die in der Praxis vorkommenden Einflussfaktoren untersucht und verglichen werden. Hierzu werden IT Projekt Ressourcen Manager als Experten befragt. Das Ziel dieser Umfrage ist das Verifizieren oder Falsifizieren der theoretischen Einflussfaktoren auf die Wissensverteilung und -nutzung in der wirtschaftlichen Praxis. Um diese Aussage treffen zu können werden die Umfrageergebnisse mit der theoretischen Literatur abgeglichen, analysiert und interpretiert. Die Ergebnis-Auswertung beinhaltet für jede identifizierte Barriere Prophylaktische- oder Eliminierungsmassnahmen und dient als Gestaltungsempfehlung zur effizienteren und effektiveren Wissensverteilung und -nutzung in Organisationen. Die Auswertung der in der Praxis benutzten und bewerteten Wissensmanagements-Instrumente zeigt, dass vorwiegend organisatorische Massnahmen wie Informelle Netze, Netzwerke und Workshops Bestnoten erhielten.

---

[1] vgl. Mayer Horst Otto 2013, S. 30-34

Aus den erlangten Erkenntnissen wird anschliessend das Grobkonzept zum Aufbau eines Wissenspools entwickelt. Das Ziel des neu geschaffenen Konzepts bezweckt die Hilfe zur Selbsthilfe und damit einhergehend eine unkomplizierte Verknüpfung untereinander, die Optimierung der Kommunikation und des Netzwerks der Externen. Für eine effektive und effiziente Wissensverteilung und -nutzung ist der optimalste Weg der direkte "von Mensch zu Mensch". Auf dieser Grundannahme baut der neu entwickelte virtuelle Raum "von Interessierten für Interessierte" in dem Externe untereinander ihr Wissen austauschen können. Die geplanten QUAR-Connections sind Weiterbildungs-Aktionen unter Spezialisten-Gruppen, die Verständigung erfolgt interagierend zwischen mehreren Kommunikationspartnern, alle Teilnehmer besitzen die Möglichkeit Fragen zu stellen und Feedback zu geben, die Archivierung und damit jederzeitiger Abrufmöglichkeit mittels einer Volltext-Suche ist gewährleistet. Das erklärte Ziel dabei ist, das Praktiker von Praktikern lernen, sich untereinander austauschen und so dafür sorgen, dass das Wissen lebendig und ständig im Fluss bleibt.

Wissensmanagement ist so vielseitig und universell, wie die Menschen die es nutzen. Wissen ist menschlich. Wissen ist in Menschen, für Menschen und bei Menschen, der Mensch steht im Zentrum, es "menschelt" überall. Der Mensch ist Wissens-Produzent und -Konsument in einem. Beim Wissensmanagement zu beachten ist also zuallererst der Umgang mit dem Menschen - so unterschiedlich wie jeder Mensch ist, so unterschiedlich sind auch die Motivatoren und Barrieren in Bezug auf Beweggründe, Gedanken, Unsicherheiten und Hindernisse zu Wissensverteilung und -nutzung. Eine menschenorientierte Führung bietet die Grundlage um das Wissenspotential der Mitarbeiter optimal zu entwickeln, zu nutzen, zu erhalten und zu verteilen.

Diese Arbeit zeigt zentral auf, dass jedes KMU sich Wissensmanagement leisten kann - die wertvolle Aufgabe, Wissen bewusster und zielgerichteter zu handhaben sollte sich jeder gönnen. Da vielfach weniger Ressourcen zu Verfügung stehen ist es sinnvoll, zuerst die Schwerpunkte festzulegen, behalten was sich bewährt hat und ändern was nötig ist. Vielfach können Neuerungen an bereits bestehendes angeknüpft und damit anschlussfähig gemacht werden, denn Bestrebungen nach Qualität, Mitarbeitermotivation, Wissensmanagement gab es schon immer und kommen nicht aus der Mode.

Inhaltsverzeichnis

Vorwort

Die Faktoren für ein erfolgreiches Wissensmanagement sind immer weniger wirtschaftliche, technische oder organisatorische Handlungsweisen, sondern in erster Linie Mitarbeiter, die ihr Wissen teilen und das der Anderen nutzen.

Die Auseinandersetzung mit dieser aktuellen und komplexen Thematik war eine herausfordernde und spannende Erfahrung.

Am Gelingen der vorliegenden Arbeit war eine Reihe von Menschen beteiligt, denen ich herzlich für ihre Unterstützung danken möchte. Allen voran gilt mein Dank Frau Dr. Natascha te Neues für die Betreuung dieser Arbeit, vor allem die Unterstützung in der Anfangsphase war äusserst hilfreich.

Ein besonderer Dank gilt meiner Schwester, Jsabelle Arnold, für ihre immerwährende Motivation, ihr sorgfältiges Korrekturlesen sowie ihre wertvollen, kritischen Anmerkungen und Anregungen.

Dank gebührt auch meiner Firma, speziell Herr Schildknecht, Frau Yuliya Romanyuk sowie Herr Pascal Schildknecht, die mich mit ihren kritischen Kommentaren und Diskussionen unterstützt haben.

Thörishaus, 20. August 2014   Beatrice Wälti

1 Einleitung

Dieses Kapitel enthält die Einleitung in das Themengebiet, bietet einen Überblick über die Problemstellung und eine Darlegung des Stellenwerts von Wissen für Organisationen. Als erstes wird die Thematik Wissen in der Vergangenheit und heutiger Zeit dargelegt, sowie die Problematik der IT Projekt Ressourcen Manager als kleine und mittlere Unternehmen (KMU) mit dem Thema Wissen. Abgeleitet davon werden die Ziele erläutert und die methodische Vorgehensweise zur Zielerreichung aufgezeigt. Abschliessend werden die Fokus-Themen sowie wesentliche Definitionen und Grundbegriffe erläutert. Der Schluss bildet die Aufstellung über den Aufbau der Arbeit.

1.1 Einführung

Wissensmanagement ist so interdisziplinär mit anderen Forschungsgebieten verbunden wie wohl kaum ein anderer Bereich. Dieses weite Spektrum erschwert aber zugleich eine Begriffsvereinheitlichung, die Meinung was Wissen ist, geht von "Vermehrung von Informationen" bis zu "vielschichtige implizite und schwer formulierbare Ressource". Zwischen den verschiedenen Disziplinen und Konzepten bestehen mannigfaltige Beziehungen, dass eine klare Trennung der Sachgebiete als nicht sinnvoll erscheint.[2]

Abbildung 1: Referenzkonzepte des Wissensmanagements, in Anlehnung an Maier 2004, zitiert in: Lehner Franz 2012, S. 189

In der nachfolgenden Abbildung wird gleichwohl der Versuch unternommen, eine Übersicht der Konzepte mit einer kurzen Beschreibung darzustellen.

---

[2] vgl. Lehner Franz 2012, S. 189

Konzept	Charakteristik
Organisatorisches Lernen	Das organisatorische Lernen liefert Ansätze zur Erklärung und Durchführung organisatorischer Veränderung auf Grund kollektiver Lernprozesse in Gruppen und Organisationen.
Organisatorisches Gedächtnis	Mit dem organisatorischen Gedächtnis sollen in Analogie zum individuellen Gedächtnis kognitive Prozesse der Speicherung und des Abrufes von organisationalem Wissen erklärt werden.
Organisatorischer Wandel	Der Wandel von und in Organisationen wird mit dem Konzept des organisatorischen Wandels erklärt und beschrieben. Dieses bedient sich dabei der Konzepte der Organisationsentwicklung und des organisatorischen Lernens.
Organisatorische Intelligenz	Der Ansatz der organisatorischen Intelligenz zielt auf die Veränderung bzw. Verbesserung der Kernkompetenzen und organisatorischen Wissensbasis ab.
Organisationsentwicklung	Die Organisationsentwicklung als Konzept des geplanten Wandels zielt auf eine Veränderung des Verhaltens der Organisationsmitglieder sowie der Organisationsstruktur durch integrative Methoden ab.
Organisationskultur	Die Organisationskultur als immanentes organisatorisches Konzept, bestehend aus Artefakten, Normen und Grundannahmen, stellt das Resultat organisatorischer Veränderungsprozesse dar.
Personalentwicklung	Eine Verbesserung der Arbeitsbedingungen und die effizientere Erfüllung organisatorischer Ziele versucht die Personalentwicklung mit Methoden der Ausbildung und Förderung zu erreichen.
Personalführung	Die Personalführung zielt auf eine an die Organisationsziele angepasste Verhaltensänderung der Organisationsmitglieder durch legitimierte Führungspersonen ab.
Strategisches Management	Das strategische Management wird als ein Prozess der Planung, Realisierung und Überwachung von Strategien in Organisationen betrachtet.
Geschäftsprozessmanagement	Das Geschäftsprozessmanagement liefert Ansätze, die auf eine Optimierung und Automatisierung wertschöpfender, strategisch wertvoller Aktivitäten abzielen.
Informationsmanagement	Mit dem Konzept des Informationsmanagements wird das Leitungshandeln in einem Unternehmen in Bezug auf Information und Kommunikation bezeichnet.
Datenmanagement	Das Datenmanagement soll alle in einer Organisation verwendeten Daten planen, überwachen und steuern.
Künstliche Intelligenz	Die Ansätze der Künstlichen Intelligenz beschäftigen sich mit dem Verstehen und Nachbilden menschlicher Intelligenz mit Hilfe mathematischer Logik, Statistik, Mustererkennung und heuristischer Methoden.
Organisationspsychologie	Die Organisationspsychologie liefert Ansätze, die sowohl aus mikro- als auch aus makroperspektivischer Sicht Einfluss auf das Verhalten einzelner Personen in der Organisation nehmen.
Kognitionspsychologie	Im Rahmen der Kognitionspsychologie werden Konzepte wie Lernen, Wissen, Intelligenz und Gedächtnis wissenschaftlich untersucht und beschrieben.
Organisationssoziologie	In der Organisationssoziologie soll die Wirkung von Organisationen auf die Gesellschaft und Teile der Gesellschaft untersucht werden, wobei Organisationen als soziale Subjekte gesehen werden.
Wissenssoziologie	Die Wissenssoziologie beschäftigt sich mit den sozialen Prozessen des Erwerbs, der Entwicklung, der Nutzung und Verteilung wie auch der Bewahrung von Wissen.

Abbildung 2: Zusammenfassung der Referenzkonzepte des Wissensmanagements, Lehner Franz 2012, S. 190

1.1.1 Veränderte Gesellschafts-Bedingungen

In den letzten drei Jahrzehnten hat das Thema Wissensmanagement stark an Aufmerksamkeit gewonnen. Es hat sich zu einem der grossen Themen sowohl in den Wissenschaftsbereichen wie z.B. der Betriebswirtschaftslehre, der Soziologie oder der Organisationslehre als auch in der Praxis gemausert. Viele Hinweise deuten darauf, dass wir am Beginn eines neuen Kondratieff-Zyklus stehen, in dem die vormals zentralen Produktionsfaktoren wie Arbeit, Boden und Kapital in den Hintergrund treten und Platz machen für die Ressource Wissen. Immer mehr Menschen arbeiten im tertiären Dienstleistungs-Sektor, immaterielle Güter und Geisteskraft werden wichtiger als materielle Güter und Muskelkraft. Der Mitarbeiter wandelt sich von der Arbeitskraft zum Wissens-Mitdenker und Problemlöser. Das erfordert veränderte Qualifikationen und Motivationen der Mitarbeiter. Gefragt sind Kreativität, Wissensverteilung und -nutzung, Selbstmanagement (selbstständig Neues erlenen) sowie effektiv, effizient und intelligent mit Unerwartetem umzugehen.[3]

Wissensmanagement ist aktuell modern aber nicht neu, unternehmerisches Handeln wäre ohne das gezielte Management von Daten, Informationen und Wissen nicht möglich. Schon früher war es kennzeichnend für den Mittelstand, Bräuche zu pflegen und zu hegen, diese aber auch durch Neubewährtes zu ersetzen. Das verstärkte Interesse liegt zum Teil darin, dass sich die technologischen Rahmenbedingungen (technischer Fortschritt) und das wirtschaftliche Umfeld (Globalisierung) schneller als bisher und mit einer hohen Dynamik wandeln sowie die strukturelle Umgestaltung von arbeits- und kapitalintensiven zu informations- und wissensintensiven Aktivitäten. Die Firmen stehen damit in einem immer härteren Wettbewerb, womit sich nun plötzlich auch KMU's dazu gezwungen sehen, ihre Firmen methodischer und rationeller zu führen.[4]

[3] vgl. North Klaus 2011, S. 16, 19, 27
[4] vgl. Belliger Andréa / Krieger David 2007, S. 147-149

Abbildung 3: Drei Triebkräfte steigern die Bedeutung der Ressource Wissen, North Klaus 2011, S. 15

Die Gesellschaft ist im Begriff sich zu entfalten, Daten und Informationen sind zeitlich und örtlich unbegrenzt für jeden und alle verfügbar, es herrscht eine regelrechte Informationsflut und Entscheidungskomplexität, die Beschleunigung und die immer geringer werdende Halbwertszeit der Technologien, Medien und des Wissens ist für den einzelnen Menschen schwer fassbar.

Aufgrund dessen wird ein gezielter Umgang mit Informationen immer wichtiger, das Management der Ressource Wissen gehört in der heutigen Wissensgesellschaft zu den grössten Aufgaben der Unternehmen. Sich Wissen nutzbar zu machen und weiterzuentwickeln wird zur Meisterschafts-Disziplin und wird die Firmen in den kommenden Jahren noch stärker beschäftigen als dies bisher der Fall war. Der effektive und effiziente Einsatz von Wissen wird zu einem entscheidenden Wettbewerbsfaktor. Speziell KMU's sind stark abhängig von ihren Wissensmitarbeitern, der Verlust eines Mitarbeiters (durch Krankheit, Kündigung oder Urlaub) bedeutet für kleinere Unternehmen oft eine Unterbrechung/Still-stand der Abläufe bis hin zu einem enormen Wissensabfluss.[5]

Eine von Bullinger et al. im Jahre 1997 durchgeführte Untersuchung des Fauenhofer Instituts ergab, dass 96% der Befragten Wissensmanagement für wichtig hielten, aber nur 20% ihre firmeneigene Nutzung als gut oder sehr gut beurteilten.[6] Ein neueres Forschungsprojekt der FH Bielefeld "Förderung der Innovationsfähigkeit von KMU in NRW" basiert aus dem Jahre 2009. Von 1000 angeschriebenen KMU's beantworteten 133 den Online-Fragebogen, welche nachfolgende Ergebnisse lieferten:

[5] vgl. North Klaus 2011, S. 9
[6] vgl. Bullinger et al. 1997, zitiert in: Qattawi Lisa 2006, S. 205

- 64% haben keine organisierte Innovations- und Wissensarbeit
- 66% praktizieren keine speziellen Methoden der Ideenarbeit (11% wenden Kreativitäts-techniken an)
- 33% praktizieren KVP (kontinuierlicher Verbesserungsprozess)
- 8.3% verfügen über Wissensdatenbanken
- 7% verfügen über Wissensnetzwerke[7]

Die Einsicht in die Notwendigkeit von Wissensmanagement genügt nicht; erst der steigende Leidens- und Veränderungsdruck im sich immer stärker wandelnden technologischen und wirtschaftlichen Umfeld wird dafür sorgen, dass zielgerichtete Umsetzungen passieren.

Inwieweit Wissensmanagement und Innovationen miteinander zusammenhängen und gemeinsam die Wettbewerbsfähigkeit lenken präsentiert sich in der nachfolgenden Abbildung von Strebel.

Abbildung 4: Verbindungen Wissensmanagement zu Innovationen und Wettbewerbsfähigkeit, in Anlehnung an Carneiro 2000, zitiert in: Strebel Heinz 2007, S. 29

[7] vgl. Franken Swetlana 2010, S. 27-28

1.1.2 Kleine und mittlere Unternehmen (KMU)

Im Jahre 2005 waren laut Betriebszählung des Bundesamtes für Statistik 99.7% aller privat-rechtlichen Unternehmen in der Schweiz KMU. Diese zahlenmässige Dominanz ist beeindru-ckend, vor allem in Bezug auf ihre Unscheinbarkeit im Vergleich zu Grossunternehmen hinsichtlich Markmacht und -auftritt. Diese wendige und anpassungsfähige KMU's sind in allen Märkten präsent, wobei jedoch erst die Symbiose mit dem Grossunternehmen das Rückgrat der Schweiz bildet.[8]

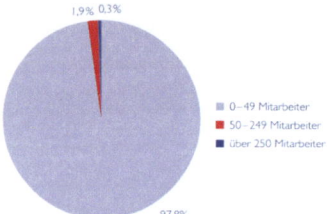

Abbildung 5: Anzahl privatrechlicher Unternehmen des 2. und 3. Sektors nach Unternehmensgrösse,
Fueglistaller Urs / Fust Alexander / Federer Simon 2007, S. 2

Die Verschiedenheit der Grössen und der Branchen lässt darauf schliessen, dass die andersge-arteten Wissensmanagementprobleme der KMU's auch unterschiedliche Lösungs-Ansätze erfordern. Nachfolgende nicht abschliessende Aufzählung qualitativer Merkmale soll den tendenziellen Charakter der KMU's beschreiben.

---

[8] vgl. Fueglistaller Urs / Fust Alexander / Federer Simon 2007, S. 2

Merkmal	KMU	Grossunternehmen
Führung		
Kapitalgeber	Unternehmer	Dritte
Führung	Patriarchalisch mit intuitivem Verhalten, nicht austauschbar	Manager mit Management-by-Prinzipien, austauschbar
Führungsfunktionen	Wenig	Viel
Entscheid durch	Einer	Viele (Gruppenentscheidungen)
Planung, Steuerung	Wenig	Viel
normativen, strategischen und operativen Ebenen	Eng verbunden	Verstreut auf mehrere Abteilungen
Risiko	Hoch (geringe Ressourcen)	Kleiner
Organisation		
Informationswesen	Meist ungenügend	Ausgebaut und formalisiert
Informationsaustausch	Informell, kurze Wege	Formell, vorgeschriebene Wege
Abteilung	Kaum	Umfangreich
Koordination	Kaum Koordinationsprobleme	Meist Koordinationsprobleme
Führung	Direkt und persönlich	Indirekt und meist unpersönlich
Mitarbeiter		
Anzahl	Meist wenige	Vielfach hoch
Funktion	Mehrere, weshalb universelle Talente gefordert werden	Meist eine
Zusammenarbeit	Hohes Engagement	Tendenziell kleineres Engagement
Veränderungsbereitschaft	Flexibel, wendig	Bürokratisch, starr
Technischer Hintergrund	Bei den Mitarbeitern	Fachabteilungen, Stäbe

Tabelle 1: Merkmale der KMU's, eigene Aufbereitung in Anlehnung an Fueglistaller Urs / Fust Alexander / Federer Simon 2007, S. 5-6

KMU's sind selbstständig und erbringen vielfach individuelle, spezielle und differenzierte Leistungen. Sie sind in der ständigen Anpassung an die Notwendigkeit gefordert, die sich aus dem sich verändernden Umfeld ergeben: Das einzig Unveränderliche ist der Wandel. Die primären Erfolgsfaktoren in einem KMU sind die Menschen, der Erfolg steht und fällt mit den dort arbeitenden Menschen. Die Anforderungen an die Mitarbeiter sind so simpel wie einfach und bestehen aus Qualifikation, Motivation und Teamgeist; und wenn jemand diese Anforderungen nicht erfüllen kann oder will, hat er keinen Platz mehr im Unternehmen. Dieses Vorgehen ist nicht Brutal sondern sie sichert das Überleben des KMU.[9]

North konnte verschiedene Arten von KMU identifizieren, da wären die KMU mit:

- Familientradition und konservativem Umfeld (z.B. Handwerksbetriebe)
- technischem Spezialwissen und Erfahrung (z.B. Maschinenbau oder Elektroniktechnik)
- Fertigung nach Kundenvorgaben (z.B. Unterlieferanten in Zuliefernetzwerke)

---

[9] vgl. Fueglistaller Urs / Fust Alexander / Federer Simon 2007, S. 6-7

- Projektwissen und Innovationsfähigkeit (z.B. Automobil- oder Internetbranche)
- Kundenbetreuung als entscheidendem Wettbewerbsfaktor (z.B. Reisebüro)

Die IT Ressourcen Manager gruppieren sich in "Projektwissen und Innovationsfähigkeit" ein, das heisst sie sind inmitten eines wirtschaftlich dynamischen Umfelds und von einem starken Wandel umgeben. Viele KMU dieser Gruppe besitzen Spezialwissen und lernen aus Projekten. Zentral dabei ist die Innovations- sowie eine schnelle Reaktionsfähigkeit. Mögliche Wissensmanagementprobleme ordnen sich rund um die durchführten Projekte: Mangelhafte Dokumentation der Projekte, Wissenslücken durch Mitarbeiterabgänge, hapernde Nutzung von Erfahrungswissen, schlechte Kommunikation untereinander und mit den Kunden, was eine unsystematische Gewinnung von Branchen- und Kundenwissen zur Folge hat.[10]

Wissensmanagement ist für einen KMU zeitaufwändig und dennoch lebensnotwendig. In KMU's zeigt sich jedoch noch vielfach das Bild, dass das Tagesgeschäft oder dringendere Prioritäten wichtiger sind; sie haben ein negativen Eindruck von Wissensmanagement, betrachten es als zu teuer oder als Luxus. Zum Thema Wissensmanagement gibt es unendlich viele Ansätze, deren Herangehensweise zudem aus sehr unterschiedlichen Perspektiven aufbauen. Als Hilfesuchender ist man einer Fülle theoretischen Betrachtungen und praktischen Anleitungen gegenüber gestellt, Erfolgsrezepte werden gross dargestellt und die Problematiken dabei nur kurz erwähnt.

1.2 Problemstellung

Die Branche der IT Ressourcen Manager mit ihren über 2000 Unternehmen ist extrem unterschiedlich organisiert. Vom internationalen Konzern wie Adecco bis zum 1-Personen Unternehmen, welche sich der vielen Regeln nicht bewusst sind oder diese vorsätzlich missachten. Aus diesem Grund hat die Branche auch über Jahre einen schlechten Ruf.

Um sich aus dieser diffusen Masse abzuheben wurde der Verband swissPRM gegründet.

---

[10] vgl. North Klaus 2011, S. 215-220

Abbildung 6: Homepage swissPRM, http://swissprm.com, 01.08.14

Darin haben sich IT Projekt Ressourcen Manager zusammengeschlossen, die bezüglich Qualität und Ethik regelmässig zertifiziert werden und ihre erstklassigen Leistungen im IT Ressourcen Management stetig verbessern wollen.

Die Projekt Ressourcen Manager stellen keine homogene Einheit dar, man findet sie vielmehr in unterschiedlichster Menge, Grösse und Branchen vor. Die IT Ressourcen Manager bilden davon eine Teilmenge mit gleichartigen Merkmalen. Sie alle vereinen eine "Problemlösungs-orientierte individuelle Leistungserstellung" sowie eine hohe anbieter- und nachfrageseitige Verhaltensunsicherheit mit unterschiedlichsten und ständig wechselnden Anforderungen.[11]

Diese Firmen sind, verglichen mit dem klassischen Gewerbe, noch stärker abhängig davon, ihr Wissen ständig zu aktualisieren und daraus Nutzen zu ziehen. Die Implementierung von Wissensmanagement dient nicht dem Selbstzweck, sondern fördert die Wettbewerbsfähigkeit der Firmen. Unternehmen können es sich nicht mehr erlauben, ihr Potential ungenutzt brach liegen zu lassen. Vorhandenes Wissen ist nicht bekannt, wird nicht erkannt oder nicht benutzt, was zu sinnlosen Missverständnissen oder Enttäuschungen führen kann. Arbeiten werden doppelt gemacht, nutzlose Dokumente erstellt oder gar extern Hilfe für ein Problem geholt, dessen Lösung bereits an anderer Stelle in der Organisation vorhanden wäre. Bereits vorhan-denes Wissen und Kompetenzen der Mitarbeiter müssen effizienter, rascher und möglichst kostengünstig erkannt, erfasst, aktualisiert und zur Verfügung gestellt werden, damit es von Anderen genutzt werden kann. Damit können Doppelspurigkeiten (das Rad wird jedes Mal neu erfunden) eliminiert werden, Wertschöpfungsprozesse verbessert und die Mitarbeiter können sich noch engagierter einbringen und das Unternehmen noch effektiver auftreten.[12]

---

[11] vgl. Hansen Heiko 2009, S. 55
[12] vgl. North Klaus 2011, S. 11

"Nichts ist so beständig wie der Wandel" (o.V.) - im Hinblick auf rasanten Fortschritt und Wandel nimmt die Bedeutung dieses Sprichworts stetig zu. Die Aktualität von Informationen und Wissen sinkt permanent wobei die Zeit zur Prüfung und Auswertung immer knapper wird. Mit der Zunahme der Informationsmenge können wesentliche Informationen schneller übersehen werden - es sind mehr Informationen vorhanden als erfasst werden können - womit die Handlungskompetenz sinkt und ein Mangel an Wissen eintritt. Die menschliche Abwehrreaktion an ein zu viel von Informationen besteht im Überfliegen und dabei oberflächlich Wahrnehmen und schnellem Selektieren, eine Umwandlung in Wissen und damit einer Nutzung findet in der Regel nicht mehr statt.[13] Damit diese Berge von Informationen schneller vom Tisch sind, werden sie als Papier- oder elektronische Dokumente weggelegt - aus den Augen aus dem Sinn. Bestenfalls landen sie in einem Dokumenten-Management-System - welche aufgrund der rasant steigenden Datenmenge an möglichen Nutzen verlieren.[14]

Doch wie schafft man ein Ausbrechen aus dieser Negativ-Spirale? Denn sicher ist: relevante und innert nützlicher Frist vorhandene Informations- und Wissensbasen sind der Schlüssel zum Erfolg - nur wer im entscheidenden Moment das Richtige weiss und zu nutzen vermag kann richtig agieren und reagieren.

Vor diesem Hintergrund steht im Zentrum die Frage nach den Anforderungen einer Methode, wie IT Ressourcen Manager Wissens-Nutzung und -Transfer effektiver managen können. Welche Instrumente sind brauchbar, um neues Wissen zu generieren, auszutauschen und gezielt zu verteilen und anwenden zu können.

1.3 Zielsetzungen / Thema

Diese Arbeit soll geeignete Verfahren/Instrumente anbieten und eine systematische Herangehensweise vorstellen, damit auch IT Ressourcen Manager mit ihren kleineren personellen und operativen Spielräumen die Chance bekommen, entsprechende Prozesse ein- und durchzuführen. Diese Arbeit möchte mit theoretischen Grundlagen dazu beitragen, Handlungsempfehlungen vorzuschlagen damit Wissen nutzbarer gemacht werden kann. Die praktische Umsetzung steht hier klar im Vordergrund, der Benutzer steht somit im Zentrum des Wissensmanagement.

---

[13] vgl. Lasogga Frank 1998, S. 157
[14] vgl. Lasogga Frank 2001, http://www.community-of-knowledge.de/beitrag/grundlagen-erfolgsfaktoren-und-umsetzung-von-wissensmanagement-systemen/ 16.03.2014

1.3.1 Die Forschungsfragen

Zusammenfassend können die Forschungsfragen nun folgendermassen gestellt werden:

- Welche Verfahren und Instrumente werden heute von den IT Ressourcen Manager eingesetzt, um Wissens-Nutzung und -Transfer durchzuführen.
- Welche Verfahren und Instrumente sind für IT Ressourcen Manager zukünftig geeignet, um erfolgreich Wissens-Nutzung und -Transfer ein- und durchzuführen.
- Welche Handlungsempfehlung können abgegeben werden, damit implizites und explizites Wissen in der IT Ressourcen Management-Branche nutzbarer gemacht werden kann.

1.3.2 Ziele

Aus den Fragestellungen ergeben sich für diese Arbeit folgende Ziele:

- Evaluierung der bisher eingesetzten Wissensmanagement -Verfahren und -Instrumente der IT Ressourcen Manager.
- Evaluierung geeigneter Wissensmanagement -Verfahren und -Instrumente unter Berück-sichtigung der Besonderheiten der IT Ressourcen Manager.
- Abgeleitete Handlungsempfehlungen in einem Grob-Konzept ausarbeiten, damit Wissen nutzbarer gemacht werden kann.

1.4 Methodische Vorgehensweise

Das Thema Wissensmanagement und zentral dabei Wissensverteilung und -nutzung sowie die Motivatoren wie auch die Barrieren werden unter Einbezug der Literatur wie auch diverser theoretischer Modelle und -Grundlagen analysiert und aufbereitet. Mittels Einzelbefragungen in Form von sechs Experten-Interviews wird eine empirische Analyse durchgeführt. Diese qualitative Methode des "Leitfadengestützten teilstandardisierten Experteninterviews" nach dem Modell von Mayer[15] garantiert valide Ergebnisse, welche die Grundlage für das Grob-Konzept darstellen. Die Gliederung wird nachfolgend detaillierter beschrieben.

1.4.1 Analyse

Der erste Teil der Experten-Interviews behandelt den momentanen Zustand des Wissensma-nagement in der Firma, dabei werden bereits vorhandene Wissensmanagement -Instrumente zusammengetragen und bewertet. Im zweiten Teil wird eine Auswahl der gängigsten Wis-sensmanagement-Tools den Experten vorgestellt, um den möglichen Soll-Zustand eruieren zu können. Diese Analyse gibt damit vor allem Aufschluss über die Auftretungshäufigkeit der Motivatoren und Barrieren in der Praxis sowie eine Übersicht der Tools.

---

[15] vgl. Mayer Horst Otto 2013, S. 30-34

1.4.2 Konsolidierung und Konzept-Erstellung

Die Differenz zwischen Soll- und Ist-Zustand wie auch die wichtigsten Erkenntnisse aus den Experten-Interviews werden in diesem Teil herausgearbeitet. Anschliessend werden die Ergebnisse mit der aktuellen Lehre und Forschung abgeglichen, um damit einen Versuch auszuarbeiten, die sinnvollsten und erfolgversprechendsten Lösungen in das neu zu entwickelnde Grob-Konzept zur Einführung eines Wissenspools einfliessen zu lassen.

Zur Erarbeitung einer Übersicht der Hauptbereiche Wissenstransfer und Wissensnutzung diente eine Literaturrecherche. Nicht minder intensiv war die Recherche zum wissenschaftlichen Hintergrund der qualitativen Forschung. Beide Recherchen dienten dem Aufbau des teilstandardisierten Fragebogens für die Experteninterviews.

1.5 Begriffs- und Inhaltliche-Abgrenzung

Wissensmanagement ist nie Selbstzweck, sondern sollte immer die Förderung der Organisation bezwecken bzw. seinen Beitrag zur Erhöhung der Wettbewerbsfähigkeit leisten. Die Instrumente dazu sind genauso mannigfaltig wie deren Einsatzbereiche, denn Wissensmanagement bezieht sich auf einen umfangreichen, kunterbunten Bereich, der sich um alle Teile einer Organisation drehen kann.

Die Praxis zum Wissensmanagement beginnt vor über 2000 Jahren, seit Jahrhunderten wird meist unbewusst Wissen, Erfahrungen und Handlungen in allen Organisationen (z.B. Familien oder Gewerbe) an die Mitglieder und auch über Generationen weitergegeben. Das Thema Wissensmanagement wurde verstärkt diskutiert, als Wissen als weiterer Produktionsfaktor entdeckt und damit seine Macht auf Kosten und Erlöse erkannt wurde. Da Wissen einen entscheidenden Wettbewerbsfaktor darstellt, bedingt dies eine systematische und methodisch fundierte Wahrnehmung und Reflexion der Aufgaben und Ergebnisse. Die erfolgreiche Entwicklungsgeschichte befindet sich momentan in der Phase der Konsolidierung, dabei werden sowohl der Erfolgsbeitrag des Wissensmanagements wie auch die theoretische Fundierung und Absicherung der gewonnenen Erkenntnisse reflektiert und in Frage gestellt.[16]

---

[16] vgl. Lehner Franz 2012, S. 29-31

Wissensverteilung bezweckt die Vermehrung von Wissen oder anders gesagt: "Wissen ist die einzige Ressource, welche sich durch Gebrauch vermehrt."[17] Der Wissenstransfer wird in Zukunft eine immer stärkere Bedeutung für den Erfolg von Organisationen bekommen, empirische Studien belegen diesen Zusammenhang.[18] Daneben kann die Nutzung des vorhandenen Wissens als Ziel und Zweck des Wissensmanagements angesehen werden, im Umkehrschluss besitzt also nicht genutztes Wissen keinen Wert.[19]

1.5.1 Inhaltliche Abgrenzung

Aufgrund der Komplexität und Vielschichtigkeit des Themengebiets Wissensmanagement wurde eine starke Fokussierung auf die Bereiche der Wissensverteilung und -nutzung vorgenommen, da sich diese (neben der Wissensgenerierung und -speicherung) in der Praxis als die Kernaufgaben herausstellen. Die weiteren Aspekte wie z.B. Wissensziele, -erwerb, -entwicklung, -bewahrung und -messung wurden daher nur am Rande beschrieben. Diese Fokussierung war für diese Arbeit notwendig und richtig, schränkt aber die Aussagekraft der Ergebnisse und damit die Handlungsempfehlungen ein.

Ebenso lag das Schwergewicht bei den IT Projekt Ressourcen Manager von swissPRM und ihren externen Mitarbeiter, die damit verbundenen Spezialitäten verhindern ein einfaches Übertragen der Ergebnisse auf andere Branchenzweige. Die ausgewählte Branche ist jedoch mit Blick auf das Management von Wissen sehr speziell, besitzt sie doch eine relativ hohe Fluktuation sowie einen starken Fokus auf Projektwissen und Innovationsfähigkeit.

Diese Arbeit und speziell die Ausarbeitung des Grobkonzepts konzentriert sich hauptsächlich um implizites Wissen, das bei Spezialisten ausgeprägt vorhanden ist und für Dritte meist mangelhaft abrufbar und damit ungenügend genutzt werden kann. Das explizite Wissen ist genauso wichtig, ist aber leichter explizierbar und damit auch besser übertragbar. Eine strikte Trennung der beiden Wissensarten war aufgrund der starken Verknüpfung jedoch nicht möglich.

Eine weitere Einschränkung liegt bei der qualitativen Erhebungsmethode der Experteninterviews. Diese wurden mit dem teilstandardisierten Leitfaden durchgeführt, was durch die persönlich mündliche Befragung nur eine begrenzte Anzahl von Experteninterviews zulässt.

---

[17] Probst Gilbert / Raub Steffen / Romhardt Kai 2012, S. 1
[18] vgl. Werner Matthias 2004, S. 43
[19] vgl. Probst Gilbert / Raub Steffen / Romhardt Kai 2012, S. 32

Aufgrund des komplexen Themengebiets wurde diese Methode als die bestmögliche angesehen, erlaubt sie doch ein Höchstmass an Verständnissicherheit beim Experten.

1.5.2 Begriffsabgrenzung

Einige Begriffe werden in dieser Arbeit immer wieder verwendet und werden daher gleich von Anfang an möglichst klar definiert. Die Begriffsabgrenzung lässt den Schluss zu, dass es in der Literatur und Praxis noch kein einheitliches Wissensverständnis gibt. Aus den diversen möglichen und manchmal divergierenden Definitionen und Kategorisierungen wurde diejenige ausgewählt, welche für diese Arbeit am passendsten schien. Weitere verwendete Begriffe werden später direkt in der Arbeit beschrieben.

1.5.2.1 Wissen

"Wissen bezeichnet die Gesamtheit der Kenntnisse und Fähigkeiten, die Individuen zur Lösung von Problemen einsetzen. Dies umfasst sowohl theoretische Erkenntnisse als auch praktische Alltagsregeln und Handlungsanweisungen. Wissen stützt sich auf Daten und Informationen, ist im Gegensatz zu diesen jedoch immer an Personen gebunden. Es wird von Individuen konstruiert und repräsentiert deren Erwartungen über Ursache-Wirkungszusammenhänge."[20]

Wissen ist immer nur einstweilig gültig; da sich die Grundlagen (Informationen) dazu ständig ändern, ändern sich auch die Erkenntnisse daraus.

1.5.2.2 Wissensmanagement

Wissensmanagement bedeutet kein Management von Wissen sondern steht vereinfacht gesagt für Konzepte zur Behandlung von Wissen. Wissensmanagement ist demnach kein neuer Ansatz, sondern verknüpft verschiedene bestehende Methoden und Techniken mit dem Fokus auf das Wissen.

Der Systemtheoretiker Wilke charakterisierte Wissensmanagement folgendermassen: "Wissensmanagement ist ein Hybrid aus Praxiserfahrung und Theorieentwicklung, welches sich gegenüber den herkömmlichen Überlegungen zum Komplex Lernen, Intelligenz und Wissen dadurch hervorhebt, dass die Möglichkeit des kollektiven, organisational in Strukturen und Prozessen inkorporierten Wissens gleichgewichtig neben personalen Wissen anerkannt und

---

[20]Probst Gilbert / Raub Steffen / Romhardt Kai 2012, S. 23

28

diese beiden Standbeine des Wissens der Organisation in ihrer Kombination zum Gegenstand von Analyse und Strategie des Wissensmanagements werden."[21]

1.5.2.3 Organisationales Lernen

"Organisationales Lernen betrifft die Veränderung der organisationalen Wissensbasis (individuelle und kollektive Wissensbestände), die Schaffung kollektiver Bezugsrahmen sowie die Erhöhung der organisationalen Problemlösungs- und Handlungskompetenz."[22] Eine Organisation kann Wissen aber nicht selbst erzeugen, sie braucht immer Individuen dazu.

1.5.2.4 Barrieren

In dieser Arbeit wird der Begriff "Barrieren" als Hindernisse definiert, die erreichen, dass Wissen nicht oder nur zum Teil verbreitet oder genutzt wird. Diese Barrieren stehen in Verbindung mit den Kriterien Wollen (Motivation), Können (individuelle Fähigkeiten) und Dürfen (Unternehmensvoraussetzungen), wobei der Mensch und seine psychologischen Prägung wohl die wichtigste und zugleich schwierigste zu überwindende Barriere darstellt

1.5.2.5 Wissensverteilung

Wissensverteilung bedeutet entweder das Verschieben von expliziten Wissenspaketen, die (Ver-) Teilung von Wissen in Gruppen oder das persönliche (Mit-) Teilen unter Subjekten.[23] In dieser Arbeit wird der Begriff Wissensverteilung synonym für beide Teilungsarten verwendet.

1.5.2.6 Wissensnutzung

Wissensnutzung betrifft alle Handlungen, in denen Wissen durch Entscheidungen und tatsächlichen Handlungen genutzt und damit Wissen umgesetzt wird.

1.5.2.7 Kultur

Abgeleitet vom lateinischen "cultura" bedeutet Kultur "Pflege, Landbau und Verehrung". Im deutschen Sprachraum besteht der Begriff aus überlieferten Ideen und Werthaltungen, die sich als Denkformen, Weltanschauungen und Gefühlsstrukturen manifestieren und durch Sozialisation und Innovation ergänzt werden.[24] Kultur an sich ist nichts Neues, sie entsteht bei

---

[21] Wilke H. 2002, zitiert in: Wyssusek Boris / Schwartz Martin / Oliver Schliebs 2004, S. 276
[22] Probst Gilbert / Raub Steffen / Romhardt Kai 2012, S. 23
[23] vgl. Probst Gilbert / Raub Steffen / Romhardt Kai 2012, S. 146
[24] vgl. Lehner Franz 2012, S. 23

jedem Zusammenschluss von Gruppen durch gemeinsame Erlebnisse, dabei gebildete Handlungsweisen und Anordnungen werden bei Erfolg beibehalten.

1.5.2.8 Unternehmenskultur

"Unternehmenskultur ermöglicht es, Erfahrungen einzuordnen und Handlungen zu generieren. Der Kern der Kultur wird von gemeinsamen Wertvorstellungen und Glaubenssätzen - im Sinne von Gefühlen bezüglich gut und böse oder vernünftig und unvernünftig - gebildet. (...) Sie leiten Reaktionen, Handlungen und Aktivitäten der Mitarbeiter, geben das Gefühl von Gemeinsamkeit sowie Richtlinien für das tägliche Verhalten im Unternehmen.[25] Die drei Grundfunktionen der Unternehmenskultur sind Motivation, Koordination und Integration.

1.5.2.9 KMU

Das Bundesamt für Statistik definiert KMU folgendermassen: Kleinst-, Klein- und mittlere Unternehmen beschäftigen weniger als 250 Mitarbeiter und der Jahresumsatz beträgt weniger als 50 Mio. EUR oder die Jahresbilanzsumme beläuft sich auf weniger als 43 Mio. EUR. Innerhalb der Kategorie KMU wird ein als kleines Unternehmen definiert, dass weniger als 50 Mitarbeiter beschäftigt und dessen Jahresumsatz bzw. Jahresbilanz weniger als 10 Mio. beträgt; ein Kleinstunternehmen hat weniger als 10 Mitarbeiter und der Jahresumsatz bzw. Jahresbilanz beträgt weniger als 2 Mio. EUR.

| Merkmale | Gross | KMU | | |
	Gross-unternehmen	Mittel-unternehmen	Klein-unternehmen	Kleinst-unternehmen
Anzahl Mitarbeiter	> 250	50-249	10-49	0-9
Jahresumsatz	> 50 Mio.	10-49 Mio.	2-9 Mio.	< 2 Mio.

Tabelle 2: Einteilung KMU, eigene Aufbereitung

---

[25] Lehner Franz 2012, S. 24

1.5.2.10 IT Projekt Ressourcen Management

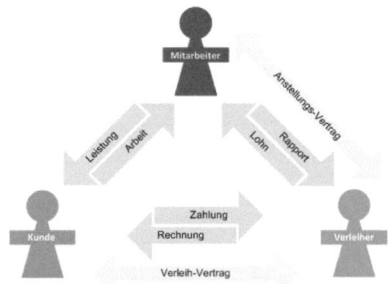

Damit wird das zur Verfügung stellen von IT-Ressourcen (IT-Personen) auf Projektbasis beschrieben. Diese Tätigkeit wird auch als Personalstellung, Personalverleih oder Bodyleasing bezeichnet. Dabei sind drei Parteien miteinander verbunden, der Mitarbeiter, der Verleiher sowie der Kunde. Der Verleiher verleiht seinen externen Mitarbeiter an den Kunden und stellt diesem dann die Stunden-Leistungen des Mitarbeiters in Rechnung. Das Verhältnis Verleiher-Mitarbeiter regelt ein befristeter oder unbefristeter Arbeitsvertrag, die Bedingungen zwischen Verleiher und Kunden wird durch einen Verleih-Vertrag festgelegt.

Abbildung 7: Verleih-Verhältnisse, eigene Aufbereitung

Der Kunde hat die Weisungsbefugnis gegenüber dem Mitarbeiter, er darf diesem Ziel- und Fachanweisungen geben, der Mitarbeiter seinerseits hat sich dem Kunden zu unterstellen (persönlich, organisatorisch, zeitlich und wirtschaftlich). Die übrigen Rechte und Pflichten aus dem Arbeitsvertrag bleiben beim Verleiher. Zentral dabei ist, dass die Projekt-Verantwortung im Personalverleih vollständig beim Kunden verbleibt, der Verleiher muss "lediglich" einen passenden Fachspezialisten zur Verfügung stellen.

1.5.2.11 Externe Mitarbeiter

Externe Mitarbeiter sind IT-Mitarbeiter, welche bei Drittfirmen angestellt sind. Sie können in kürzeren oder längeren Projekten meist vor Ort beim Kunden eingesetzt werden um die Arbeitskapazität bedarfsgerecht zu erhöhen. Der Einsatz von externen Informatikern bietet Vor- und Nachteile, treffend formuliert durch Urs Käser mit folgenden Attributen:

- Externe Fertig- und Fähigkeiten sind schnell verfügbar
- Flexible Kosten, kurzfristig verfügbar und auch kündbar
- Geeignete Überbrückungslösung bis ein neuer Festangestellter gesucht und gefunden wird
- Selektion, Auswahl und Präsentation durch den Verleiher bedeutet eine Entlastung für das HR[26]

Gemäss der Diplomarbeit von Oli Sennhauser, welcher eine Datenerhebung von 14 Interviews bei Kunden von IT-Dienstleistungen und 5 Interviews bei Anbietern von IT-Dienstleistungen durchführte, liegen die Vorteile von externen Mitarbeitern in ihrem fachlichen Know-how, ihrer Verfügbarkeit, ihrer Flexibilität und in ihrer Erfahrung, wobei die Nachteile im Preis und im Know-how-Verlust verortet wurden.[27] Gemäss dem Autor Käser können viele nachteiligen

---

[26] vgl. Käser Urs 2002, http://www.nzz.ch/aktuell/startseite/article7X1PL-1.365252/ 11.09.2002
[27] vgl. Sennhauser Oli 2002, S. 3

Argumente gegenüber Externen entkräftet werden, sofern man die Tatsachen genau untersucht. Als Beispiel wird hier der Preis genannt, der Externe ist etwa gleich teuer wie ein Interner, wenn man beim Festangestellten sämtliche Kosten in die Berechnung miteinbezieht wie Arbeitsplatz- und administrativen-Aufwand, Rekrutierung, Ausbildung, Krankheit, Unfall, Ferien- und Sozialabgaben sowie die Kündigungsfrist.[28]

1.5.2.12 Kunden

Kunden der IT Projekt Ressourcen Manager sind in der Regel Grossunternehmungen, die einen knappen IT-Personalbestand haben und für wichtige zusätzliche Projekte bedarfsgerecht externe Mitarbeiter engagieren müssen, um den Betrieb während der Projektphase aufrechterhalten zu können. Je grösser die Organisation umso komplexer und vielfältiger sind die Projektvorhaben, weshalb ständig unterschiedliche externe Fachspezialisten benötigt werden.

1.6 Aufbau der Arbeit

Zum Überblick, was der Leser erwartet, wurde diese Kapitelzusammenfassung erstellt. Zum besseren Verständnis und Einordnung des Lesestoffs wurde bei jedem Kapitelanfang ein Grob-Überblick über die kommenden Inhalte und bei jedem Kapitelende eine Kurzzusammenfassung des gerade verarbeiteten Stoffs erstellt.

Die Arbeit untergliedert sich in sechs Kapitel. Im Rahmen der **Einleitung** wird mit der Untersuchung der Problemrelevanz an das Thema herangeführt, es folgt ein Überblick über die Ziele, Vorgehensweisen, Abgrenzungen sowie Begrifflichkeiten und endet im Aufbau der Arbeit. Als zentral angesehen wird dabei die Herausarbeitung der Thematik Wissen in der heutigen Zeit und die Problematik rund um die IT Projekt Ressourcen Manager. Ausserdem wird hier die Themen-Fokussierung auf Wissensverteilung und -nutzung und zum besseren Verständnis des Themas die wesentlichsten Definitionen und Grundbegriffe erläutert.

Das zweite Kapitel (**Theorie**) der Arbeit beschäftigt sich mit dem momentanen "State of the art" zum Thema Wissensmanagement. In diesem Abschnitt werden grundlegende Modelle und Theorien vorgestellt und erläutert. Ausgehend von der aktuellen Literatur werden die Begriffe Wissensmanagement, Wissensverteilung und -nutzung sowie deren Motivatoren und Barrieren

---

[28] vgl. Käser Urs 2002, http://www.nzz.ch/aktuell/startseite/article7X1PL-1.365252/ 11.09.2002

beleuchtet bzw. deren Bedeutung dargelegt. Anschliessend werden die unterschiedlichen Instrumente näher betrachtet sowie deren Vor- und Nachteile beleuchtet.

Der dritte Teil (**Methode**) umfasst Erhebungs- und Forschungsmethode, die Erläuterungen einiger Grundbegriffe der qualitativen Forschung, die Fragebogenentwicklung zu den Experten-interviews und zum Schluss die Beschreibung zur Datenauswertung. Die wesentlichsten Themen dabei sind die Güte- und Geltungskriterien (Objektivität, Validität und Reliabilität) der Forschungsmethode "teilstandardisierte leitfadenorientierte Form des Experteninterviews" sowie die Argumentation der Stichprobenauswahl.

Das vierte Kapitel (**Ergebnisse und Interpretation**) befasst sich mit dem Ist-Stand in der Branche mittels den Ergebnissen und Interpretationen aus der Analyse der Experteninterviews, gefolgt von der Konsolidierung und Bewertung der Wissensmanagementtools und endet mit der Erstellung des Grob-Konzepts zum Aufbau eines Wissenspools. Mittels der Zusammenfüh-rung der Praxis aus den Interviews sowie der Theorie und nachfolgender Interpretation sollte den Organisationen die Gelegenheit geboten werden, ihre Problemfelder gezielt in Angriff nehmen zu können. Die sinnvollsten und erfolgversprechendsten Ergebnisse flossen in die Entwicklung des Grobkonzepts zur Einführung eines Wissenspools ein.

Das fünfte Kapitel (**Schlussbetrachtung**) umfasst eine Zusammenfassung der wichtigsten Erkenntnisse aus den vorangegangen Kapiteln, ermöglicht aber auch einen Ausblick auf mögliche Weiterentwicklungen und endet mit dem Fazit. Erwähnenswert sind hier die Darstellung der identifizierten Forschungslücken wie z.B. die wissenschaftliche Weiterverfol-gung der neu entwickelten Weiterbildung-Sessions.

Der **Anhang** bildet das sechste und damit abschliessende Kapitel. Es beinhaltet die zitierten Literaturquellen, einen Überblick über die Verzeichnisse sowie die bei der empirischen Untersuchung verwendeten Unterlagen.

1. Einleitung

Einführung   Abgrenzungen

Problem   Ziel   Vorgehen

2. Stand der Forschung

Grundlagen   Tools

Modelle/Theorien   Der Mensch   Wissensverteilung und -nutzung

3. Methode

Erhebungs-methode   Datenauswer-tung

Stichprobe   Konzept   Leitfaden   Pretest

4. Ergebnisse & Interpretation

Bericht   Erstellung Grobkonzept

5. Schlussbetrachtung

Schlussfolge-rungen   Ausblick   Fazit

6. Anhang

Literatur-verzeichnis   Verzeichnisse   Diverse Unterlagen

Abbildung 8: Aufbau der Arbeit, eigene Aufbereitung

Für ein besseres Grundverständnis werden im nächsten Kapitel die dazu benötigten Basis-kenntnisse erläutert sowie Modelle und Theorien aus der Literatur vorgestellt. Die Hauptthe-men Wissensverteilung und -nutzung sowie deren Motivatoren wie auch Barrieren werden näher betrachtet und schlussendlich werden die Vor- und Nachteile einiger Wissensmanage-ment-Instrumente beleuchtet.

2 Stand der Forschung

Dieser Abschnitt behandelt den momentanen Stand der Forschung im Bereich Wissensverteilung und -nutzung. Als Ausgangspunkt dienen die auf theoretischer Basis hergeleiteten
Grundlagen, Modelle und Theorien sowie Gründe für (Motivation, Anerkennung, individuelle
Nutzenmaximierung, opportunistisches Verhalten) und Gründe gegen (Motivation, Fähigkeiten, Fertigkeiten, Verhalten) die Wissensverteilung und -nutzung. Problemfelder werden
erläutert sowie die ganze Verknüpfungs-Komplexität dargestellt. Methoden und Tools zur
Förderung der Wissensverteilung und -nutzung sowie einer Veränderung der Organisationsstruktur werden aufgrund einer detaillierten Literaturanalyse herausgearbeitet und teilweise
differenziert vorgestellt. Das Ziel dieses Kapitels liegt in einer theoretischen Einführung zum
Thema Wissensmanagement mit dem Fokus auf Wissensverteilung und -nutzung.

2.1 Grundlagen der Wissensbasis

Der wahre Hype in den letzten Jahren um Wissensmanagement liess den Schluss zu, dass
Wissensmanagement die "Eier legende Wollmilchsau" ist. Die übertriebene Begeisterung flacht
jedoch langsam ab und wird von einer realistischeren Sicht auf das Machbare abgelöst. Jedes
Unternehmen muss für sich selber die Aufgaben bezüglich Wissensmanagements definieren,
abgeleitet aus dem Spannungsfeld der Praxis und Theorie. Es kommt dabei auf das Zusammenspiel folgender sechs Interventionsebenen an:

- Strategie: Festlegung von Wissenszielen (und deren Messung) sowie der Wissensstrategie
- Organisation: Organisatorische Verankerung
- Unternehmenskultur: Schaffung einer wissensfreundlichen und -unterstützenden Kultur
- Technologie: IT-Lösungen zur Unterstützung
- Wissensbasis: Relevantes Wissens im Unternehmen identifizieren, definieren und doku-
  mentieren, Wissensinseln verbinden
- Personelle Ebene: Aufbau von Vertrauen und Motivation, Barrieren und Erfolgsfaktoren
  berücksichtigen[29]

Damit diese Aufgaben durchgeführt werden können, benötigt es jedoch zuerst einige Informationen an Grundwissen, welches in den nachfolgenden Abschnitten erläutert wird.

---

[29] vgl. Lehner Franz 2012, S 43

2.1.1 Das Kontinuum von Daten und Informationen zum Wissen

In der Praxis existieren diverse meist nicht eindeutiger Wissensbegriffe, welche zudem erfahrungsgemäss noch bedeutungsähnlich verwendet werden. Deshalb erscheint es sinnvoll, zuerst die Entstehung und Zusammenhänge im Wissensmanagement vorzustellen. Eine klare Trennung von Zeichen, Daten, Information und Wissen ist fast unmöglich, weshalb die Betrachtung eher als Kontinuum zwischen den Polen Zeichen und Wissen erfolgen sollte.

Problemsituationen werden auch mit vielen kleinen Schritten gelöst, einzelne Zeichen verbinden sich zu kognitiven Handlungsmustern, durch Kombination und Interpretation von Informationen erwerben wir über einen längeren Zeitraum Fähigkeiten und Wissen. Das Kontinuum von Daten über Informationen zum Wissen veranschaulicht diesen Entwicklungsprozess."[30]

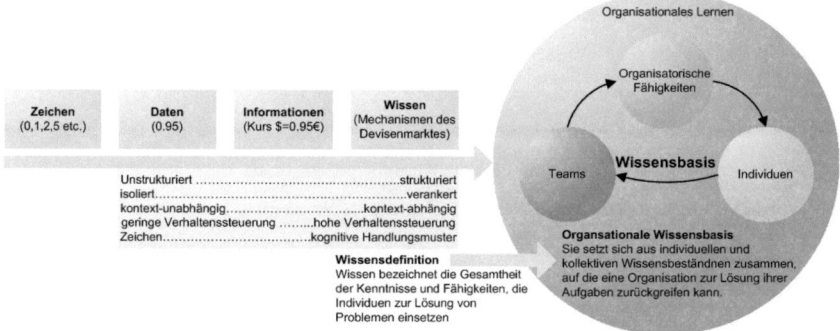

Abbildung 9: Das Kontinuum von Daten und Informationen zum Wissen, eigene Aufbereitung nach Probst et al. 2012, S. 15-18

[30] vgl. Probst Gilbert / Raub Steffen / Romhardt Kai 2012, S. 18

Eine Weiterentwicklung der Zusammenhänge zeigt das Model von North, der dabei zudem auch noch die Bedeutung der Wettbewerbsfähigkeit hervorhebt.

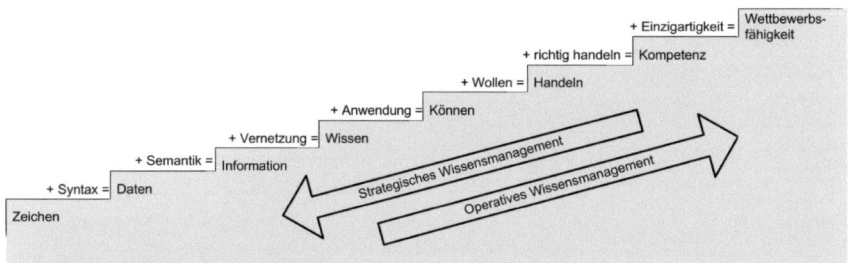

Abbildung 10: Wissenstreppe, in Anlehnung an North Klaus 2011, S. 36

Zeichen, Daten und Informationen bilden Wissen, doch erst durch dessen Anwendung entsteht Können und sofern noch die Motivation als Wollen hinzukommt ergibt sich das Handeln. Der Umkehrschluss daraus lautet: jegliches Wissen bleibt in der Organisation verborgen, sofern die Mitarbeiter nicht bereit sind ihr Wissen auch zu gebrauchen. Ist das Handeln dann noch erfolgreich, war die Kompetenz vorhanden das Richtige zu tun. Kommt dann noch der Faktor "Einzigartigkeit" dazu, dann kann damit die Wettbewerbsfähigkeit erhöht werden.

Die individuelle Kompetenz bezeichnet die Fähigkeit zur Selbstorganisation, in konkreten Situationen dank Erfahrung, Wissen und Intuition situationsbezogen richtig zu Handeln. Zusammenfassend sind Kompetenzen also Kontextspezifisch, Personengebunden und grundsätzlich erlernbar. Nachfolgende Abbildung zeigt eine vereinfachte Darstellung der Kompetenz, eingeteilt in Fach-, Methoden und Sozialkompetenz.[31]

---

[31] vgl. North Klaus 2011, S. 151

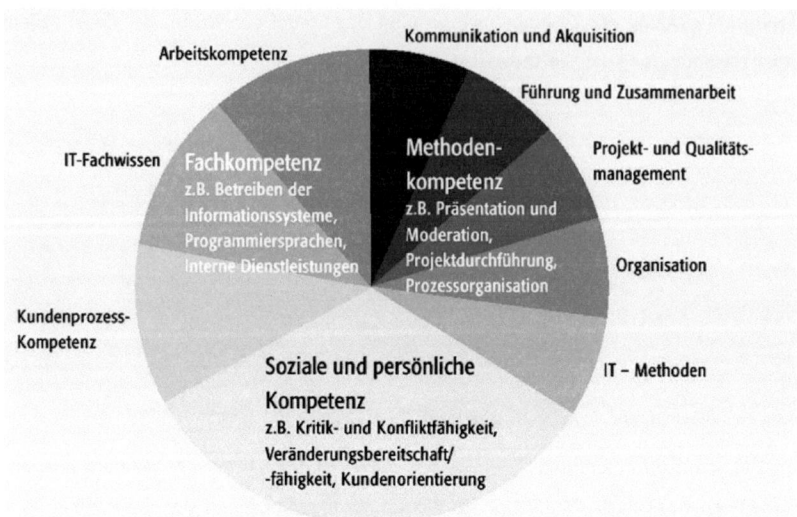

Abbildung 11: Kompetenzrad, North Klaus 2011, S. 152

Doch welcher Faktor ist der auslösende, der einem Individuum die Fähigkeit gibt, eine bestimmte Aufgabe erfolgreich zu lösen? Für die Ausbeutung des vorhandenen Wissens ist es notwendig, Wissensarten zu unterscheiden, die untereinander in Verbindung stehen.

2.1.2 Wissensarten

Je nach Untersuchungsrahmen existieren verschiedene Unterscheidungsmöglichkeiten zur Einteilung von Wissensarten aus Theorie und Praxis. Eine eindeutige Zuordnung ist jedoch auch innerhalb einer Kategorie nicht immer möglich, da sich die Ausprägung der Merkmale überschneiden. Im nachfolgenden Abschnitt werden fünf der gängigsten Unterscheidungen umrissen.

2.1.2.1 Individuelles versus kollektives Wissen

Das individuelle Wissen ist an eine Person gebunden während kollektives Wissen für mehrere erreichbar ist. Individuelles Wissen wird subjektiv anhand Erfahrungen und Erlernungen gebildet und im Kopf gespeichert. Durch (Mit)teilung kann individuelles Wissen dem Kollektiv zugänglich gemacht werden. Kollektives Wissen fusst auf gemeinsamen Erfahrungen und Ereignissen des Kollektivs.

Individuelles Wissen bildet eine notwendige aber nicht die alleinige Basis für das Organisationswissen. Kollektive Fähigkeiten sind mehr als die Summe der Experten. Die Basis des organisationalen Lernens beruht auf der kollektiven Problemlösungs-Fähigkeit, die sich nicht alleine aus den individuellen Fähigkeiten der Mitglieder heraus erklären lässt. Entscheidend hierbei ist die Verbindung isolierter Ressourcen und einzelne Mitarbeiter zu einem Geflecht organisationaler Fähigkeiten. Kollektive Fähigkeiten lassen sich nicht extern einkaufen (wie z.B. Rohstoffe), sondern sind das Produkt eines oft langwierigen unternehmensinternen Akkumulationsprozesses und haben dadurch einen besonderen Wert gegenüber Wettbewerbern.[32]

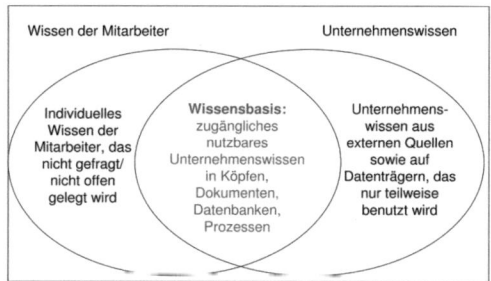

Abbildung 12: Wissensbasen, Franken Swetlana 2010, S. 17

Damit das Unternehmen kollektiv lernen kann, benötigt es ein Zusammenwirken vom individuellen wie auch dem kollektiven Wissen. Individuelles Wissen kann in der Organisation zu kollektiven Wissen umgewandelt werden, dazu benötigt man aber noch die Erläuterung zu impliziten und expliziten Wissens.

2.1.2.2 Implizites versus explizites Wissen

Die wegweisende Unterteilung in implizites und explizites Wissen erlaubt zielgerichtete Schlussfolgerungen für den Umgang mit Wissen. Es war Michael Polanyi (1985) der die beiden Wissensarten in "tacit knowing" und "explicit knowledge" unterschied, und auch er sprach davon "… dass wir mehr wissen, als wir zu sagen wissen".[33]

Nonaka und Takeuchi machen die Unterscheidung der zwei Wissensarten anhand verschiedener Attribute aus. **Implizites Wissen** ist subjektiv (persönlich), besteht aus Erfahrungswissen (Nachahmung, Beobachtung), das Gleichzeitig im Hier und Jetzt geschaffen und genutzt wird (Kontextwissen) und ist in seinem Austausch ein analoger Vorgang der jedoch vielseitige Verarbeitungsprozesse durch das Subjekt erfordert. Implizites Wissen enthält technische (z.B. Fertigkeiten, handwerkliches Geschick) und kognitive Elemente wie mentale Modelle, die den

---

[32] vgl. Probst Gilbert / Raub Steffen / Romhardt Kai 2012, S. 22
[33] Polanyi Michael 1985, S. 14

Menschen helfen ihre Welt wahrzunehmen und zu definieren. Es ist sprachlich nicht ohne weiteres artikulierbar, baut auf Erlebnissen auf und betrifft persönliche Gewissheiten und Wertesysteme. **Explizites Wissen** bezeichnen sie als objektiv, geistlich (Verstandeswissen), ist abhängig von vergangenen Ereignissen (Da und Damals) und ist ungebunden vom Handlungs-zusammenhang (Kontextfrei) oder relativ leicht davon zu lösen. Explizites Wissen lässt sich in formaler, systematischer Sprache wiedergeben und lässt sich somit problemlos oder leichter dokumentieren und zwischen Individuen sowie Organisationen übertragen. Gerade in Organi-sationen ist es in Handbüchern oder technischen Plänen niedergeschrieben und damit für jeden Mitarbeiter sichtbar vorhanden, was auch den speziellen Wert des expliziten Wissens ausmacht.[34]

Das Zusammenwirken von implizitem und explizitem Wissen schildern Nonaka und Takeuchi anhand der vier Formen der Wissensumwandlung, indem das Wissen durch eine Interaktion zwischen allen Bereichen geschaffen und erweitert wird, was im Kapitel 2.2.3 bei der Wissens-spirale noch detaillierter beschrieben wird.[35]

		Zielpunkt	
		Implizites Wissen	Explizites Wissen
Ausgangspunkt	Implizites Wissen	**Sozialisation** Erfahrungsaustausch, Beobachtung, gemeinsame Erfahrung, Nachahmung, Praxis (z.B. Lehrling/Meister)	**Externalisierung** Bildliche Sprache und Phantasie (Bildung von Metaphern, Analogien, Modellen oder Hypothesen)
	Explizites Wissen	**Internalisierung** «learnig by doing», lesen von Erfolgsgeschichten, Verinnerlichung eines expliziten Wissens, die Ausweitung körperlicher Erfahrungen	**Kombination** Neuzusammenstellung vorhandener Informationen durch Sortieren, Hinzufügen, Kombinieren oder Klassifizieren (z.B. mit Datenbanken)

Abbildung 13: Vier Formen der Wissensumwandlung,
eigene Aufbereitung nach Nonaka Ikuijri / Takeuchi Hirotaka 2012, S. 78-89

Vielfach erweist sich in der Praxis die Nutzbarmachung des impliziten Wissens als weitaus effektiver, der Übergang ist persönlicher/eindringlicher was wohl teilweise auch das nutzstif-tendere Ergebnis erklärt.

---

[34] vgl. Nonaka Ikuijri / Takeuchi Hirotaka 2012 S. 76-77
[35] vgl. Nonaka Ikuijri / Takeuchi Hirotaka 2012 S. 78-89

2.1.2.3 Die Lernebenen

Betrachtet man Wissensmanagement an einer Person, so ergeben sich unterschiedliche Ebenen des Lernens. Lernen besteht aus einem komplexen Prozess, der unbewusst oder bewusst und auf Basis von Wahrnehmungen und Gedächtnis abläuft sowie zum Entstehen von neuem Wissen führt. In der Literatur werden verbreitet fünf Formen des Lernens unterschieden, da wären das Gewöhnungslernen, das Erfahrungslernen (Versuch und Irrtum), das Lernen am Modell (Beobachtung), Lernen durch Einsicht (Denken) und das Lernen durch Informationsweitergabe. Der Mensch kann nicht alles alleine durch Erfahrungen lernen, was die Bedeutung von Wissensverteilung und -nutzung unterstreicht.[36]

2.1.2.4 Die Organisationsebenen

Wissensmanagement kann aus mehreren Ebenen betrachtet werden. Da wäre zunächst die **persönliche Ebene** mit den subjektiven Erfahrungen und Entwicklungen, Fähig- und Fertigkeiten, der Aus- und Weiterbildung, der Selbstorganisation und -motivation sowie des Stress- und Fehlermanagements. Daneben ist die **Gruppenebene** welche aus der informellen Kommunikation und der Workshops wie auch Team- und Projektarbeit besteht. Das kollektive Wissen ist mehr als die Summe der Einzelwissen, da sich die Einzelwissen bestenfalls optimal ergänzen und so komplexere Probleme gemeinsam gelöst werden können. Die **organisationale Ebene** steht für die Visionen, Strategien, den Zielen und der Unternehmenskultur. Sie beinhaltet auch das Einzelwissen, das Kollektivwissen, implizites wie etwa Normen oder Umgangsformen und explizites Wissen wie z.B. in Richtlinien, Datenbanken. Die **überorganisationale Ebene** bildet sich aus dem gemeinsamen Lernen in Netzwerken und mit der gesamten Umwelt (Kunden, Lieferanten, Wettbewerbern, Wissenschaft).[37]

Egal aus welcher Ebene, Betrachtungsweise oder Einordnung das Lernen betrachtet wird, zentral dabei ist die Frage nach dem Nutzen, er muss für alle Beteiligten vorhanden und erkennbar sein.

2.1.2.5 Unterscheidung nach Einsatzzweck

Eine weitere Unterscheidung von Wissen kann nach seinem Einsatzzweck in der Organisation geschehen, unterscheiden wird nach "in, aus, über" und nach den Prozessen, Produkten, Projekten und Kunden.

---

[36] vgl. Franken Swetlana 2007, S. 60-62
[37] vgl. Nickelsburg Angelika K. 2007, S. 85-87 und Franken Swetlana 2010, S. 17

	Produkt	Prozess	Projekt	Kunde
Wissen über	Entwicklungs-Knowhow	z.B. einheitliches QM-System	Verhinderung von Doppelarbeit	Kundenprofil, direkte Ansprache
Wissem im/beim	Funktionsweise etc.	Handbücher, Schulungen	zur Ausführung der Aufgaben	Abläufe, Projekte
Wissen aus	Verbesserungen, Erfahrungen	Verbesserungen, Erfahrungen	Verbesserungen, Erfahrungen	Verbesserungen, Erfahrungen

Tabelle 3: Wissensunterscheidung nach Einsatz, eigene Aufbereitung

Diese Unterscheidungen helfen den geeigneten Umgang mit dem jeweiligen Wissen sicherzu-stellen. Das Gelingen vieler Projekte fusst auf dem Grundverständnis der Wissensarten bzw. deren Unterscheidungen. Wissensmanagement hängt jedoch noch von vielen anderen Einflüssen ab. Die Wahl der Wissensmanagement-Strategie, welche nachfolgend beschrieben werden, ist ein Faktor davon.

2.1.3 Wissensmanagement-Strategien

Der Begriff Wissensmanagement steht für die Organisation der Ziele, die Erfolgskontrolle und allfälliger Korrekturen. Wie jede andere Ressource im Unternehmen auch, soll Wissen für alle Mitarbeiter die es benötigen verfügbar sein. In der Literatur existiert eine Vielzahl von Strategien, Methoden und Modellen, die in der Praxis helfen sollen, Wissensmanagement einzuordnen und umzusetzen. Nachfolgend werden nun exemplarisch zwei Ausrichtungsmög-lichkeiten näher erläutert.

2.1.3.1 Personifizierungs- und Kodifizierungsstrategie

Es gibt zwei verschiedene Strategien, die Unternehmen verfolgen können, die Autoren Hansen/Nohria/ Tierney unterscheiden die Personifizierungs- und die Kodifizierungsstrategie oder anders gesagt der Humanorientierter und Technologischer Ansatz. Bei der Kodifizierungs-strategie wird das Wissen extern festgehalten und damit vom Mitarbeiter unabhängig gemacht. Da jedoch das grösste Wissen an den Mitarbeiter gebunden ist, ist diese Strategie kaum umsetzbar und auch nicht übermässig von Erfolg gekrönt. Der vielversprechendere Weg ist die Personifizierungsstrategie, welche den persönlichen Austausch zwischen den Menschen fördert und fordert. Positiv wirkt dabei eine Höhergewichtung des Lernens als des Wissens und somit eine Einstellung des lebenslangen Lernens. Alle lernen von allen, was ein gegenseitiger Austausch fördert und damit das Wissen ständig erneuert wird.[38]

Die nachfolgende Zusammenstellung soll einen Überblick über diese Strategie bieten.

---

[38] vgl. Dirbach Jörg 2013, http://www.community-of-knowledge.de/beitrag/lernen-ist-wichtiger-als-wissen/ 16.03.2014

Dimension	Technik	Mensch
Orientierung	technologieorientiert	personenorientiert
Perspektive	kognitiv	Kulturwissenschaftlich, Community (Gemeinschaft)
Definition von Wissen	Dokumentiertes Wissen, trennbar von Personen	Wissen ausschliesslich in den Köpfen der Mitarbeiter
Strategie	Kodifizierung: Wiederverwendung dokumentierten Wissens	Personalisierung: Förderung des Umgangs mit wissen bei Personen und Gruppen
Rollen	Autor, Administrator	Wissensarbeiter, Experte, Mentor, Community-Manager
Aufgaben	Speichern, Freigabe, Verteilen, Verfeinerung, Löschen/Archivieren von Wissen, Akquisition von externem Wissen	Communities gründen, fördern, moderieren, Expertise, Fähigkeiten dokumentieren. Veranstaltungen zur Wissensteilung

Tabelle 4: Wissensmanagement-Ansätze, eigene Aufbereitung in Anlehnung an Maier Ronald 2006, zitiert in: Nickelsburg Angelika K. 2007, S. 40

In der Praxis lässt sich verfolgen, dass nur die Kombination beider Strategien zum Erfolg verhilft. Neuere Ansätze propagandieren nun auch einen gesamtheitlichen Ansatz des Wissensmanagements, nur so können die Potentiale beider Systeme optimal ausgeschöpft werden.

"Letztlich bedeutet dies, dass die kreativen und intellektuellen Fähigkeiten eines Individuums beim Umgang von Wissen mit den daten-und informationsverarbeitenden Kapazitäten der Computertechnologie verbunden werden müssen, um wirkliche Synergieeffekte zu erzielen. Hier liegen im Augenblick bestenfalls Lösungsansätze und Ideen, aber noch keine wirklichen Lösungen vor."[39]

2.1.3.2 Industriearbeit (tayloristischer Ansatz) versus Wissensarbeit

Ein erfolgreiches Wissensmanagement setzt ein Umdenken von der Industrie- zur Wissensgesellschaft voraus, denn Wissen ist nicht wie jede andere Ressource und lässt sich nicht mit traditionellen Werkzeugen lenken.

Der tayloristische Ansatz der Industriegesellschaft betrachtet der Mensch als Maschine und definiert sich nach folgenden Regeln:

- Es gibt immer einen "besten" Weg für die Durchführung einer Arbeit
- Dieser wird vom Management definiert und durch Prozessschritte vorgegeben
- Wissen wird in kleine Teile zerlegt und verteilt
- Motivation wird durch finanzielle Anreize geschaffen

Dieser Ansatz führte in den ersten Wissensmanagementprojekten dazu, dass möglichst alle Daten, egal ob relevant oder irrelevant, erfasst, gespeichert und damit vorrätig gehalten wurden. Das Scheitern war quasi vorprogrammiert, Ziel, Zweck und die Vision wurden nicht

---

[39] Lehner Franz 2012, S. 38

kommuniziert, sprich die Mitarbeiter wurden nicht einbezogen und konnten so den Sinn dahinter nicht verstehen. Als Gegenpool steht die Wissensgesellschaft, die Wissen als Erkenntnis- und Kommunikationsprozess versteht welche durch Visionen und Werte gelenkt werden können.[40]

Der wissensbasierte Ansatz orientiert sich an den Menschen und den damit verbundenen herausfordernden Themen wie Macht, Anerkennung, Kritik- und Konfliktfähigkeit, Selbstorganisation und Kommunikationsbereitschaft. Damit verbunden ist das akzeptieren von Komplexität und der Mehrdeutigkeiten von Daten, Informationen und dem daraus abgeleiteten Wissen.

Die wichtigsten Unterscheidungsmerkmale sind in nachfolgender Tabelle ersichtlich:

Merkmale	Industriearbeit	Wissensarbeit
Wissen	Objekt (Dokumentation, Speicherung)	Kommunikativer Prozess (mit Dokumentation)
Die Arbeit	Prinzipiell teilbar	Nicht teilbar
Das Ganze	Ist Summe seiner Teile → komplizierter Mechanismus	Ist mehr als die Summer seiner Teile → komplexer Organismus
Der Weg	"der beste Weg"	nicht nur ein Weg
Zuständigkeit	Klare Zuständigkeitsbereiche	Verantwortungsbereiche und Freiräume
Organisation	Hierarchie, Abhängigkeit	Netzwerk, Teamarbeit, relative Autonomie
Mittel	Macht	Wissen
Motivation	Durch Geld	Durch Sinnhaftigkeit
Wissen durch	Gewissheit	Hinterfragen, Selbstreflexion

Tabelle 5: Unterscheidungsmerkmale Industrie- versus Wissensarbeit, in Anlehnung an Gabriele Vollmar 2007, zitiert in Nickelsburg Angelika K. 2007, S. 103

2.2 Modelle und Theorien im Wissensmanagement

Um Wissensbestände zu lenken und zu beeinflussen braucht es Modelle und Methoden, welche komplexe Sachverhalte durch vereinfachte abstrahierte Darstellung eines Realitätsausschnitts verständlicher machen.

Wissensmanagement ist quasi eine Weiterentwicklung des ISO-9001-Gedanken, indem man sich nicht bloss mit Prozessen beschäftigt, sondern Abläufe, Räume und Verkehrsflüsse bestmöglich organisiert, so dass Wissen möglichst optimal entwickelt, überprüft, verteilt, genutzt, ausgetauscht oder gelöscht werden kann und Innovationen und Fortschritte schnell

---

[40] vgl. Nickelsburg Angelika K. 2007, S. 101

umgesetzt werden können.[41] "In Anlehnung an die Gedanken des Total Quality Managements (TQM), das postuliert "Qualität ist in allem was wir tun", könnte man von einem Total Knowledge Management (TKM) sprechen zur optimalen Wissenserzeugung, Absicherung und Nutzung in allen Geschäftsprozessen."[42]

2.2.1 Denkrichtungen im Wissensmanagement

Wie sich die Organisation verändern muss, um obigem Ziel gerecht zu werden, verzweigt sich in drei Denkrichtungen, die Gegenpole "technokratisches Wissensmanagement" und "Wissensökologie" sowie der Mittelweg "Phasenmodelle des Wissensmanagements".

2.2.1.1 Technokratische Wissensmanagement

Hier werden von den Unternehmenszielen die Wissensziele abgeleitet. Der Wissensaufbau und die Wissensnutzung kann also genau wie andere Managementziele geplant, gesteuert und gemessen werden. Wissen wird in dieser Sichtweise wie jede andere Ressource (z.B. Material, Kapital) bewirtschaftet und Informationen sind Objekte. Als Basis dient die zentrale Steuerung des Unternehmens mit einem rationalen Entscheidungsfindungsprozess womit die zunehmende Komplexität beherrscht werden kann; wir haben es dementsprechend mit einem sequentiellen Managementprozess im Unternehmen zu tun. Expertensysteme garantieren dabei vielfach ein unternehmensweites Wissenssystem.[43]

"Die Wissensentwicklung, die Generierung neuer Geschäftsfelder, die Erneuerung von innen heraus sowie das Lernen von externen Wissensquellen kommen in dieser Sichtweise des Wissensmanagements nicht zur Geltung."[44]

2.2.1.2 Wissensökologie

Bei dieser Sichtweise geht es darum, Rahmenbedingungen (z.B. Organisationsstruktur) oder Umgebungen (z.B. Infrastruktur) zu gestalten, in denen Mitarbeiter motiviert und unterstützt werden, grenzübergreifend Wissen zu generieren, zu verteilen und zu nutzen. Organisationen sind ein bewegliches, agiles mit der Umwelt verbundenes System, das sich selbst in einem dynamischen, andauernden komplexen Prozess steuert und erneuert, welcher nicht vollständig geplant und gesteuert werden kann. Der Umgang mit Wissen ist nicht immer plan- und

---

[41] vgl. North Klaus 2011, S. 337
[42] North Klaus 2011, S. 272
[43] vgl. North Klaus 2011, S. 182
[44] North Klaus 2011, S. 182

steuerbar, Zusammenarbeit und Selbstinitiative wird hoch gehalten. Weitere Merkmale sind ehrgeizige Ziele welche nur in Zusammenarbeit erreicht werden können, Unterstützung von Veränderung und Neuem und ein Anreizsystem welches diese Merkmale fördert. Die mangelnde Praxistauglichkeit sieht North in dem Punkt, dass es dabei keine Ansätze gibt, die sich allein auf organisatorisches Lernen konzentriert.[45]

2.2.1.3 Phasenmodelle des Wissensmanagements

Viele Modelle und Methoden die entwickelt wurden, verbinden beide Ansätze und benutzen Merkmale der klassischen Managementprozesse wie auch der Wissensökologie, weshalb North diese in die Gruppe "Phasenmodelle des Wissensmanagements" zusammengeschlossen hat. Die nachfolgende Tabelle gibt einen Überblick über die drei verschiedenen Ansätze.[46]

Technokratisches Wissensmanagement	Phasenmodelle des Wissensmanagements	Wissensökologie
Wissen = Objekt Information	Wissen wird situativ Objekt bzw. Prozess	Wissen = Prozess
Wissensaufbau und -transfer kann deterministisch geplant, gesteuert und gemessen werden	Spezifische Kontexte und Steuerungsinstrumente werden in unterschiedlichen Phasen (Wissensidentifikation, -erwerb, -entwicklung, -transfer, -nutzung) wirksam	Rahmenbedingungen (Kontexte) ermöglichen selbststeuernde Lernprozesse
Rationale Entscheidungs- prozesse	Rationale Entscheidungsprozesse dominieren	Emotional-rationale Entschei- dungsprozesse und Lernprozesse
Komplexität wird durch „Wissenslogistik" beherrscht	Komplexität wird durch Phasen, Module, Prozessschritte reduziert	Komplexität wird durch Selbst- steuerung reduziert

Tabelle 6: Unterschiedliche Ansätze des Umgangs mit Wissen, North Klaus 2011, S. 183

Im Weiteren werden wir uns auf Ansätze konzentrieren, welche einen ganzheitlichen Blick auf das Gebiet Wissensmanagement ansteuern. Obwohl diese Arbeit vertieft die einzelnen Aspekte der Wissensverteilung und -nutzung behandelt, wird zum besseren Gesamtverständnis trotzdem auf alle Teile des Wissensmanagements kurz eingegangen. Die Fokussierung auf Wissensverteilung und -nutzung erfolgt im Hinblick auf die herausragende Stellung innerhalb des Wissensmanagements.

---

[45] vgl. North Klaus 2011, S. 182-183
[46] vgl. North Klaus 2011, S. 183

2.2.2 Bausteine des Wissensmanagements nach Probst et al. 2012

Alle 8 Bausteine werden nachfolgend in einem logischen Kontext kurz vorgestellt, wobei im weiteren nur auf die beiden Bausteine Wissensverteilung und -nutzung vertieft eingegangen wird, bei allen anderen wird auf eine detaillierte Vorstellung verzichtet.

Gemäss Probst et al. sollte ein Wissensmanagementkonzept pragmatisch, einfach und nutzbar sein, es braucht Methoden, mit denen man Wissensbestände lenken und in ihrer Entwicklung beeinflussen kann.[47]

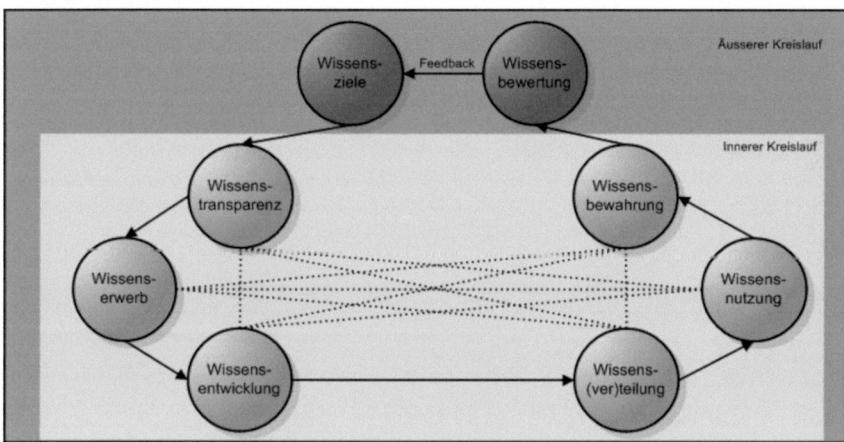

Abbildung 14: Bausteine des Wissensmanagements, in Anlehnung an Probst et al. 2012, S. 30

Die Bausteine des Wissensmanagements gliedern sich in einen inneren und einen äusseren Wissenskreislauf. Der äussere Kreislauf stellt den traditionellen Managementprozess mit Zielsetzung, Umsetzung und Kontrolle dar. Es werden Ziele gesetzt und Strategien definiert um diese zu erreichen, die Bewertung der tatsächlich erreichten Ziele, worauf dann der Erfolg der Massnahmen ermittelt und eventuell Anpassung der Zielsetzungen getätigt werden. Der innere Kreislauf stellt die operative Umsetzung dar, deren einzelne Bausteine eng miteinander verknüpft, verbunden und damit abhängig sind. "Die Gesamtstruktur des Konzeptes, die sich an den Gedanken eines klassischen Managementkreislaufs von Zielsetzung, Umsetzung und Kontrolle anlehnt, sichert die Anschlussfähigkeit an alternative Managementansätze und stellt die Suche nach zielorientierten Steuerungsmöglichkeiten in den Vordergrund."[48] Die Abbildung zeigt deutlich die Verbindungen der einzelnen Bausteine untereinander, weshalb eine isolierte Betrachtung der einzelnen Elemente Wissensverteilung und -nutzung schwierig ist. Trotz der

---

[47] vgl. Probst Gilbert / Raub Steffen / Romhardt Kai 2012, S. 29
[48] Probst Gilbert / Raub Steffen / Romhardt Kai 2012, S. 35

zentralen Betrachtung der beiden Bausteine wird es also nachfolgend immer wieder zu Verknüpfungen und Hinweisen zwischen und zu anderen Bausteinen kommen.

Probst et al. definieren die einzelnen Bausteine folgendermassen:[49]

2.2.2.1 Wissensziele - wie gebe ich meinen Lernanstrengungen eine Richtung?

Die Ziele lenken die Massnahmen und Aktivitäten des Wissensmanagement in die gewünschte Richtung. Idealerweise sollten die drei nachfolgenden Ebenen der Wissensziele harmonisch kombiniert und verzahnt sein.

- Normative Wissensziele: Schaffung einer wissensbewussten Unternehmenskultur, in der Teilung und Weiterentwicklung der eigenen Fähigkeiten die Voraussetzungen für ein effektives Wissensmanagement schaffen (z.B. durch ein Wissensleitbild).
- Strategische Wissensziele: Diese definieren organisationales Kernwissen und -können, sie zeichnen somit den zukünftigen Kompetenzbedarf in einem Unternehmen auf.
- Operative Wissensziele: Diese sorgen für die Konkretisierung der normativen und strategischen Zielvorgaben und somit deren praktischen Umsetzung oder einfacher gesagt die Vernetzung von Informationen zu Wissen, Handeln und Kompetenz.

Eine noch detailliertere Einordnung verwendet Lehner, der zwischen Wissensziele (Speicherung konkretes, relevantes Wissen in einer Wissensbasis) und Wissensmanagementziele (z.B. Methoden zur Förderung und Motivation der Wissensverteilung und -nutzung), unterscheidet.[50]

Da Investitionen sich lohnen sollen, kommt man nicht umhin die gesetzten Ziele auch zu messen. Das Dilemma ist hier der Umstand, dass Wissensziele nicht wie Finanzziele klar definiert und gemessen werden können. Im Kapitel 2.4.4 wird ausführlich auf die Problematik der Messung und Bewertung eingegangen, was man jedoch bereits bei der Zielsetzung beachten sollte, ist deren Berücksichtigung zur Erfolgsmessung.

2.2.2.2 Wissenstransparenz (-Identifikation) - wie schaffe ich intern und extern Transparenz?

Eine Analyse und Beschreibung des Wissensumfeldes des Unternehmens bringt einen meist fehlenden Überblick über die externen und internen Wissensbestände. Eine mangelnde Transparenz führt zu Ineffizienzen, uninformierten Entscheidungen und Redundanzen.

---

[49] vgl. Probst Gilbert / Raub Steffen / Romhardt Kai 2012, S. 31-35
[50] vgl. Lehner Franz 2012, S. 290

2.2.2.3 Wissenserwerb - welche Fähigkeiten kaufe ich mir extern ein?

Unerschlossene Wissensquellen wie etwa die Beziehung zu Kunden, Lieferanten, Mitbewerbern oder Partnern bergen ein unausgeschöpftes Potential. Aufgrund der "Wissensexplosion" kann nur begrenzt Wissen intern erworben werden, was mitunter durch die Rekrutierung von Experten gelöst und somit Know-how eingekauft werden kann.

2.2.2.4 Wissensentwicklung - wie baue ich neues Wissen auf?

Hier wird der Umgang des Unternehmens mit neuen Ideen und die Nutzung der Kreativität der Mitarbeiter untersucht. Die Kreativität und die Fähigkeit systematisch Probleme zu lösen sind die Grundvoraussetzungen für die Wissensentwicklung. Die Kreativität ist vorwiegend eine individuelle Eigenschaft, während die Lösung von Problemen oft mehrere Phasen durchlaufenden Prozessen folgt, sowie in unkomplizierte oder komplexere Probleme gegliedert werden können. Im Zentrum steht die Entwicklung von neuem Wissen, neben den gängigen Abteilungen wie Marktforschung oder Forschung&Entwicklung kann neues und relevantes Wissen in allen Bereichen entstehen.

2.2.2.5 Wissens(ver)teilung - wie bringe ich das Wissen an den richtigen Ort?

Nicht jeder muss alles wissen aber die Verteilung von Erfahrungen ist der Grundstein um isoliert vorhandene Informationen für die Organisation nutzbar zu machen. Dieser und auch der nächste Baustein sind ein Hauptbestandteil dieser Arbeit und werden demzufolge später noch ausführlicher beleuchtet.

2.2.2.6 Wissensnutzung - wie stelle ich die Anwendung sicher?

Ziel und Zweck des Wissensmanagements ist der produktive Einsatz organisationalen Wissens, die erfolgreiche Identifikation und Verteilung von Wissen stellt noch keine Nutzung sicher. Die Förderung der Nutzung besteht grösstenteils aus der Verminderung oder Eliminierung der Nutzungsbarrieren, damit verteiltes Wissen erfolgreich genutzt werden kann.

2.2.2.7 Wissensbewahrung - wie schütze ich mich vor Wissensverlust?

Erworbene Problemlösungsmethoden stehen nicht unvermeidlich für die Zukunft zur Verfügung. Der Prozess der Selektion des Bewahrungswürdigens, die angemessene Speicherung und die regelmässige Aktualisierung muss bewusst und systematisch gestaltet werden, um beim Abgang von Mitarbeitern nicht einen Teil des organisationalen Gedächtnisses zu verlieren.

Als zentral betonen Probst et al. noch das organisationale Vergessen. Die Gefahr besteht in dem Verlust von Wissen und in einer unüberschaubaren Informationsmenge wenn keine Bereinigung der Wissensbasis vorgenommen wird.[51]

Art des Vergessens \ Bewahrungsebene		individuell	kollektiv	elektronisch
Inhalte werden gelöscht durch:		Kündigung, Todesspirale, Amnesie, (Früh-)Pensionierung	Auflösung eingespielter Teams Reengineering Outsourcing von Funktionsbereichen	Irreversible Datenverluste durch: Viren, Hardwarefehler, Systemabstürze, mangelhafte/fehlende Backups, Hacker
Zugriff nicht möglich	befristet	befristete Überlastung, Versetzungen, Krankheit, Urlaub, mangelndes Training, Dienst nach Vorschrift	Tabuisierung alter Routinen, kollektive Sabotage	Reversible Datenverluste, befristete Überlastung, Schnittstellenprobleme
	auf Dauer	permanente Überlastung, kein Bewusstsein für Wichtigkeit eigenen Wissens, innere Kündigung	Verkauf von Unternehmensstellen, Abwanderung von Teams	Dauerhafte Inkompatibilität von Systemen, permanente Überlastung, falsche Kodifizierung

Abbildung 15: Formen des organisationalen Vergessens, Lehner Franz 2012, S. 82

Die Möglichkeiten zur Wissensabsicherung gegenüber Verlust und Abwertung kann durch mitarbeiterbezogene, technische und rechtliche Massnahmen erreicht werden. Dabei muss beachtet werden, dass ein Mitarbeiterweggang und damit ein Verlust des impliziten Wissens grösstenteils schwerwiegender ist als der Verlust von dokumentiertem expliziten Wissens. Mitarbeiterbezogene Massnahmen können beinhalten, dass Rahmenbedingen zur Wissensweitergabe geschaffen werden, dass Schlüsselmitarbeiter mit ihrer Wissensbewertung identifiziert werden sowie durch "wert"-schätzendes und mitarbeiterorientiertes Verhalten, durch Aus- und Weiterbildung sowie Anwendung in der Praxis, durch rechtzeitige Besetzung und Einarbeitung durch den Vorgänger und Teilpensionierungen. Technische Vorkehrungen könnten getroffen werden mit einer Zutrittsregelung für einen selektiven Zugang zu heiklen Informationen und Wissen, der Speicherung von explizitem Wissen und der Verteilung von implizitem Wissen. Rechtliche Handlungen können sein, dass durch Patente oder Verträge (z.B. Konkurrenzverbot) das Wissen abgesichert wird, jedoch allerdings nur für einen begrenzten Zeitraum.[52]

---

[51] vgl. Lehner Franz 2012, S. 82
[52] vgl. North Klaus 2011, S. 257-260

2.2.2.8 Wissensbewertung - wie messe ich den Erfolg meiner Lernprozesse?

Hier gibt es im Gegensatz zu Finanzen keine standardisierte, erprobte und bewährte Bemessungsmethoden, in der Wissensbewertung müssen eigene, neue und innovative Mittel und Wege gefunden werden. Da Wissensmanagementmassnahmen Ressourcen beanspruchen, sollte auch deren Wirksamkeit belegt werden können. Zudem ist eine Bewertung eine Grundvoraussetzung um mögliche Korrekturen vorzunehmen.

Wie schon bei den Wissenszielen erwähnt, wird die Problematik der Messung und Bewertung im Kapitel 2.4.4 weiter ausgeführt.

2.2.2.9 Kritik an den "Bausteinen des Wissensmanagements nach Probst et al."

Einige Autoren sehen Probleme bei der konkreten Umsetzung vor allem auch in Bezug auf Informationstechnologien. Das Misstrauen betrifft auch die massive Reduktion auf wenige Elemente des an sich komplexen Themas. Zudem gelänge es der Methode nicht, das Defizit an wissenschaftlicher Literatur (theoretische Basis) mit dem pragmatischen Praxisbezug auszugleichen. Das Modell impliziert zudem eine Abgrenzung der verschiedenen Elemente, die in der Praxis jedoch miteinander verknüpft sind.

Einig sind sich jedoch fast alle, dass die Bausteine mit ihrem pragmatischen und ganzheitlichen Ansatz einen hohen Praxisbezug offenbaren und damit eine systematische Betrachtung sowie Ansätze zur Optimierung bieten. Gerade weil das komplexe Thema auf wenige Elemente reduziert wurde, gestattet es eine systematische Durchführung von Wissensmanagement.[53]

2.2.3 Die Wissensspirale von Nonaka und Takeuchi

Als Basis für dieses Modell wie Organisationen Wissen erzeugen und nutzen können dienen empirische Studien in japanischen Unternehmen. Wegweisend dabei ist das Bewusstsein, dass die Wissensgenerierung nicht nur aus der Verarbeitung expliziter Informationen sondern ebenso durch die subjektiven, impliziten Vorgänge wie Einsichten, Eingebungen und Mutmassungen entsteht. Zentraler Punkt dabei ist der persönliche Einsatz und die Leidenschaft der Mitarbeiter für die jeweilige Arbeit. Die Wissensspirale bezeichnet somit den ewigen Kreislauf

---

[53] vgl. Rohleder Norbert 2004, Wissensmanagement Nr. 08

vom individuellen impliziten Wissen zum kollektiven expliziten Wissen und wieder zurück zum individuellen impliziten Wissen.[54]

Die Organisation muss dazu das implizite Wissen seiner Mitarbeiter mobilisieren, welches durch die vier Formen der Umwandlung (Sozialisation, Kombination, Externalisierung, Internalisierung) verstärkt wird.

von	zu *implizitem* Wissen	*explizitem*
implizitem zu Wissen	**Sozialisation:** *Austausch erlebten Wissens*	**Externalisierung:** *Konzeptuelles Wissen entsteht durch Kodifizierung/Dokumentation*
explizitem	**Internalisierung:** *Wissen wird individuell operationalisiert*	**Kombination:** *Systemisches Wissen durch Zusammenfügen bekannten Wissens*

Abbildung 16: Vier Arten der Wissenserzeugung und -transformation, nach Nonaka und Takeuchi 1995, zitiert in: North Klaus 2011, S. 48

Der Konversionsprozess beginnt mit der **Sozialisation**, also mit der Weitergabe von impliziten Wissens einer Person an eine andere Person; dabei wird das relevante Können durch Beobachtung, Imitation oder gemeinsames Üben aber nicht durch Sprache weitergegeben. Der zweite Schritt ist die **Externalisierung** also die Explizierung impliziten Wissens. In einem ersten Schritt müssen Bilder oder Metaphern für einen sprachlichen Zugang gefunden werden. In einem zweiten Schritt müssen Gleichheiten zwischen den kreierten Bildern oder Metaphern und dem Vorwissen gefunden werden, um eine Überführung in logisch-analytisch explizite Wissensstrukturen zu ermöglichen und damit das frühere implizite Wissen in explizites Wissen konvertieren zu können. Der dritte Schritt ist die **Kombination**, bei der das explizite Wissen mit anderem individuellen expliziten Wissen verbunden wird, was eine Verbreitung des bereits vorhandenen Wissens bedeutet. Der letzte Schritt ist die **Internalisierung** und damit der Übergang von explizitem zu implizitem Wissen. Durch mehrmalige Handlungen des expliziten Wissens wird dieses fortwährend in die individuellen Routinen eingearbeitet und wird so wieder zu implizitem Wissen, jedoch von höherer Qualität.[55]

---

[54] vgl. North Klaus 2011, S. 198
[55] vgl. Schreyögg Georg / Geiger Daniel 2004, S. 274

Die Wissensspirale beschreibt das Zusammenspiel von implizitem und explizitem Wissen, welches auf dem Weg durch die ontologischen Dimensionen immer reicher wird. "Die Wissensschaffung im Unternehmen ist somit ein Spiralprozess, der ausgehend von der individuellen Ebene immer mehr Interaktionsgemeinschaften erfasst und die Grenzen von Sektionen, Abteilung, Divisionen und sogar Unternehmen überschreitet."[56]

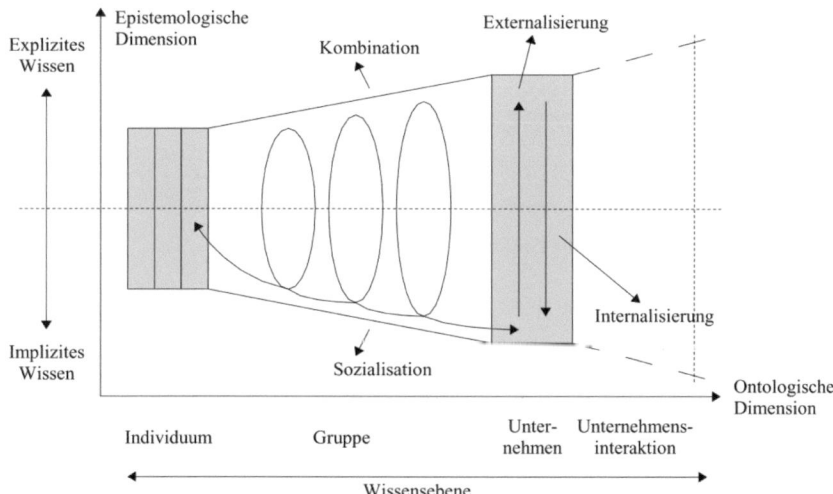

Abbildung 17: Spirale der Wissensschaffung im Unternehmen, Nonaka Ikuijri / Takeuchi Hirotaka 2012, S. 92

"Der Transformationsprozess innerhalb dieser Wissensspiralen bildet den Schlüssel (…), dass die Wissensspirale auf epistemologischer Ebene nach oben steigt, während sie sich auf ontologischer Ebene zyklisch von links nach rechts und wieder zurück bewegt. Die Interaktion dieser beiden Spiralen auf zeitlicher Ebene schliesslich ist verantwortliche für ihren innovativen Charakter."[57]

2.2.3.1 Die Wissensspirale in der Praxis

Doch wie kann man so eine Wissensspirale in Gang setzen? Es gibt 5 unterstützende Grundvoraussetzungen im Unternehmen für die funktionierende Entwicklung der Wissensspirale, welche nachfolgend erläutert werden.

- Intention: Um das Engagement der Mitarbeiter zu fördern, sollten Unternehmen eine klare Vision formulieren und mit Handlungsanweisungen vorstellen. Statt sich auf das Denken

[56] Nonaka Ikuijri / Takeuchi Hirotaka 2012, S. 92-93
[57] Nonaka Ikuijri / Takeuchi Hirotaka 2012, S. 114

und Verhalten Einzelner zu verlassen, kann man durch kollektives Engagement allen Mitarbeitern die Möglichkeit zur Neuorientierung und Entwicklung anbieten.

- Autonomie: Jeder Mitarbeiter sollte so autonom handeln können wie es die Umstände und Rahmenbedingungen erlauben. Dies fördert die Motivation zur Schaffung und Teilung neuen Wissens.
- Fluktuation und kreatives Chaos: Instabilität unterstützt Zusammenbrüche von eingespielten Mustern und Abläufen, bewirkt eine Störung des gewohnten Zustands und bedingt dadurch eine Neuorientierung um neue Konzepte zu finden. Dieses permanente Infrage stellen und Überdenken bestehender Grundannahmen begünstigt die Wissensschaffung in der Organisation.
- Redundanz: Ein absichtliches Überlappen von Informationen welche über die Bedürfnisse der Subjekte hinausgehen. Mit überzähligen Informationen können Einzelne ihren Platz im Unternehmen besser einordnen.
- Notwendige Vielfalt: ein gleichberechtigter Zugang zu Informationen begünstigt eine flexible und schnelle Kombination zur Lösung von Eventualitäten. Auch die Bildung von wechselnden Teams oder Personalrotationen können dabei helfen, rasch auf unerwartete Ereignisse zu reagieren.[58]

2.2.3.2 Kritik an der "Wissensspirale von Nonaka und Takeuchi"

Einige Autoren sehen vor allem Probleme bei der Umwandlung von implizitem zu explizitem Wissen. Erwähnenswert ist hier der Beitrag von Schreyögg Georg & Geiger Daniel, welche sich in ihrer Arbeit kritisch mit der Konvertierung von implizitem in explizites Wissen auseinandergesetzt haben. Um diese Kritik anführen zu können, haben sie sich eingehend mit der Natur des impliziten und expliziten Wissens, beschrieben im Werk "the tacit dimension" von Polanyi aus dem Jahr 1966, beschäftigt.

Polanyi selbst schreibt in seinem Werk nicht von "impliziten Wissen" sondern achtsamer von "tacit knowing" sprich auf die Existenz bestimmter, individueller, menschlicher Fähig- und Fertigkeiten. Womit es sich um sehr spezifische, schwer imitierbare und besondere Fähigkeiten handelt, die nicht von jedem gleich beherrscht werden, sondern einer besonderen Geschicklichkeit und Übung bedürfen. Er argumentiert dabei nach dem Ausschlussverfahren: All die Anteile einer erfolgreichen Handlung die nicht expliziten Ursprungs sind, werden dem impliziten Teil zugerechnet. Mit dem "impliziten knowing" wollte Polanyi ganz bewusst auf einen unbekannten aber für den Erfolg dennoch wichtigen Bereich hinweisen. Wird eine Handlung erfolgreich durchgeführt (z.B. Fahrradfahren) und gründet diese Handlung nicht auf explizites Wissen, so existiert "implizites knowing". Implizites Wissen kann nur durch Übungs- und Imitationsvorgänge sprich Versuchs- und Irrtumsprozesse erworben werden, nicht durch explikative Beschreibung. Polanyi führt aus, das die Grundlage jeder Handlung eine körperliche Fähigkeit ist, die auf implizitem Knowing basiert und schlussfolgernd daraus explizites Wissen

---

[58] vgl. Nonaka Ikuijri / Takeuchi Hirotaka 2012, S. 93-107

nur auf der Basis und in Verbindung von implizitem Wissen möglich sei. Polanyi bemerkte selber, dass das deutsche Wort "Können" eher den impliziten Teil und das Wort "Wissen" eher den expliziten Teil bezeichne. Implizites Können ist also nicht verbalisierbar, nicht formalisierbar und erfahrungsgebunden.[59]

Kann sich nun, wie in der Wissensspirale beschrieben, implizites Können in explizites Wissen konvertieren lassen? Schreyögg & Geiger kommen aus folgenden Gründen zu einer negativen Antwort: Nicht Verbalisierbares kann nicht expliziert werden, nicht Formalisierbares entgeht der systematischen Analyse und körperliche Handlungserfahrungen lassen sich nicht durch kognitives Wissen ersetzen. Polanyi beschreibt den Vorgang der Explikation des Impliziten als unmöglich, er könne sogar zu einer Vernichtung der erfolgreichen Handlungsgrundlage führen.[60]

Zudem stellte sich die Frage, ob implizites Können eine relevante Kategorie auf Organisationsebene sein kann bzw. ob es organisatorisches Wissen überhaupt gibt. Implizites Wissen kann zwar z.B. durch Imitation auf andere übertragen werden, es bleibt aber nach wie vor etwas individuell persönliches. Deshalb erscheint die Wissensspirale mit dem Anspruch, individuelles implizites Wissen in kollektives implizites Wissen zu konvertieren mehr als problematisch. Zudem kann eine Organisation keine körperliche Handlung durchführen, jedoch gibt es viele bedeutungsvolle organisatorischer Erscheinungen, die aber nur deshalb implizit sind, weil sie nicht zum formalen Regelwerk gehören. Als Beispiel bietet sich hier die Organisationskultur an, sie beeinflusst Handlungen, ist aber keine Handlung, zudem ist sie explizierbar und reflektierbar. Aufgrund dieser Ausführungen lautet die Antwort auf die eingangs gestellte Frage wieder Nein, implizite organisatorische Erscheinungen gehorchen einer anderen Logik.[61]

Die beiden anderen Konversionstypen, die Sozialisation (Weitergabe von implizitem Wissen durch Erfahrungsprozesse) und die Kombination (Verbindung von expliziten mit anderem expliziten Wissen) sind Umwandlungsprozesse innerhalb derselben Kategorie, sie sind unproblematisch und auch fraglos von immenser Wichtigkeit für jedes Wissensmanagement.[62]

Dank der Wissensspirale und ihr nahestehenden Methoden fand ein wichtiger Fortschritt des Wissensmanagement statt und führte zu einer ganzheitlichen Sichtweise, vor allem auch auf die bis dahin verwendeten Informationstechnologielastigen Methoden. Diese neuen Ansätze

---

[59] vgl. Schreyögg Georg / Geiger Daniel 2004, S. 278-280
[60] vgl. Schreyögg Georg / Geiger Daniel 2004, S. 278-281
[61] vgl. Schreyögg Georg / Geiger Daniel 2004, S. 281-284
[62] vgl. Schreyögg Georg / Geiger Daniel 2004, S. 283

brachten die Erkenntnis, das Wissen sehr wohl zeit- und ortsverbunden, subjektiv, betrachter-abhängig, instabil sowie der Entstehungskontext relevant ist. Die Schlussfolgerung von Schreyögg & Geiger besteht in der Tatsache, dass das von Polanyi beschriebene "implizite knowing" nicht kongruent mit den Absichten der Wissensspirale ist. Damit wird die immense Wichtigkeit der praktischen Bedeutung deren nicht negiert, das implizite Wissen dient als Grundlage des individuellen Handelns; nur bedarf das "implizite knowing" eine andere Handhabung an das Management von Wissen als explizites Wissen dies braucht. Aufgrund der Subjektgebundenheit muss der Träger identifiziert werden, damit auf das implizite Können zurückgegriffen werden kann, zudem sollte eine passende Umgebung erzeugt werden, damit der Austausch dieser Fähig- und Fertigkeiten im Rahmen von Meister-Schüler-Beziehungen durchführbar wird. [63]

Die aktuell vorhandene Literatur macht der Anschein, dass sich seit dem Jahr 2004 bisher schon vieles in die richtige Richtung bewegt hat. Mit den im Kapitel 2.5 vorgestellten Hilfsmitteln lassen sich die hier geforderten Massnahmen vielfach umsetzen, jedoch bedarf es immer noch der Personen, die Wissensverteilung und -nutzung durchführen wollen und können.

2.2.4 Weitere Wissensmanagement-Modelle

Obwohl viele der Modelle ein Potential-Abstimmung hinsichtlich eines integriertes Wissenssystems mit dem Ziel einer effizienten und zielorientierten Wissensverarbeitung im Sinne der Organisation verfolgen, gibt es Variationen in den fokussierten Ansatzpunkten, den konzeptionellen Überlegungen und hinsichtlich der Fokussierung der Wissensmanagement-Initiativen.

Neben dem vorhergehend vorgestellten Bausteinmodell des Wissensmanagements nach Probst, Raub und Romhardt sowie der Wissensspirale nach Nonaka und Takeuchi gibt es noch weitere, wovon hier noch zwei der vollständigkeitshalber kurz vorgestellt werden. Die fünf Disziplinen nach Peter Senge (1995) stellen einen Handlungsrahmen dar, in dem die Unternehmung eine lernende Organisation werden kann, wenn jeder Mitarbeiter die Disziplinen einhält. Bei Wilke Helmut (2001) muss das Unternehmen seine Kernkompetenzen ausbauen und dabei den eigenständigen Prozess des Wissensmanagements einbauen.

Eine Auswahl mit empirischem Hintergrund zeigt auch Lehner z.B. im Modell des Know-how-Transfer von Boeglin, das Stufenmodell von Szulanski beim Transfer von Best Practice, das

[63] vgl. Schreyögg Georg / Geiger Daniel 2004, S. 272, 284-285

Phasenmodell des geplanten internen Wissenstransfers nach Krogh, das Transfer- und Imitationsmodell nach Zander und Kogut, das Transfer- und Absorptionspotenzialmodell nach Richter sowie die Arbeiten Gupta/Govindarajan und Disterer.[64] Andere Methoden werden bei North vorgestellt wie etwa das Münchener Modell von Reinmann-Rothmeier und Mandl, das Modell des integrativen Wissensmanagements von Reinhardt und Pawlowsky, das Lebenszyklusmodell des Wissensmanagements von Rehäuser und Krcmar, das Wissensmarkt-Modell von North, das Modell des Managements technologischer Ressourcen von Jaques Morin und das APQC/ Andersen-Rahmenkonzept von Arthur Andersen.[65]

Eine Einschätzung einiger ausgewählten Modelle liefert nachfolgende Darstellung.

+	Trifft kaum zu	++	Trifft eher zu	+++	Trifft zu

Modellname	Kurzbeschreibung	Kerngedanke/ Ausrichtung	Theoretisches Erklärungsmodell	Gestaltungshilfe für die Praxis	Ausrichtung an strategischen Organisationszielen
Bausteinmodell (Probst et al. 1999)	Bausteine des WM - Managementkreislauf auf zwei Ebenen	Unternehmenskontext	+	+++	+++
Spirale des Wissens (Nonaka & Takeuchi 1997)	SECI-Spirale (Prozesse der Wissensumwandlung)	Unternehmenskontext (Japan)	+++	+	+
Münchener Modell (Reinmann-Rothmeier 2001)	Heuristisches Modell als Orientierungsrahmen und Verständigungsgrundlage für interdisziplinäre Forschung	Pädagogik, Psychologie: individuelles, soziales und organisationales Lernen	+++	++	++
Integratives WM (Pawlowsky & Reinhardt 1997)	Lernphasen-Modell	Organisationale Lernprozesse	+++	+	+
Vier Akte zum WM (Schüppel 1996)	Konzeptioneller Rahmen zum Aufbau von WM im Unternehmen	Organisationale Lernprozesse	+++	++	+
Doppelte Wissensbuchführung (Willke 2001)	Modell: interner, selbstreferentieller + äußerer, fremdreferentieller Kreislauf	Koppelung von WM an strategische Organisationsziele	++	+	+++
Erfolgskriterien (Davenport & Prusak 1998)	Erfolgsfaktoren beim WM als Orientierung für Praxis	Unternehmenskontext	+	+++	+
Wissensmarkt-Konzept (North 1999)	3 Säulen-Modell (Wissen als „Ressource" managen)	Unternehmenskontext	+++	++	++

Abbildung 18: Gegenüberstellung ausgewählter Wissensmanagement-Ansätze, nach Meinke Julia 2012, S. 78

Die diversen Modelle und Theorien im Wissensmanagement wie z.B. "Probst et al." und "Nonaka und Takeuchi" stellen die Prozesse in idealtypischer Form dar. Wie oder wodurch sie motiviert oder verhindert werden bleibt meistens aber relativ offen. Wissensverteilung und -nutzung kann nur erfolgreich sein im Wissen um die "Informations- und Kommunikations-

---

[64] vgl. Lehner Franz 2012, S. 87-96
[65] vgl. North Klaus 2011, S. 186-197

Pathologien"[66] sprich Barrieren und wie man diesen begegnen kann. In den nachfolgenden Kapiteln werden deshalb Barrieren identifiziert, kategorisiert und mögliche Lösungsansätze aufgezeigt.

2.3 Der Mensch und seine ambivalente Kommunikation

Der Mensch nimmt in dem komplexen Geflecht von Daten, Informationen und Informationsflüssen ein wesentliches Schwergewicht ein. Der nächste Abschnitt richtet deshalb den Blick auf die Arbeitsweise und herausragende Leistung des menschlichen Gehirns.

2.3.1 Der Mensch als zentrales Element in der Wissensbasis

Die Gegenüberstellung des menschlichen Gehirns mit seinen Neuronen und Neurotransmittern mit dem organisatorischen Gedächtnisses ist hier durchaus legitimiert. Bei beiden gibt es keine zentrale Kontrolle, die den Zustand des gesamten Systems bewacht. Die Externalisierung soll einen Lösungsansatz darstellen um bekannte Mängel des menschlichen Gedächtnisses (z.B. Vergessen) durch technische Speicherung zu optimieren.

"Das individuelle Gedächtnis arbeitet nämlich nicht nur kumulativ und vor allem nicht auf der Basis fest programmierter Abläufe. Es unterstützt z.B. eine permanente und automatische Neubewertung einschliesslich der Reorganisation des Wissens (z.B. durch Vergessen oder selbstständiges Erkennen von Kontextveränderungen). Es hält auch routinierte Verhaltensweisen bei Informationsüberflutung bereit. Der Trend zur Externalisierung ist demnach nicht beliebig fortsetzbar, ohne die Aktivitäten und Entwicklung einer Organisation nachhaltig zu stören oder zumindest zu beeinflussen."[67]

"Die Erinnerung des Neuronalen Netzes ist auf die einzelnen Neuronen verteilt. Erst deren Zusammenspiel, die Topologie und die Dynamik machen die kognitive Leistung eines Neuronalen Netzes aus. Beim organisatorischen Gedächtnis ist es ähnlich: Fehlt ein Teil der Mannschaft, spielt sie schlechter…"[68] Dies lässt den Schluss zu, dass es nicht auf die Vernetzung der Personen ankommt sondern auf die Verknüpfung von Verhaltensmustern. "Das Gedächtnis und das Wissen sind praktisch überall verteilt (…) Das Gedächtnis entsteht also durch die interpersonalen Verbindungen, welche ein soziales System ausmachen. Das Wissen wird dann

---

[66] North Klaus 2011, S. 51
[67] Lehner Franz 2012, S 63
[68] Wargitsch Ch. 1998, zitiert in: Lehner Franz 2012, S. 101

durch Kommunikationsprozesse aktiviert"[69] Womit die nachgängig detaillierter beschriebenen Kommunikationsprozesse eine äusserst wichtige Stellung einnehmen.

Metapher	Bezeichnung	Funktionen und Beispiele
Maschine	Speicher (storage)	■ Das Löschen von Gedächtnisinhalten bedarf eines externen Auslösers oder Akteurs. ■ Daten werden aus dem Speicher hervorgeholt, dupliziert, reproduziert oder abgerufen. ■ Struktur und Form der Speicherung werden von außen festgelegt, das Systemverhalten ist determiniert. ■ Die Erweiterung der Wissensbasis erfolgt primär quantitativ, d. h. als Vergrößerung der Datenmenge. ■ Das System kann abgeschaltet werden.
Organismus	Gedächtnis (memory)	■ Das Löschen erfolgt als „Vergessen" und ist ein autonom ablaufender Prozess. ■ Das Wissen wird bei Bedarf (d. h. Im Fall seiner Verwendung) – unterstützt durch Assoziationen, die wiederum von Reizen ausgelöst werden – rekonstruiert. ■ Die Erweiterung der Wissensbasis erfolgt nicht nur durch Akkumulation, sondern auch durch Reorganisation und Strukturänderungen in der Wissensbasis. ■ Das System ist permanent aktiv und kann nicht abgeschaltet werden.

Abbildung 19: organisatorisches Gedächtnis und Wissensnetze nach Lehner Franz 2012, S 103

Die Wichtigkeit der Wissensnetzwerke wird durch diverse Studien untermauert. "Unterstrichen wird die Bedeutung durch das Ergebnis von Studien, in denen festgestellt wurde, dass soziale Nähe wesentlich wichtiger für den Austausch von Wissen ist als räumliche Nähe. (…) Das Konzept des sozialen Netzwerkes ist dabei ein pragmatischer Ansatz, um die informellen, kommunikationsorientierten und sozialen Beziehungen sowohl zwischen Personen, aber auch zwischen sozialen Einheiten wie Gruppen, Teams, Abteilungen, Standorte, Unternehmen, Zulieferer, Forschungspartner etc. für Analysezwecke zu erfassen."[70]

Doch was macht der Unterschied zwischen Informationsnetzwerke und Wissensnetzwerke aus? Bereits Polanyi (1967) bemerkte, dass der grösste Wert in sozialen Netzen nicht im Austausch von Dokumenten, sondern im Austausch von Erfahrungen und individuellen Erkenntnissen einer Person besteht. Damit betont er, dass es eine grundsätzliche Unterscheidung zwischen Informations- und Wissensnetzwerke gibt. Informationsnetzwerke bezwecken eine Generierung, Nutzung und Transfer von expliziten Daten und Informationen. Wissensnetzwerke dagegen bezwecken die Generierung, Nutzung und Verteilung von Wissen. Dies bedeutet, dass einfliessende Informationen mit dem vorbestanden Wissen eines Netzwerkmitglieds verbunden werden und damit interaktives Lernen ermöglicht. Wissensnetzwerke

---

[69] Wahren 1996, zitiert in: Lehner Franz 2012, S. 101
[70] Lehner Franz 2012, S. 106

stehen also auf einer höheren Ebene als Informationsnetzwerke und sie lassen sich nicht per Knopfdruck verwirklichen sondern durchlaufen einen Entwicklungsprozess.[71]

Wissensverteilung und -nutzung kann als ewigen Prozess verstanden werden, dessen Bestandteile die Teilung, der Transfer und das Lernen sind. Hindernisse entstehen meist durch Missverständnisse, Unklarheiten oder der ungleichen Wirklichkeit zwischen Menschen, wie der nachfolgende Abschnitt detaillierter beschreibt.

2.3.2 Unklarheiten zwischen Wissensverteiler und Wissensnutzer

Bei der zustande gekommenen Wissensweitergabe anhand der Wissensspirale muss auch noch beachtet werden, dass diese trotzdem nicht für jeden verständlich sein muss. Bestimmt erleben wir alle tagtäglich wie Informationen ambivalent sind und sich deren Weiterbearbeitung falsch ereignet. Fachausdrücke, unterschiedliche Werte oder Kulturen kann ein Missverstehen expliziten Wissens bewirken. Ein Informationsaustausch, also das Tauschen von Informationen, wäre nur unter identischen Systemen möglich, was bei Personen naturgemäss nicht vorkommen kann. Die zwei nachfolgenden Modelle zeigen auf, dass sobald zwei Menschen miteinander in Kontakt treten, sie aufeinander "unkontrollierbar" reagieren.

2.3.2.1 Sender und Empfänger

Das vier-Seiten-Modell nach Schulz von Thun (1981) beschreibt sehr schön wie schnell und ungewollt Missverständnisse in der Kommunikation entstehen können. Nach dem Modell kann jede Nachricht vom Empfänger wie vom Sender nach vier Seiten (Aspekten) ausgerichtet werden.[72]

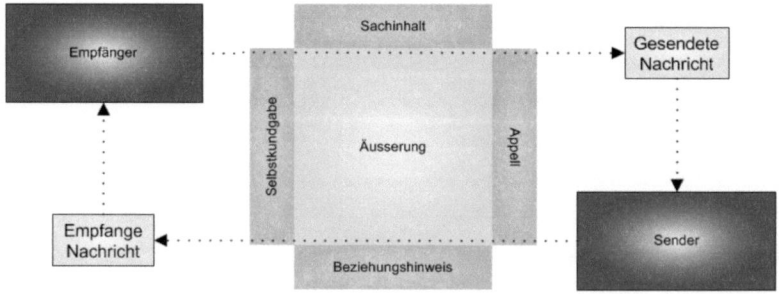

Abbildung 20: Kommunikationsmodel, eigene Aufbereitung in Anlehnung an Schulz von Thun 1981

---

[71] vgl. Lehner Franz 2012, S. 107-108
[72] vgl. Schulz von Thun, http://www.schulz-von-thun.de, 16.06.2014

2.3.2.2 Bewusst oder unbewusst

Grundsätzlich verständigen sich Menschen immer auf zwei Ebenen, auf der bewussten-methodischen und unbewussten-intuitiven Ebene. Die unbewusste Ebene beinhaltet das Wahrnehmen, Denken, Interpretieren. Unbewusst laufen viele Vorgänge ab, wir nehmen z.B. wahr wie jemand gekleidet ist oder wie stark der Händedruck war. Das Bewusstsein wäre ohne die unbewusste Ebene vollständig überlastet ob der enormen Menge an Informationen. Das reell Gesagte wird also immer subjektiv interpretiert, je nach dem ob das Gegenüber sympathisch-positiv oder unsympathisch-negativ ist.[73]

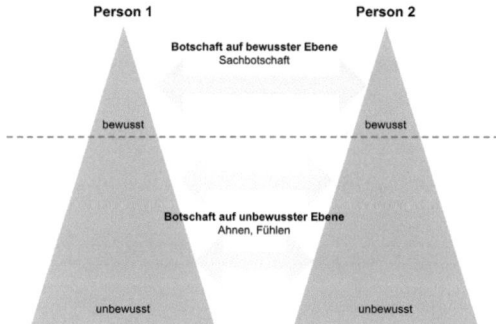

Abbildung 21: Kommunikationsmodell, eigene Aufbereitung in Anlehnung nach Bern Schmid 1994

Informationen werden dementsprechend vom Empfänger immer gemäss seinen Relevanzkriterien richtig oder falsch befunden. Im ersteren Fall wird er sich diese aneignen so dass sie zu seinem eigenen Wissen werden kann; im zweiten Fall lehnt er die Informationen ab, weil sie nicht seinen Wertevorstellung, Meinungen, Vorurteilen, Einstellungen oder bisherigen Erfahrungen entspricht.

2.3.2.3 Wissen ist und bleibt subjektiv

Beachtet werden sollte in diesem Zusammenhang auch, dass Realität nicht gleich Realität ist. Realität ist eine Illusion, allerdings eine sehr hartnäckige (Albert Einstein). Alles was wir sehen ist eigentlich surreal, da die Realität immer vom Subjekt selber erstellt wird. Man sieht mehr, als das Auge an Daten ins Gehirn liefert und im Gehirn erfolgt dann nahtlos die Interpretation dieser selektierten Daten oder Reize. Frederic Vester erklärte diesen Sachverhalt so, dass wir "...pro Sekunde über unsere Sinne 109 Bit aufnehmen, unser Gehirn pro Sekunde 107 Bit

[73] vgl. Schmid Bernd, www.coaching-magazin.de, 16.06.201

verarbeitet und wir pro Sekunde 100 Bit nutzen."[74] Einfacher gesagt: der Mensch kann somit viele Reize aufnehmen, etwas weniger verarbeiten und nur einen Bruchteil davon einsetzen. Die eigene Realität entsteht also durch die subjektive Interpretation der Bruchstücke, die das Gehirn aufnimmt und dann verarbeitet. Das Gehirn erzeugt eine eigene Realität, die den eigenen Gedanken entspringt. Das subjektive Wissen basiert somit auf individuellen Wahrnehmungen, auf in der Vergangenheit Erlebten, auf verschiedenen Filtern, Programmen und Werten. Daraus ergibt sich die Schlussfolgerung, dass eine identische Situation/Information von zwei Menschen völlig anders interpretiert werden kann.

Es gibt also keine universelle Wirklichkeit, denn unsere "Wahr-Nehmungen" werden zu unseren "Wahr-Heiten" konstruiert, erst durch Angleichungsprozesse wie Kommunikation und Lernen gelangen wir zu einem Konsens, den wir solidarisch als Wirklichkeit erkennen.[75]

Die Autoren Belliger und Krieger skizzieren diese Tatsache mit dem Kartoffel-Modell, worin sehr gut zur Geltung kommt, dass wenn eine Organisation Realitäten zu nutzen versucht, maximal Intersubjektivität aber keine Objektivität erreicht werden kann.[76]

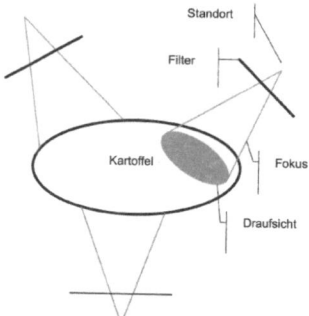

Abbildung 22: Subjektive Wahrnehmungen eines Segments der "Wirklichkeit", nach Belliger Andréa / Krieger David 2007, S. 33

Die Organisation sollte also wissensfördernde Rahmenbedingungen aufbauen, in denen Lernprozesse möglich sind sowie Wissen verfügbar ist. Die Kommunikationsbarrieren sind jedoch nicht die einzigen Hindernisse, was nachfolgender Abschnitt deutlich aufzeigt.

---

[74] Vester Frederic 1988, zitiert in: Nickelsburg Angelika K. 2007, S. 24
[75] vgl. Nickelsburg Angelika K. 2007, S. 24
[76] vgl. Belliger Andréa / Krieger David 2007, S. 33

2.3.3 Zwischen Wollen - Können - Dürfen

Einflussfaktoren unseren Handelns können extern wie auch intern verortet werden. Eine interne Bedingung ist das *Wollen*, extern bedingt sich das *Dürfen* und sowohl als auch betrifft das *Dürfen*.

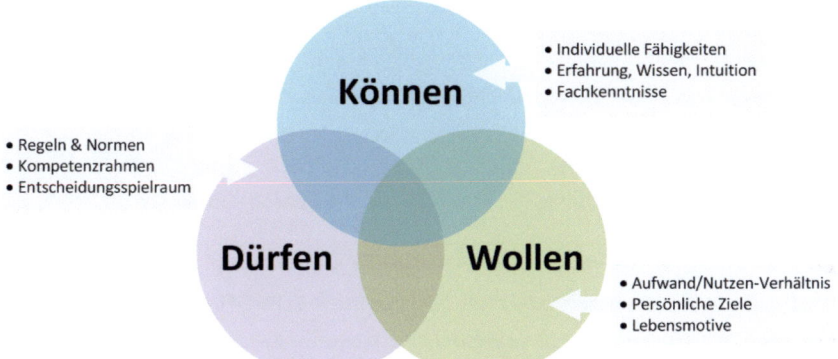

Abbildung 23: Wollen-Können-Dürfen, in Anlehnung an Wyssling Heinz Léon 2012, S. 3

Die einzelnen Bedingungs-Faktoren werden uns in der ganzen Arbeit immer wieder begleiten, weshalb an dieser Stelle nur eine Kurzfassung wiedergegeben wird.

Die Einschränkungen des **Dürfens** können sowohl explizit niedergeschrieben (Unternehmens-Richtlinien, Gesetze, etc.) oder aber implizit vorhanden (Verhaltensnormen, Kultur, Meinungen, Werte etc.) sein. Speziell die Unternehmenskultur kann hier auf den Einzelnen stark einwirken. Auch eine zunehmende Virtualisierung oder mangelhafte Organisationsstruktur kann als Barriere wirken. Die Schaffung von Möglichkeiten zur Vernetzung, z.B. durch technische oder organisatorische Massnahmen, kann dem entgegenwirken. Das **Können** betrifft die individuell erworbenen spezifischen Fähigkeiten. Durch Weiterbildung kann auf diesen Faktor Einfluss genommen werden. Das **Wollen** wird durch die persönlichen Ziele und Motive beschrieben. Wenn diese nicht kongruent zu den Organisationszielen sind, entsteht ein Widerstand. Das Wollen beinhaltet sowohl intrinsische wie auch extrinsische Motive.[77]

Wissensverteilung und -nutzung kann nur unter der Berücksichtigung aller drei Faktoren erfolgreich sein. Das Wollen und damit der Mensch ist wohl die problematischste und zugleich zentralste Komponente.

---

[77] Vgl. Finke Ina, http://subs.emis.de/LNI/Proceedings/Proceedings28/GI-Proceedings.28-70.pdf/ 10.08.2014 und Wyssling Heinz Léon 2012, Motivorientiertes Führen, http://www.personalmanagement.info/hr-know-how/fachartikel/detail/motivorientiertes-fuehren/ 10.08.2014

Weshalb trotz der häufigen Ablehnung und Bezweiflung von neuem Wissen dennoch der Wille zur Wissensverteilung und -nutzung bei vielen vorhanden ist, damit beschäftigt sich der nächste Abschnitt.

2.3.4 Das Wissen über Wissen

Dieses Kapitel zeigt die scheinbare Unwahrscheinlichkeit der Kommunikation von Wissen. Man kann sich nur fragen, wie die Vermittlung von Wissen dennoch zustande kommt oder wie das Unwahrscheinlich ins Wahrscheinliche transformiert werden konnte.

2.3.4.1 Das fraglos Gegebene, das Fragliche und die Genese von Wissen

Die Wirklichkeit, die wir durch unsere Handlungen verändern und die wiederum unsere Handlungen verändert, besteht aus einer fundamentalen Sicherheit über die Erscheinungen und deren Qualitäten denen man begegnet. Doch woher stammt diese Grundgewissheit und woraus resultiert dann überhaupt Ungewissheit und Zweifel? Die man uns glauben machende "angeborene Neugier" ist es nicht, vielmehr ein Zustand der Verneinung, der Blockade oder des Scheiterns. Ungewissheit tritt dann auf, wenn die vorangehend erarbeiteten Handlungs-Anleitungen zur Bewältigung einer Situation nicht mehr oder zu wenig greifen. Auf den Punkt gebracht: Unterbrechungen vorausgeblickter Entwicklungen und Veränderungen zielgerichtet auf erfolgreichen Wirkens, motiviert zu Wissenserwerb; und dieser ist erst abgeschlossen, wenn wieder eine sichere Erwartung der fraglich gewordenen Abläufe vorhanden ist. Ein Wissenserwerb verändert das erfolgreiche Handeln und Wirken, welches seinerseits den Wissenserwerb anstösst. Rückblickend betrachtet bezeichnete "Das fraglos Gegebene" also den Wissensvorrat aus vorhergehenden Problemlösungen, "das Fragliche" besteht aus Unterbrechungen des zielgerichteten erfolgreichen Wirkens und "die Genese von Wissen" aus dem Wissenserwerb zur Wiederherstellung eines gesicherten Zustandes.[78]

2.3.4.2 Routine und Innovation

Die Routine und die Innovation verdeutlichen diesen Wissenskreiskreislauf, der geprägt ist von diesem Erwerb oder Nichterwerb von Wissen. Fragliches muss sich deutlich abheben vom Fraglosen und neuer Wissenserwerb muss wieder in den Hintergrund des Fraglosen überführt werden, damit dieser dann wiederum als Hintergrund zu neuen Problemen tätig sein kann. Neues Wissen kann also nur mit dem Hintergrund von gesicherten Erkenntnissen aufgebaut werden und diese Grundsicherheit kann wiederum nur im wiederholten Vergleich mit Verändertem erhalten

---

[78] vgl. Brosziewski Achim 1999, S. 3-4, in www.sozialarabeit.ch/dokumente/wissen_ueber_wissen.pdf/ 03.05.2014

bleiben. Die Wissenssoziologie vermutet deshalb in der Routine nicht ein Widerstand gegen Innovationen oder Lernunwilligkeit, sondern sieht dahinter ein Bewahren von bewährten Problemlösungsroutinen.[79]

2.3.4.3 Implizites und explizites Wissen

Ein weiteres zentrales Element im Problem des Wissensumgangs bezieht sich auf das im Kapitel 2.1.2.2 bereits beschriebene implizite und explizite Wissen. Polanyi zeigt, dass die Struktur impliziten Wissens verdeutlicht werden kann, nicht aber dessen Inhalt.[80] Implizites Wissen bildet sich in zwei Stufen, die erste bildet das Erkennen oder die Wahrnehmung und die zweite Stufe bezeichnet das Eintreten eines erwarteten Ereignisses. Im Normalfall richtet sich die Aufmerksamkeit auf die zweite Stufe, weshalb wir meistens auch nur das Ereignis erklären können, nicht aber die Wahrnehmung der Umstände selber, die uns diese Folgen erwarten liessen. Vorhergehende Ausführungen zeigen damit auf, das Wissensmanagement an Handlungen gebunden ist, auch wenn noch so viele Explikationsmedien (Rede, Schrift, Computer) zwischen die Wissenden gestellt werden.[81]

2.3.4.4 Die Zumutung der Kommunikation von Wissen

Wer Wissen kommuniziert, unterstellt damit unterschwellig, dass er den Sachverhalt besser kennt, seine Kenntnisse relevant sind und das Problem mit seinem Wissen gelöst werden kann. Genau diese drei Elemente bieten auch mögliche Motive zur Ablehnung des neuen Wissens: man hat einen anderen Eindruck, man will sich das Nichtwissen nicht eingestehen oder man will das Risiko der nicht absehbaren Folgen des möglicherweise geänderten Wissens auf die eigenen Handlungsmöglichkeiten nicht eingehen. Wer also meint, etwas relevantes anders (unterschwellig besser) zu wissen, bringt in den Augen der Anderen vor allem erstmal Probleme und Zweifel in gesicherte Erkenntnisse. Weshalb er zuerst einmal die Ablehnung und Bezweiflung beantworten kann, bevor er für sein Wissen möglicherweise belohnt wird.[82]

2.3.4.5 Gelungener Wissensaustausch

Die Kommunikation liefert die Antwort auf die Frage, wieso die Vermittlung von Wissen dennoch zustande kommt. Die Kommunikation wird unter besondere Bedingungen gestellt, die die Wahrscheinlichkeit der Annahme von mitgeteiltem Wissen erhöhen und zugleich die

---

[79] vgl. Brosziewski Achim 1999, S. 4-6, in www.sozialarabeit.ch/dokumente/wissen_ueber_wissen.pdf/ 03.05.2014
[80] vgl. Polanyi Michael 1985, S. 18-24
[81] vgl. Brosziewski Achim 1999, S. 7-9, in www.sozialarabeit.ch/dokumente/wissen_ueber_wissen.pdf/ 03.05.2014
[82] vgl. Brosziewski Achim 1999, S. 9-10, in www.sozialarabeit.ch/dokumente/wissen_ueber_wissen.pdf/ 03.05.2014

Mitteilenden motivieren. Welche Bedingungen dies genau sind, muss noch in weiteren Forschungen herausgefunden werden.[83]

Die obig beschriebenen Wissens-Barrieren sind wichtige, jedoch nicht die einzigen Störungen, welche hemmend wirken können. Im nächsten Abschnitt werden einige weitere Barrieren detaillierter vorgestellt, zentral beleuchtet werden diese im Vergleich zur Literatur und ihre Auftretungshäufigkeit in der Praxis.

2.4 Detailbetrachtung von Wissensverteilung und -nutzung

Wissensmanagement gibt es schon länger, vielfach wurden die Mitarbeiter aber lediglich dazu ermuntert, ihr Wissen zu dokumentieren. In Tat und Wahrheit war aber niemand wirklich daran interessiert, das gespeicherte Wissen auch tatsächlich abzurufen und somit den Nutzen daraus zu ziehen. Der Nutzung zuwider lief meistens die Tatsache, dass ein Zuviel oder Zuwenig an Informationen vorhanden war oder der Gebrauch derselben nicht nutzergerecht aufgebaut war.

2.4.1 Motivatoren und Barrieren

Wenngleich viele Menschen von der Bedeutung des Wissens überzeugt sind, sind auftauchende Probleme beim Wissensaustausch doch vielfältig und reichlich vorhanden. Eine erfolgversprechende Umsetzung von Wissensmanagement wird massgeblich von der Unterstützung der Motivatoren sowie der Beseitigung der Barrieren beeinflusst. Diese Ursachen-Analyse für oder gegen die Wissensverteilung und -nutzung bezweckt eine differenzierte Betrachtung auf die Kriterien, welche einen effizienten und effektiven Wissensaustausch ermöglichen.

Zuerst werden die Gründe für oder gegen eine Wissensverteilung und -nutzung separat angeschaut und anschliessend dann explizit im Kontext der Wissensverteilung und der Wissensnutzung. In der weiteren Arbeit werden vorwiegend die Barrieren beleuchtet, da diese die wahrscheinliche Ursache für den Graben zwischen existentem und wünschenswertem Verhalten in der Praxis verantwortlich sind.

---

[83] vgl. Brosziewski Achim 1999, S. 11, in www.sozialarbeit.ch/dokumente/wissen_ueber_wissen.pdf/ 03.05.2014

2.4.1.1 Gründe für die Wissensverteilung und -nutzung

Motivation bezeichnet den Anlass zum Handeln. Die intensive Forschung im Bereich der Motivation führte zu einer Vielzahl von unterschiedlichen Motivationstheorien. Deren ausführliche Darstellung und Diskussion würde den Rahmen dieser Arbeit sprengen, weshalb hier nur kurz auf einige ausgewählte eingegangen wird. Die zentrale Einteilung erfolgt zuerst mit der extrinsischen und Intrinsischen Unterscheidung, anschliessend kann nach Inhalt, Selbstbestimmung oder Ziele unterschieden werden.

Die **Extrinsische Motivation** beschreibt die Instrumentelle Bedürfnisbefriedigung (z.B. mit Druck von Aussen, man macht etwas wegen deren Folgen, Bonus bekommen, Bestrafung vermeiden), die **intrinsische Motivation** zielt auf die Tätigkeit selbst ab als Ursprung der Bedürfnisbefriedigung (z.B. ohne Druck von Aussen, man macht etwas um seiner selbst willen, Interesse, Spass, Grundsätze).[84] Nachfolgende Abbildung zeigt eine nicht abschliessende Liste von extrinsischen und intrinsischen Faktoren.

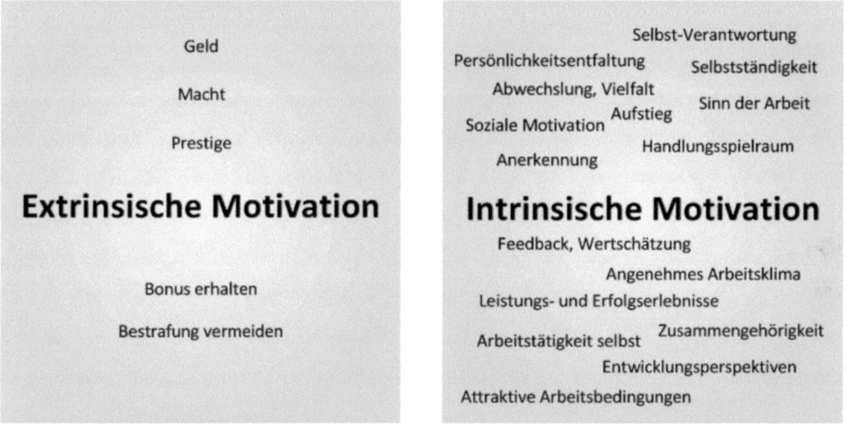

Geld

Selbst-Verantwortung

Persönlichkeitsentfaltung   Selbstständigkeit

Macht

Abwechslung, Vielfalt
Aufstieg   Sinn der Arbeit
Soziale Motivation

Prestige

Handlungsspielraum
Anerkennung

Extrinsische Motivation

Intrinsische Motivation

Feedback, Wertschätzung

Angenehmes Arbeitsklima

Bonus erhalten

Leistungs- und Erfolgserlebnisse

Bestrafung vermeiden

Arbeitstätigkeit selbst   Zusammengehörigkeit

Entwicklungsperspektiven

Attraktive Arbeitsbedingungen

Abbildung 24: Unterscheidung extrinsischer und Intrinsischer Motivationsfaktoren, eigene Aufbereitung

Zu beachten dabei ist auch der Verdrängungseffekt der besagt, dass extrinsische Anreize intrinsi-sche Motivationen verdrängen können. Verdrängungseffekte können z.B. Kontrolle oder Leistungs-variable Vergütungen sein, die Mitarbeiter denken nur noch an den Bonus und wie sie diesen erreichen können und nicht an die Arbeit. Zudem steigen bei der extrinsischen Motivation der Gewöhnungseffekt, der Neid und die Rivalitäten untereinander. Zusammengefasst lässt sich sagen, dass Geld bei einfacher langweiliger Arbeit besser wirkt als bei komplexen und spannenden

---

[84] vgl. Waibel Roland / Käppeli Michael 2010, S. 289 und Osterloh Margrit / Weibel Antoinette 2008, S. 406-411

Tätigkeiten. Zahlreiche Befunde zeigen aber auch einen Verstärkungseffekt z.B. durch Mitsprache, Unparteilichkeit, Respekt und marktgerechte Löhne.[85]

Eine ältere aber immer noch gültige und sehr bekannte Motivationstheorie ist die **Bedürf-nishierarchie von Maslow**. Gemäss Maslow ist ein Bedürfnis umso dominanter, je weiter unten es in der Pyramide steht.

Abbildung 25: Bedürfnispyramide nach Maslow 1978, zitiert in: Waibel Roland / Käppeli Michael 2010, S. 312

Die **zwei-Faktoren-Theorie von Herzberg** ist eine der bekanntesten Motivationstheorien in der Literatur. Aufgrund empirischer Untersuchungen kam er zum Schluss, dass Motivation von zwei Faktoren-Gruppen beeinflusst wird, den Hygienefaktoren und den Motivatoren. Fehlen Hygienefaktoren sorgt dies für Unzufriedenheit, sind sie da sorgt dies jedoch nicht automatisch zu Zufriedenheit. Als Beispiel dient hier die Spital-Hygiene, fehlt sie kann dies Krankheiten fördern, ist sie jedoch da steigt das Wohlbefinden kaum. Bei den Motivationsfaktoren ist es genau andersherum, sind sie da führen sie zu Zufriedenheit, ihr Fehlen ist aber neutral und führt nicht zu Unzufriedenheit. Als Beispiel kann hier die Verantwortung angeführt werden, ist sie da kann dies zu einer gesteigerten Arbeitszufriedenheit führen, fehlt sie führt dies nicht automatisch zu einer Unzufriedenheit. Die Auswirkungen dieser Theorie liegen in der Aussage, dass Motivatoren sich erst entfalten und wirken können, wenn die Hygienefaktoren gesichert sind.[86]

---

[85] vgl. Waibel Roland / Käppeli Michael 2010, S. 298
[86] vgl. Waibel Roland / Käppeli Michael 2010, S. 324-326

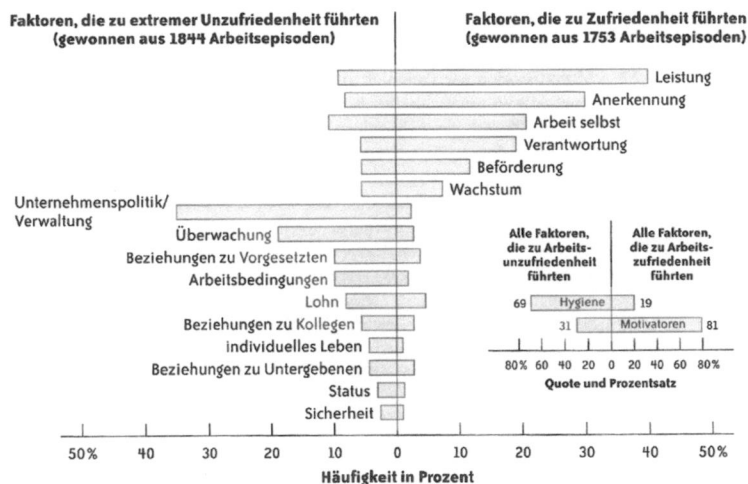

Faktoren, die zu extremer Unzufriedenheit führten
(gewonnen aus 1844 Arbeitsepisoden)

Faktoren, die zu Zufriedenheit führten
(gewonnen aus 1753 Arbeitsepisoden)

Leistung
Anerkennung
Arbeit selbst
Verantwortung
Beförderung
Wachstum

Unternehmenspolitik/ Verwaltung
Überwachung
Beziehungen zu Vorgesetzten
Arbeitsbedingungen
Lohn
Beziehungen zu Kollegen
individuelles Leben
Beziehungen zu Untergebenen
Status
Sicherheit

Alle Faktoren, die zu Arbeitsunzufriedenheit führten		Alle Faktoren, die zu Arbeitszufriedenheit führten
69	Hygiene	19
31	Motivatoren	81

80% 60 40 20 0 20 40 60 80%
Quote und Prozentsatz

50% 40 30 20 10 0 10 20 30 40 50%
Häufigkeit in Prozent

Abbildung 26: Hygienefaktoren und Motivatoren nach Herzberg 1968, zitiert in: Waibel Roland / Käppeli Michael 2010, S. 325

Die Inhaltsorientierte Sichtweise (Maslow, Herzberg) verliert in jüngerer Zeit an Bedeutung, dafür steigt die Prozessorientierte Sichtweise. Bei der **Valenz-Instrumentalitäts-Erwartungs-Theorie von Vroom** handelt es sich um eine solche. Die Grundannahme geht davon aus, dass ein Mitarbeiter sein Ziel verfolgt unter der Voraussetzung nach der Stärke des Reizes (Attraktivität der Belohnung) und der Erfolgswahrscheinlichkeit der Zielerreichung. Es wird eine rationale Entscheidung gefällt, was bei mehreren Wahlmöglichkeiten die günstigste Alternative erscheint. Die Aussage dieser Theorie ist, dass attraktive Anreize nicht ausreichend für Motivation sind, wenn der Glaube an die Zielerreichung fehlt.[87]

Wie schon aufgezeigt gibt es viele verschiedene Motivationstheorien, einige unterscheiden die Motivation zum Handeln z.B. durch Defizitmotivation, Lustbefriedigung, Altruismus, Selbstverwirklichung, individuelle Nutzenmaximierung und opportunistisches Verhalten. Wenn obige Ausführungen speziell auf die Wissensverteilung und -nutzung gesehen wird, kann gesagt werden, dass Mitarbeiter aus diversen Gründen Wissen teilen und nutzen, einige davon sind z.B. gegenseitiger Wissensaustausch, eigene Weiterentwicklung, Vertrauen auf Gegenleistung, finanzielle Belohnungssysteme, Zwang der Organisation, Wertschätzung, Anerkennung, Verbundenheit, Autonomie, Status und Rolle.

---

[87] vgl. Waibel Roland / Käppeli Michael 2010, S. 326-328

2.4.1.2 Gründe gegen die Wissensverteilung und -nutzung

Szulanski hatte 1996 in einer viel beachteten Studie zum internen Wissensaustausch aufgezeigt, dass vier Faktoren den Wissensaustausch hemmen. Als erstes *die Art des Wissens* mit seiner kausalen Zweideutigkeit, was sich bei einer Rückschau nach einem erfolgten Wissensaustausch zeigt, die Akteure können keine eindeutige Faktoren für den erfolgreichen Transfer erstellen. *Der Sender* ist das zweite Element, viele Barrieren behindert die Motivation des Senders als da wären Verlust von Privilegien, Eigentum oder Überlegenheit, fehlende Zeit, nicht verlässlicher Empfänger. Das dritte Element ist *der Empfänger*, mit seiner Ablehnung gegen neues Wissen und dessen Aufnahme-Beschränktheit. *Der Kontext* ist der vierte Faktor, bedingt durch falsche organisationale Strukturen oder ein nicht optimales Verhältnis zwischen Sender und Empfänger.[88]

Lisa Qattawi hat sich 2006 mit ihrer Magisterarbeit intensiv mit Barrieren im Wissensmanagement auseinandergesetzt. Anhand der wissenschaftlichen Literatur hat sie Barrieren mit ihren Problematiken identifiziert und ausführlich beschrieben. Da diese Ausarbeitung der Problematik den Rahmen dieser Arbeit sprengen würde, wird hier auf ihre Arbeit verwiesen.[89] "Insgesamt handelt es sich um eine Auswahl von 24 empirischen Studien, wobei elf in die Kategorie der Fallstudien einzuordnen sind, fünf eine Methodik aus der Kombination von Befragung und Interviews vorweisen, weitere fünf ihre Erhebungen mit reinen Befragungen durchführten, während die restlichen drei Studien mit den Methoden der Delphistudie, der Experteninterviews sowie der Fokusgruppen arbeiteten."[90]

Mittels einer qualitativen Metaanalyse fand sie sowohl Gemeinsamkeiten, Überschneidungen aber auch Differenzen. Zur Analyse hat sie die Barrieren in Cluster und gemäss ihrer Auftretungshäufigkeit in der Praxis eingeteilt. Die nachfolgende Abbildung verdeutlicht sehr schön die unterschiedliche Bedeutsamkeit der Barrieren durch ihr vielfachen oder seltenen Vorkommens in der Praxis.[91]

---

[88] vgl. Szulanski Gabriel 1996, S. 27-43
[89] vgl. Qattawi Lisa 2006, S. 45-80
[90] Qattawi Lisa 2006, S. 96
[91] vgl. Qattawi Lisa 2006, S. 96, 124

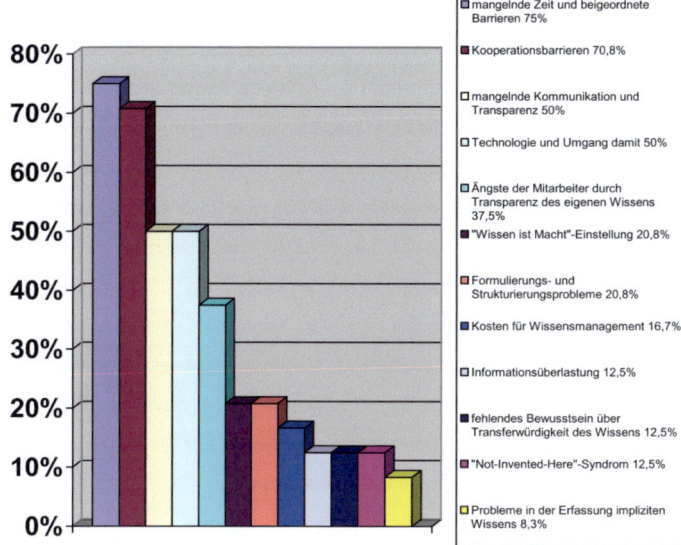

Abbildung 27: Häufigkeitsverteilung der Barrierencluster, Qattawi Lisa 2006, S. 124

Folgt man dieser und verschiedenen anderen Studien wurde als wesentlichste Barriere den "Zeitmangel" gefunden. Bei einer kritischen Betrachtungsweise, welche hier durchaus angebracht scheint, ist zu beachten, dass dies wohl nur ein vorgeschobener Grund ist. Sehr viel wahrscheinlicher ist, dass die Beteiligten den Aufwand zum erwarteten Nutzen als zu gross erachten. Zudem wird deutlich, dass für einen grossen Teil der Barrieren die Personen selbst verantwortlich sind bzw. diese steuern könnten.

Qattawi selber warnt aber davor, diejenigen Barrieren ausser Acht zu lassen, welche in der Praxis seltener vorkommen. Die Kenntnis der möglichen Barrieren gemäss Auflistung in Kapitel 2.4 soll deshalb als Hilfe dienen, diese Barrieren erkennen und verringern zu können.[92]

Insgesamt verdeutlicht die Meta-Analyse von Qattawi die Defizite der Organisationen eines ganzheitlich ausgerichteten Wissensmanagement. Die Mängel betreffend Prozesse des Managements (z.B. Kultur), der Wissensverteilung, der Wissensnutzung sowie der Generierung von Wissen.

Wissensmanagementaktivitäten bedürfen um als erfolgreich anzusehen sein eine zeitliche Autonomie des Mitarbeiters und vor allem eine Eingliederung in die Anforderungsprofile der

---

[92] vgl. Qattawi Lisa 2006, S. 124

Mitarbeiter. Sobald Vorgesetzte Wissensmanagementaktivitäten erwarten und auch kontrollieren, wird die Frage nach der Motivation weitgehend überflüssig. Mitarbeiteranforderungen werden auch mit geringer Motivation erledigt, wenn sie ernsthaft gefordert und vom Mitarbeiter als Teil seiner Arbeit gesehen und akzeptiert werden. Das Ergebnis der Arbeit von Qattawi lässt also den Schluss zu, dass die Mitarbeiter Wissensmanagementaktivitäten noch nicht als wesentlichen Teil ihrer Arbeit einstufen. Die mangelnde Zeit dient oftmals auch als Entschuldigung, wenn die Zeit nicht genug strukturiert wurde bzw. zeitliche Freiräume zur Wissensteilung fehlen und somit als tatsächliche Barriere identifiziert werden kann.[93]

Die Nichtbeseitigung von Barrieren kann mit gesteckten Wissensmanagement-Zielen korrelieren, was in der Praxis zu vielen Paradoxien führen kann. Die Aufschlüsselung dieser sich widersprechenden Sachverhalte kann nur mit der direkten Sichtweise auf die tief verwurzelten Barrieren erfolgen und damit zu den richtigen Handlungen führen.

In der nachfolgenden Tabelle werden einige der gängigsten Paradoxien dargestellt:

Organisationen	In der Praxis
bilden Mitarbeiter aus	gibt es kaum Freiräume, das gelernte Wissen umzusetzen
lernen am intensivsten in Projekten	werden gemachte Erfahrungen nicht weitergegeben
haben Experten	haben nicht alle Zugang zu ihnen
dokumentieren alles (meist zur Absicherung)	gibt es keine nutzergerechte Zugriffsmöglichkeiten und dient damit nicht der Wissensweitergabe
stellen hochqualifizierte Mitarbeiter ein	verlieren sie innert wenigen Jahren an die Konkurrenz
kennen unsere Mitbewerber in und auswendig	kennen wir uns selber nicht
fordern Wissensmanagement	behalten Wissen für uns oder bieten keine Motivation im Wissensumgang an
fordern lebenslanges Lernen	stellen keine Zeit für die Dokumentation, Verteilung und Nutzung zur Verfügung
lernen von Anderen	Kennen unsere Lernziele nicht

Tabelle 7: Paradoxien, in Anlehnung an Probst et al. 2012, S. 254 und Nickelsburg Angelika K. 2007, S. 106

Speziell erwähnenswert ist hier auch noch das Kontext-Paradoxon hauptsächlich im Zusammenhang mit technischen Systemen. Dieser Widerspruch bedeutet, dass die Bedeutung von Informationen meist nur im Zusammenhang verstanden werden können. Wird Information isoliert z.B. in Datenbanken abgespeichert, fehlt meist der Wissens-Kontext und damit die Fähigkeit zur Umwandlung in brauchbares Wissen. Für erfahrene Mitarbeiter bietet das System eine Vielzahl an irrelevanten Informationen, mit der Konsequenz dass das System nicht

---

[93] vgl. Qattawi Lisa 2006, S. 99-100

genutzt wird. Für unkundige Neulinge bietet das System zu wenig Erklärungs-Kontext und somit zu wenig Informationen für eine Nutzung. Für dieses Paradoxon bietet sich als Lösung eine Verstärkung der Vernetzung oder Kommunikation an, das System selbst kann dieses Problem unmöglich lösen.[94]

In dieser Arbeit wurde die Kategorisierung der Barrieren nach den Hauptfeldern Wissensverteilung und -nutzung erstellt. Im Vergleich zur Metaanalyse von Qattawi lässt sich feststellen, dass viele der identifizierten Barrieren-Elemente kongruent sind. Die nächsten zwei Kapitel stellen die Barrieren aufgeteilt nach Wissensverteilung und Wissensnutzung dar, wobei diese Aufteilung auch Risiken birgt, da die Barrieren teilweise miteinander verbunden sind und korrelieren.

2.4.2 Wissensverteilung

Unbestritten ist die Tatsache, dass Wissen zuerst mal vorhanden, erkenn- und auffindbar sein muss um es dann verteilen zu können. Bei den meisten Organisationen fangen die Probleme aber erst beim Schritt Verteilung an. Und erst durch diese Verteilung können isoliert vorhandene Informationen für die Organisation nutzbar gemacht werden. Wissensverteilung (auf mehrere Mitarbeiter) schützt die Organisationen zu einem grossen Teil auch vor Wissensverlust beim Abgang von Mitarbeitern.

Nach Probst et al. hat die Verteilung nicht nur einen mechanischen Aspekt (Verschiebung von Wissenspaketen) sondern vor allem einen persönlichen, Wissen kann oft nur im direkten Austausch zwischen Individuen übertragen werden.[95]

Der Schwerpunkt bei der Wissensverteilung sollte in der "Nutzbarmachung von Wissen innerhalb gewisser Grenzen" liegen. Die Wissensverteilung stösst schon naturgemäss an eine Reihe von natürlichen Grenzen, zuerst einmal an die kognitiven Grenzen (begrenzte Informationsverarbeitungskapazität des Menschlichen Gehirns), dann an die ökonomischen Grenzen (beschränkter Umfang an menschlichen Fähigkeiten macht eine arbeitsteilige Spezialisierung unumgänglich) und zuletzt stösst sie noch an die Vertraulichkeits- und Geheimhaltungs-Grenzen (Schutzwürdigkeit bestimmter Wissensbestandteile).[96]

[94] vgl. Buckingham Shum 1998, zitiert in: Lehner Franz, S. 65
[95] Probst Gilbert / Raub Steffen / Romhardt Kai 2012, S. 146
[96] vgl. Probst Gilbert / Raub Steffen / Romhardt Kai 2012, S. 153

Doch weshalb ist die Verteilung von Wissen so schwierig? Die Wissensverteilung kann von vielen verschiedenen Faktoren beeinflusst werden sowie auf individueller wie auch auf kollektiver Ebene angesiedelt sein. Nachfolgende Tabelle gibt einen Überblick über die identifizierten Problemfelder nach Probst et al. im Bereich der Wissensverteilung.

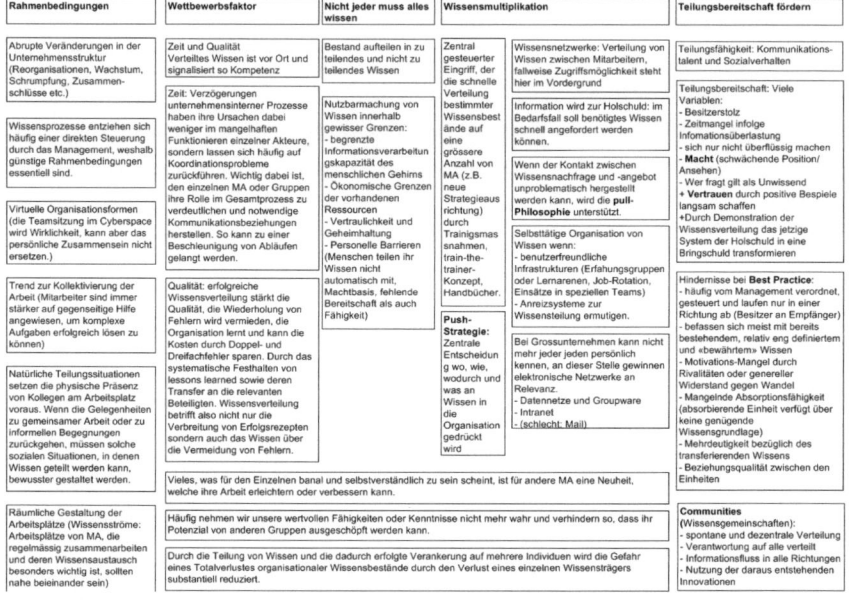

Rahmenbedingungen	Wettbewerbsfaktor	Nicht jeder muss alles wissen	Wissensmultiplikation		Teilungsbereitschaft fördern
Abrupte Veränderungen in der Unternehmensstruktur (Reorganisationen, Wachstum, Schrumpfung, Zusammen-schlüsse etc.)	Zeit und Qualität Verteiltes Wissen ist vor Ort und signalisiert so Kompetenz	Bestand aufteilen in zu teilendes und nicht zu teilendes Wissen	Zentral gesteuerter Eingriff, der die schnelle Verteilung bestimmter Wissensbest ände auf eine grössere Anzahl von MA (z.B. neue Strategieaus richtung) durch Trainigsmas snahmen, train-the-trainer-Konzept, Handbücher. Push-Strategie: Zentrale Entscheidun g wo, wie, wodurch und was an Wissen in die Organisation gedrückt wird	Wissensnetzwerke: Verteilung von Wissen zwischen Mitarbeitern, fallweise Zugriffsmöglichkeit steht hier im Vordergrund	Teilungsfähigkeit: Kommunikations-talent und Sozialverhalten
	Zeit: Verzögerungen unternehmensinterner Prozesse haben ihre Ursachen dabei weniger im mangelhaften Funktionieren einzelner Akteure, sondern lassen sich häufig auf Koordinationsprobleme zurückführen. Wichtig dabei ist, den einzelnen MA oder Gruppen ihre Rolle im Gesamtprozess zu verdeutlichen und notwendige Kommunikationsbeziehungen herstellen. So kann zu einer Beschleunigung von Abläufen gelangt werden.	Nutzbarmachung von Wissen innerhalb gewisser Grenzen: - begrenzte Informationsverarbeitu gskapazität des menschlichen Gehirns - Ökonomische Grenzen der vorhandenen Ressourcen - Vertraulichkeit und Geheimhaltung - Personelle Barrieren (Menschen teilen ihr Wissen nicht automatisch mit, Machtbasis, fehlende Bereitschaft als auch Fähigkeit)		Information wird zur Holschuld: im Bedarfsfall soll benötigtes Wissen schnell angefordert werden können. Wenn der Kontakt zwischen Wissensnachfrage und -angebot unproblematisch hergestellt werden kann, wird die pull-Philosophie unterstützt. Selbsttätige Organisation von Wissen wenn: - benutzerfreundliche Infrastrukturen (Erfahrungsgruppen oder Lernarenen, Job-Rotation, Einsätze in speziellen Teams) - Anreizsysteme für Wissensteilung ermutigen.	Teilungsbereitschaft: Viele Variablen: - Besitzerstolz - Zeitmangel infolge Infomationsüberlastung - sich nur nicht überflüssig machen - Macht (schwächende Position/ Ansehen) - Wer fragt gilt als Unwissend + Vertrauen durch positive Beispiele langsam schaffen +Durch Demonstration der Wissensverteilung das jetzige System der Holschuld in eine Bringschuld transformieren
Wissensprozesse entziehen sich häufig einer direkten Steuerung durch das Management, weshalb günstige Rahmenbedingungen essentiell sind.					
Virtuelle Organisationsformen (die Teamsitzung im Cyberspace wird Wirklichkeit, kann aber das persönliche Zusammensein nicht ersetzen.)					
Trend zur Kollektivierung der Arbeit (Mitarbeiter sind immer stärker auf gegenseitige Hilfe angewiesen, um komplexe Aufgaben erfolgreich lösen zu können)	Qualität: erfolgreiche Wissensverteilung stärkt die Qualität, die Wiederholung von Fehlern wird vermieden, die Organisation lernt und kann die Kosten durch Doppel- und Dreifachfehler sparen. Durch das systematische Festhalten von lessons learned sowie deren Transfer an die relevanten Beteiligten. Wissensverteilung betrifft also nicht nur die Verbreitung von Erfolgsrezepten sondern auch das Wissen über die Vermeidung von Fehlern.			Bei Grossunternehmen kann nicht mehr jeder jeden persönlich kennen, an dieser Stelle gewinnen elektronische Netzwerke an Relevanz. - Datennetze und Groupware - Intranet - (schlecht: Mail)	Hindernisse bei Best Practice: - häufig vom Management verordnet, gesteuert und laufen nur in einer Richtung ab (Besitzer am Empfänger) - befassen sich meist mit bereits bestehendem, relativ eng definiertem und «bewährtem» Wissen - Motivations-Mangel durch Rivalitäten oder genereller Widerstand gegen Wandel - Mangelnde Absorptionsfähigkeit (absorbierende Einheit verfügt über keine genügende Wissensgrundlage) - Mehrdeutigkeit bezüglich des transferierenden Wissens - Beziehungsqualität zwischen den Einheiten
Natürliche Teilungssituationen setzen die physische Präsenz von Kollegen am Arbeitsplatz voraus. Wenn die Gelegenheiten zu gemeinsamer Arbeit oder zu informellen Begegnungen zurückgehen, müssen solche sozialen Situationen, in denen Wissen geteilt werden kann, bewusst gestaltet werden.					
Räumliche Gestaltung der Arbeitsplätze (Wissensströme: Arbeitsplätze von MA, die regelmässig zusammenarbeiten und deren Wissensaustausch besonders wichtig ist, sollten nahe beieinander sein)	Häufig nehmen wir unsere wertvollen Fähigkeiten oder Kenntnisse nicht mehr wahr und verhindern so, dass ihr Potenzial von anderen Gruppen ausgeschöpft werden kann.				Communities (Wissensgemeinschaften): - spontane und dezentrale Verteilung - Verantwortung auf alle verteilt - Informationsfluss in alle Richtungen - Nutzung der daraus entstehenden Innovationen
	Durch die Teilung von Wissen und die dadurch erfolgte Verankerung auf mehrere Individuen wird die Gefahr eines Totalverlustes organisationaler Wissensbestände durch den Verlust eines einzelnen Wissensträgers substantiell reduziert.				

Tabelle 8: Barrieren der Wissensverteilung, eigene Aufbereitung nach Probst et al.

Der Wissenstransfer kann durch verschiedene Barrieren behindert werden, sei dies z.B. begründet im Wissen selbst (eingeschränkte Mobilität des Wissens, Umwandlung impliziten Wissens), dessen mangelnde Beweise über die Nützlichkeit, Annahme über Transferwürdig-keit, gemeinsame Sprache, Kommunikationsfähigkeit, Verzerrungen durch Weitersagen, Streubereich des Transfergebers.

2.4.3 Wissensnutzung

Ziel und Zweck des Wissensmanagement ist der produktive Einsatz organisationalem Wissens. Dabei müssen die Nutzungsbarrieren vermindert oder eliminiert werden, damit Verteilung von Wissen erfolgreich genutzt werden kann. Der zweite Faktor betrifft die Förderung der Motiva-tion, damit neues und fremdes Wissen angewendet und durch Entscheidungen und Handlun-gen umgesetzt wird. Das vorhandene Wissen muss also in eine Form überführt werden, in der es besser aufgenommen und schneller benutzt werden kann. "Jüngste Umfragen haben ergeben, dass in vielen Unternehmen mehr als die Hälfte des verfügbaren intellektuellen

Kapitals nicht genutzt wird. (...) In der Mehrzahl der Fälle wurde eine Konzentration zentraler Wissensbestandteile auf eine verschwindend geringe Zahl von Personen festgestellt."[97]

Die Wissensnutzung kann durch verschiedene Barrieren behindert werden, wie z.b. Absorptionsfähigkeit, Aufnahmefähigkeit, Anschlussfähigkeit an bestehendes Wissen, psychologische Verschiedenheit von Transfergeber und Nutzer, mangelnde Reputation des Transferierenden (Geringschätzung der Wissensquelle), Bewahrung von Gewohnheiten, Kapazitätsvermögen (begrenzte Wahrnehmungs-, Verarbeitungs- und Lernkapazität), mangelnde Verarbeitungs-, Anwendungs- und Bewahrungsfähigkeit, Mehrdeutigkeiten, Fehlinterpretation, unbewusste Wahrnehmungsabwehr. Schlussendlich destabilisiert das Neue die gesicherten und somit stabilen Erkenntnisse, währen sich das Neue erst noch beweisen muss. Zudem können sich Machtstrukturen verschieben, wenn sich das Neue bewährt und das bisher Bewährte veraltet ist.

"Nur eine Veränderung der „Bedürfnis/Motiv/Trieb-Konstellationen" (Schüppel 1996: 134) kann eine Bereitschaft zur Neugenerierung von Verhaltensweisen oder neuen Ideen hervorbringen. Solange jedoch die Bedürfnisse oder Reize als Handlungsauslöser gleich bleiben oder im selben Masse stattfinden, ist eine Neuorientierung der Handlungen oder ein neues Verhalten nicht zu erwarten".[98]

Eine Steigerung der Wissensnutzung lässt sich auch dadurch bewerkstelligen, dass die Forderungen der Wissensnutzer an die Beschaffenheit des Wissens besser erfüllt werden. Dysfunktionalitäten in der Organisation wie nicht verwendete Datenbanken oder ungelesene Berichte lassen sich z.B. durch die nutzergerechte Wissensaufbereitung vermeiden. Der Nutzwert von Informationen und Dokumenten kann durch eine nutzfreundlichere Ausgestaltung deutlich erhöht werden. Schriftlichen Dokumente sollten einfach (Formulierung und Satzbau), kurz aber Prägnant, aktuell und anschlussfähig an bestehendes Wissen sein, sowie klar strukturiert, mit einer anschauliche Gliederung (wichtiges hervorheben) sowie visuellen Elementen und einer Zusammenfassung versehen werden. Dies bedeutet aber einen erhöhten Erstellungsaufwand, der wiederum im Gleichgewicht mit der Bedeutung sein sollte.

Doch weshalb ist die Nutzung von Wissen so schwierig? Die Wissensnutzung kann von vielen verschiedenen Faktoren beeinflusst werden sowie auf individueller wie auch auf kollektiver

---

[97] Probst Gilbert / Raub Steffen / Romhardt Kai 2012, S. 146
[98] Schüppel 1996, zitiert in: Qattawi Lisa 2006, S. 47

Ebene angesiedelt sein. Nachfolgende Tabelle gibt einen Überblick über die identifizierten Problemfelder nach Probst et al. Im Bereich der Wissensnutzung.

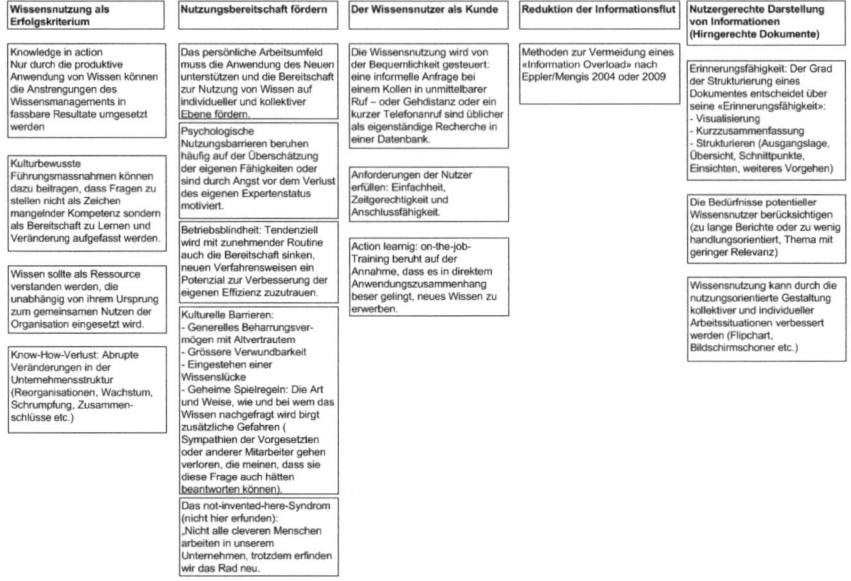

Wissensnutzung als Erfolgskriterium	Nutzungsbereitschaft fördern	Der Wissensnutzer als Kunde	Reduktion der Informationsflut	Nutzergerechte Darstellung von Informationen (Hirngerechte Dokumente)
Knowledge in action Nur durch die produktive Anwendung von Wissen können die Anstrengungen des Wissensmanagements in fassbare Resultate umgesetzt werden	Das persönliche Arbeitsumfeld muss die Anwendung des Neuen unterstützen und die Bereitschaft zur Nutzung von Wissen auf individueller und kollektiver Ebene fördern.	Die Wissensnutzung wird von der Bequemlichkeit gesteuert: eine informelle Anfrage bei einem Kollen in unmittelbarer Ruf – oder Gehdistanz oder ein kurzer Telefonanruf sind üblicher als eigenständige Recherche in einer Datenbank.	Methoden zur Vermeidung eines «Information Overload» nach Eppler/Mengis 2004 oder 2009	Erinnerungsfähigkeit: Der Grad der Strukturierung eines Dokumentes entscheidet über seine «Erinnerungsfähigkeit»: - Visualisierung - Kurzzusammenfassung - Strukturieren (Ausgangslage, Übersicht, Schnittpunkte, Einsichten, weiteres Vorgehen)
Kulturbewusste Führungsmassnahmen können dazu beitragen, dass Fragen zu stellen nicht als Zeichen mangelnder Kompetenz sondern als Bereitschaft zu Lernen und Veränderung aufgefasst werden.	Psychologische Nutzungsbarrieren beruhen häufig auf der Überschätzung der eigenen Fähigkeiten oder sind durch Angst vor dem Verlust des eigenen Expertenstatus motiviert.	Anforderungen der Nutzer erfüllen: Einfachheit, Zeitgerechtigkeit und Anschlussfähigkeit.		Die Bedürfnisse potentieller Wissensnutzer berücksichtigen (zu lange Berichte oder zu wenig handlungsorientiert, Thema mit geringer Relevanz)
Wissen sollte als Ressource verstanden werden, die unabhängig von ihrem Ursprung zum gemeinsamen Nutzen der Organisation eingesetzt wird.	Betriebsblindheit: Tendenziell wird mit zunehmender Routine auch die Bereitschaft sinken, neuen Verfahrensweisen ein Potenzial zur Verbesserung der eigenen Effizienz zuzutrauen.	Action learnig: on-the-job-Training beruht auf der Annahme, dass es in direktem Anwendungszusammenhang beser gelingt, neues Wissen zu erwerben.		Wissensnutzung kann durch die nutzungsorientierte Gestaltung kollektiver und individueller Arbeitssituationen verbessert werden (Flipchart, Bildschirmschoner etc.)
Know-How-Verlust: Abrupte Veränderungen in der Unternehmensstruktur (Reorganisationen, Wachstum, Schrumpfung, Zusammenschlüsse etc.)	Kulturelle Barrieren: - Generelles Beharrungsvermögen mit Altvertrautem - Grössere Verwundbarkeit - Eingestehen einer Wissenslücke - Geheime Spielregeln: Die Art und Weise, wie und bei wem das Wissen nachgefragt wird birgt zusätzliche Gefahren (Sympathien der Vorgesetzten oder anderer Mitarbeiter gehen verloren, die meinen, dass sie diese Frage auch hätten beantworten können).			
	Das not-invented-here-Syndrom (nicht hier erfunden) „Nicht alle cleveren Menschen arbeiten in unserem Unternehmen, trotzdem erfinden wir das Rad neu.			

Tabelle 9: Barrieren der Wissensnutzung, eigene Aufbereitung nach Probst et al.

Massive Barrieren können zudem die Wissensmessung und -bewertung sowie die Anreizsysteme darstellen. Eine Messung und Bewertung verändert das Verhalten der Nutzer und Belohnungs- und Anreizsysteme fördern meist einseitig extrinsische Motive, wobei die Intrinsischen dabei unterdrückt werden können. Diese und weiter Problematiken werden nachfolgend erläutert.

2.4.4 Schwierigkeiten bei der Wissensmessung und -bewertung sowie der Anreizsystemen

Mit Hinblick auf "du kannst nichts managen, was du nicht messen kannst" (o.V.) wird in diesem Abschnitt nach einer Methode gesucht, die den Wissenstransfer und die Wissensnutzung misst und bewertet. Die erste Schwierigkeit die man dabei beachten muss ist, dass Wissen unmöglich direkt sondern Mithilfe von Indikatoren gemessen werden muss. Die enormen Schwierigkeiten bei der Messung spiegeln sich in der Abwesenheit von theoretischen oder praktischen Ansätzen zur Messung wieder.[99]

---

[99] vgl. Werner Matthias 2004, S. 75

"Der Prozess der Wissensbewertung muss hierbei in zwei Phasen unterteilt werden. Die Wissensmessung bemüht sich um die Sichtbarmachung von Veränderungen der organisatorischen Wissensbasis, während die Interpretation dieser Veränderung mit Hilfe von Wissenszielen erst nachgelagert erfolgen kann. Viele Missverständnisse treten an dieser Stelle auf. Mit Wissensbewertung ist somit nicht die monetäre Bewertung von Wissen gemeint, sondern die Frage, ob Wissensziele erreicht worden sind oder nicht. Verzichten Unternehmen auf die Messung ihres Wissens und seiner Veränderungen, bleibt der Regelkreis des Wissensmanagements unvollständig, und es fehlt das Feedback für allfällige Anpassungen der Interventionen in den Bausteinen des Wissensmanagements."[100]

Da Wissensmanagement nicht zum Selbstzweck sondern mit einem Ziel verfolgt wird und dabei finanzielle und personelle Ressourcen bindet, müssen die Ergebnisse regelmässig auf ihre Wirksamkeit überprüft und allenfalls korrigiert werden. Vorhandene Modelle und Theorien lassen sich in zwei verschiedene Ansätze beschreiben, *deduktiv summarische Ansätze* bewerten das immaterielle Vermögen in monetärer Form, *induktiv analytische Ansätze* bewerten einzelne Elemente der Wissensbasis mit dem Augenmerk auf ihre Entwicklung.[101]

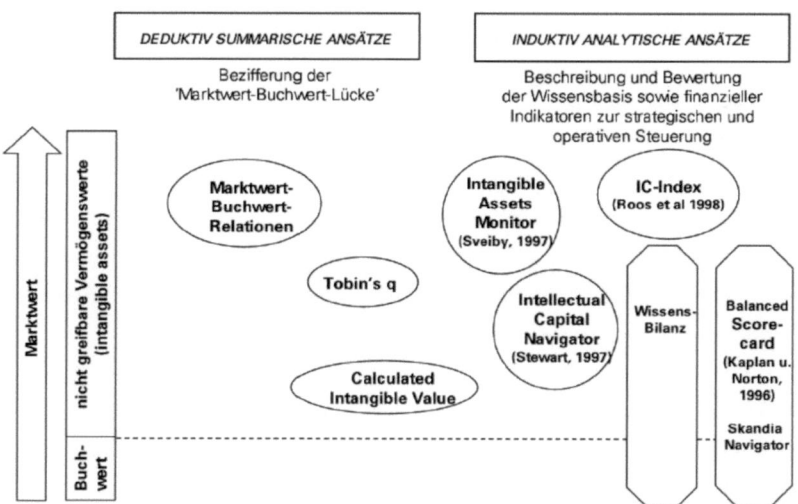

Abbildung 28: Ansätze zur Bewertung immateriellen Vermögens und organisationaler Wissensbasis, North Klaus 2011, S. 232

Die Wissensmessung und -bewertung führt zweifellos zu einem bewussteren Umgang mit der Ressource Wissen, alle Modelle besitzen jedoch mehr oder weniger starke Schwachstellen und

[100] Probst Gilbert / Raub Steffen / Romhardt Kai 2012, S. 225
[101] vgl. North Klaus 2001, S. 231

Problemfelder. North hat die unterschiedlichen Modelle miteinander verglichen und dabei als Schlussfolgerungen festgehalten, dass "das optimale Modell" noch nicht erfunden wurde, jedoch eine Fülle von Indikatoren-Systeme sich im Entwicklungsstadium befinden. Beide Ansätze, der deduktive wie auch der induktive, sind nur bedingt hilfreich für eine zielgerichtete Entwicklung der Wissensbasis sowie Darstellung von Ursache-Wirkungs-Zusammenhängen. Auch noch zu beachten dabei ist der benötigte Implementierungsaufwand, der als Beispiel bei der Wissensbilanz bis zu 3 Personenmonate betragen kann; für ein Kleinunternehmen bedeutet dies eine Unmöglichkeit zur Durchführung.[102]

Die Umsetzung dieser neuen Ansätze in der Praxis wird nicht nur durch die konkrete Beschreibung der organisationalen Wissensbasis eines Unternehmens behindert, sondern auch durch die fehlende Datenverfügbarkeit erschwert. Eine praktikable und ökonomisch durchführbare Wissens-Messung und deren Bewertung gehört fraglos zu einer der grössten Herausforderungen, die das Management von Wissen noch zu meistern hat. Wie auch diese Arbeit zeigt, ist die Messung und Bewertung von Wissenstransfer und Wissensnutzung in der Praxis nicht vorhanden bzw. wird ökonomisch als nicht durchführbar bezeichnet. Was aber immer wieder als erfolgreichen Wissenstransfer genannt wurde ist die Steigerung der Leistungsfähigkeit auf der persönlichen Ebene.[103]

Die herausforderndste Führungsaufgabe besteht im Verbinden der intrinsischen Mitarbeitermotivation mit den Zielen der Organisation. Die sich daraus ergebende echte Identifikation mit dem Unternehmen liefert die Basis für Leidenschaft, Sinnhaftigkeit in der Arbeit, optimale Potentialentfaltung, Selbstmanagement sowie das "sich selbst einbringen" und Bestätigung dafür erhalten. Diese Behauptung klingt einleuchtend, und doch sieht der Alltag oft anders aus.[104] Wenn es gelingt, die Interessen der Organisation mit denjenigen der Mitarbeiter in Einklang zu bringen, erreicht man eine hohe Arbeitszufriedenheit und damit auch eine hohe Arbeitsproduktivität.

Jede Organisation hat eine grosse Menge an Anreizen zur Verfügung, um die Mitarbeitermotivation in Richtung Wissensverteilung und -nutzung anzuregen. Anreizsysteme sollen aber nicht nur die Wissensverteilung und -nutzung belohnen, sondern auch deren erfolgreiche Umsetzung in Geschäftserfolge. Die Zufriedenheit der Mitarbeiter hängt vom Zusammenspiel verschiedener Einflüsse und Faktoren ab, wie die nachstehende Abbildung zeigt.

---

[102] vgl. North Klaus 2011, S. 253-255
[103] vgl. Werner Matthias 2004, S. 80 und North Klaus 2011, S. 262
[104] vgl. North Klaus 2011, S. 130

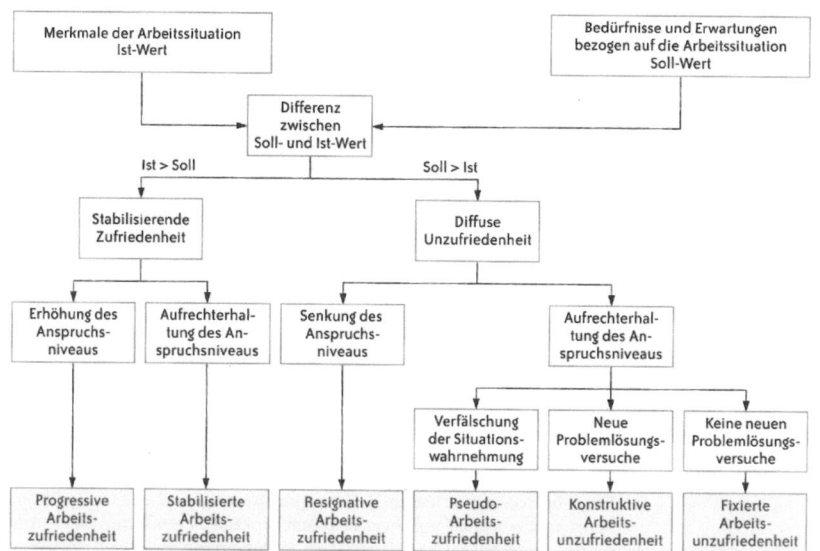

Abbildung 29: Formen der Arbeitszufriedenheit nach Bruggemann 1974, zitiert in: Waibel Roland / Käppeli Michael 2010, S. 286

Generell gilt, dass auch die kompetentesten Wissensträger zuerst einmal ihre eigenen Bedürfnisse befriedigt sehen wollen. Ein Anreizsystem soll die Mitarbeitermotive berücksichtigen (Grund und Wachstumsmotive gemäss Maslow), sowohl transparent (Klarheit) und individuell gestaltbar (Wahlmöglichkeit aus verschiedenen Anreizen) als auch flexibel (zunehmender Wandel und damit nötiger Reaktion) und gerecht (subjektive Wahrnehmen hinsichtlich geleisteter Arbeit und Belohnung) sein. Zudem sollten beide Motivationsarten, die intrinsische und die extrinsische, angesprochen werden wobei die Abhängigkeiten aufeinander beachtet werden sollten. Zudem sollte das Anreizsystem vor allem auf vorhandene Barrieren hinsteuern mit der Absicht diese abzumildern oder zu eliminieren. Dies bedingt eine vorgängige Analyse der möglichen Barrieren im Unternehmen (siehe Kapitel 2.4).[105]

---

[105] vgl. Wyssusek Boris / Schwartz Martin / Oliver Schliebs 2004, S. 259-272 und Waibel Roland / Käppeli Michael 2010, S. 312

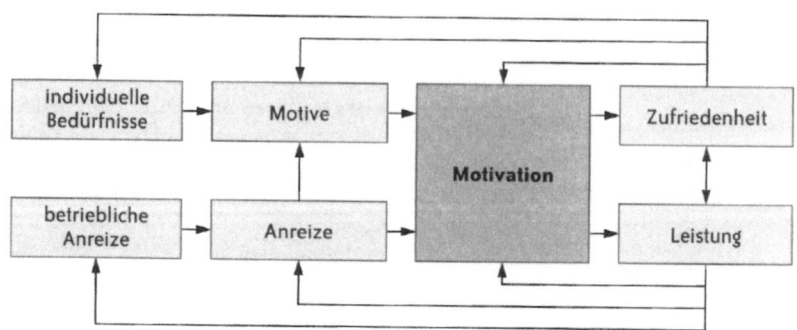

Abbildung 30: Formen der Arbeitszufriedenheit nach Bühner 2004, zitiert in: Waibel Roland / Käppeli Michael 2010, S. 289

In der Praxis wird allerdings beobachtet, dass bei der Ausgestaltung von Anreizsystemen mehrheitlich die materiellen Anreize benutzt und somit wichtige intrinsische Motive vernachlässigt werden. Die Metaanalyse von Qattawi (2006) unterstützt ebenfalls diese These, darin zeigte sich, dass sich Belohnungs- und Anreizsysteme als ungeeignete Lösungen herausstellten, da sie die intrinsische Motivation stärker unterbinden als diese durch extrinsische Anreize erhöht werden konnte.[106]

Ein populärer Spruch sagt, man braucht Mitarbeiter nicht zu motivieren, es reicht völlig aus wenn man sie nicht demotiviert (o.V.). Die Studie von Szulanski zeigte auch, dass die von ihm beschriebenen Hauptbarrieren den Wissensaustausch stärker hemmen als motivationale Aspekte förderlich sind.[107] Daraus schlussfolgernd ist es zielführender, vorhandene Barrieren zu mindern oder zu eliminieren als Motivation zu fördern. In den nachfolgenden Kapiteln werden deshalb vor allem die Gründe gegen die Wissensverteilung und -nutzung betrachtet, da vorhandene Barrieren wie Hygienefaktoren stärker wirken als fehlende Motivatoren.

Die Minderung oder Eliminierung von Barrieren im Bereich der Wissensverteilung und -nutzung kann mit geeigneten Hilfsmitteln unterstützt werden, welche nachfolgend dargestellt werden.

---

[106] vgl. Qattawi Lisa 2006, S. 187
[107] vgl. Szulanski Gabriel 1996, S. 27-43

2.5 Methoden und Tools

Für ein funktionierendes Wissensmanagement sind Methoden und softwaretechnische Unterstützung unabdingbar. Damit lassen sich Aufgaben wie Sammlung, Strukturierung sowie Pflege und Entwicklung der Wissensbasis durchführen. In diesem Abschnitt werden Methoden und Tools behandelt, das heisst Vorgehensweisen oder Hilfsmittel bzw. Werkzeuge, welche ohne Informatik-Software auskommen.

Wissenstransfer oder -nutzung ist immer noch am erfolgreichsten in der persönlichen und direkten Kommunikation. Meetings eignen sich dafür am besten, dort sollten nicht nur die Traktandenpunkte abgearbeitet werden sondern vor allem auch Wissenstransfer und -nutzung erfolgen, indem relevante Informationen den richtigen Stellen zugänglich gemacht werden. Da eine direkte Kommunikation aber oft gar nicht möglich ist (zu wenig Zeit für Meetings oder Besprechungen oder ökonomisch nicht sinnvoll) ist die Bedeutung der Softwaretechnik ausserordentlich gross (wird in dieser Arbeit aber explizit ausgeklammert).

Nachfolgende Methodenauflistung erhebt keinen Anspruch auf Vollständigkeit, sie repräsentieren lediglich häufig benutzte Methoden in der Praxis. Auch sind sie nicht Neu, das Neuartige entsteht erst in der speziellen Betrachtung zum Thema Wissensverteilung und -nutzung. Jede der Methoden stellt aber keine Erfolgsgarantie dar, die Voraussetzungen dazu sind wie schon beschrieben motivierte Mitarbeiter und deren Willen Wissen zu Wissensverteilung und -nutzung.

Das Hauptaugenmerk bei der Auswahl lag in den zwei Klassifikationen " Methoden zur Förderung des Wissensaustauschs und der Wissensnutzung" und der "Methoden zur Veränderung der Organisationstruktur" welche nachfolgend ausführlicher beschrieben werden.

2.5.1 Methoden zur Förderung des Wissensaustauschs und der Wissensnutzung

Die Absicht dieser Methodengruppe ist es, positive und auch negative Erlebnisse und Erkenntnisse der täglichen Arbeit von der Person loszulösen und diese damit für einen grösseren Personenkreis erreichbar zu machen. Damit soll Doppelarbeit und die Fehlerwiederholung vermieden oder eliminiert werden können.[108]

---

[108] vgl. Lehner Franz 2012, S. 195

Die nachfolgende Aufstellung enthält in den ersten drei Spalten die Quellenangaben der Literatur zu den Tools, der Titel in der vierten Spalte und die letzte Spalte enthält die Detailbeschreibung.

Gerhards Sandra / Trauner Bettina (2007)	Probst et al. 2012	Lehner Franz 2012	Titel	Detail
		196	Best Practice	Bezeichnet bewährte und vorbildliche Methoden/Praktiken im Unternehmen
74			Diskussionsforen	IT-Plattform in der Mitarbeiter Fragen und Antworten einstellen können. Im Gegensatz zu Chatrooms bleiben die Beiträge erhalten.
125	69		Expertenverzeichnisse (gelbe Seiten)	Expertenverzeichnisse unterstützen bei der Suche nach Mitarbeitern, wenn bestimmte Erfahrungen und Kompetenzen gebraucht werden. Es gibt eine Übersicht über die Expertise der Mitarbeiter und erleichtert durch Bereitstellung von Kontaktdaten die Kontaktaufnahme.
75		248	Groupware	SW die Gruppenarbeit unterstützt oder ermöglicht (Videokonferenz, elektronische Terminkalender, gleichzeitiger Zugriff auf Dokumente durch mehrere Benutzer)
			Handbücher	Nachschlagewerk
79		169	Ideenmanagement	Vorschlagswesen (ev. mit Anreizsystem)
87	163		Intranet	Eingegrenztes Datennetz (meistens Firmenbereich) mit höherer Datensicherheit und somit weitergehender Vertraulichkeit.
	74	198-203	Kompetenzkarten	Bildet nicht nur Wissen und Fähigkeiten ab sondern auch das Vorgehen, die Aufgaben, Methoden und Verantwortlichkeiten.
79	120		Kontexte welche das Neue ermöglichen	Unterstützung und Förderung des informellen Austauschs durch z.B. Inforäume, Kaffeeecken, Kreativitätstechniken
95	135, 151	195	Lessons learned	Projekt-Erfahrung nach Projektabschluss beschreiben
98			Mikro-Artikel	Wöchentlich fassen Mitarbeiter in einer Stunde zusammen, was sie in dieser Woche gelernt haben.
106			Projekt-Datenbanken	Die Metadaten aller Projekte werden in einer Datenbank erfasst. Durch eine gemeinsame DB können Experten aus vergangenen Projekten aufgefunden und Doppelarbeit vermieden werden.
	135		Selbstreflexion	kritische Erfahrungen und Problemstellen beschreiben
			Seminare, Kurse	Trainingsmassnahmen
111		196	Storytelling	Nacherzählung wichtiger Ereignisse aus der Vergangenheit
			Success Stories	Berichte (Verbreitung von Erfolgsrezepten wie auch das Wissen über die Vermeidung von Fehlern)
116	249	258, 314	Wicki	Gemeinschaftlich bearbeitet Website, deren Inhalt jeder direkt ändern, ergänzen und bei Bedarf löschen kann.
118		292-295	Wissensbroker	Mitarbeiter die Wissen im Unternehmen verteilen (Vermittler zwischen Wissensnachfragern und Wissensanbietern).
119		254	Wissensdatenbanken	Datenbanken mit dem Knowhow der Mitarbeiter
41	69	198-203	Wissenskarten	Graphische Verzeichnisse von Wissensträgern, Wissensbeständen, Wissensquellen, Wissensstrukturen oder Wissensanwendungen
	72	198-203	Wissensmatrix	Internes und externes, neues und vorhandenes sowie implizites und explizites Wissen werden in einer Matrix gegenübergestellt. Die gezielte Wissensanalyse und -identifikation erhöht dabei die Transparenz im Unternehmen. Kernkompetenzen und Expertenwissen werden erkennbar und helfen bei Fragestellungen im Tagesgeschäft
			Workshops	Veranstaltung, in der eine kleine Gruppe intensiv an einem Thema arbeitet.

Tabelle 10: Methoden zur Förderung des Wissensaustauschs und der Wissensnutzung, eigene Aufbereitung

Eine Auswahl dieser Methoden, die für diese Arbeit am prägnantesten schienen, werden nachfolgend detailliert vorgestellt. Dabei handelt sich um Methoden um Einzel-Wissen zu einem Ereignis für einen grossen Kreis verfügbar zu machen, damit daraus für die Zukunft gelernt werden und diese effizienter gemeistert werden kann.

2.5.1.1 Lessons Learned

Während eines Projekts gemachte Erfahrungen werden bei den Abschlussarbeiten eines Projekts oder Projektabschnitts systematisch erhoben und damit für alle zugänglich gemacht. Hilfreich für die Durchführung von Lessons Learned ist eine Strukturvorgabe (z.B. mit Beschreibung, Ursache/Lösung, weitere Schritte, was lief gut und was schlecht und was können wir daraus lernen), damit es einerseits nicht zu einer unkontrollierten und wahllosen Speicherung von irrelevantem Wissen kommt und andererseits die Berichte eine einheitlichen Aufbau haben und damit effektiver genutzt werden können. Es braucht jedoch eine gewisse Kultur der Fehlertoleranz, damit Mitarbeiter nicht nur positive sondern auch negative Lessons Learned veröffentlichen und keine Restriktionen befürchten müssen. Lessons Learned unterstützen beim Aufbau von Organisations-Wissen, vermindern Mehrarbeit (das Wissen ist für einen breiten Personenkreis zugänglich) und schlussendlich können damit auch neue Mitarbeiter schneller eingearbeitet werden.[109]

2.5.1.2 Good/Best Practice

Diese Methode zeichnet bewährte und vorbildliche Methoden und Praktiken im Unternehmen aus. Als "good" versteht man Lösung von guter Qualität, als "best" werden Methoden qualifiziert, welche innerhalb oder auch ausserhalb des Unternehmens im Vergleich mit anderen die bestmögliche Lösung darstellt. Das Ziel besteht darin, bestehende Abläufe durch Good/Best Practice auszutauschen, deshalb eignen sich dafür vor allem wiederholbare Bestleistungen. Damit soll erreicht werden, dass für Probleme auf erprobte Lösungen zurückgegriffen werden kann, statt jedes Mal das Rad neu zu erfinden.[110]

Die Entwicklung, Implementierung und Pflege von Good/Best Practice-Datenbanken sind ein wichtiges Instrument des Wissensmanagements, nicht vergessen werden sollten aber auch die Next-Practice und damit den Blick auf die Zukunftsorientierung, welche im Dialog mit Experten und Nutzern herausgefunden werden können.[111]

Der Mensch ist so programmiert, dass er leichter und besser aus Erfolgen lernt als aus Misserfolgen. Erfolge ziehen den Menschen an und haben vielleicht auch mit dem Faktor Stolz zu tun im Sinne wie "wenn der das konnte kann ich das schon lange". Schlussfolgernd kann man Erfolge nicht oft genug erwähnen und die betroffenen Mitarbeiter in den Vordergrund stellen. Missgünstige und neidische Kollegen kann man nicht eliminieren aber bekämpfen mit der Betonung des gemeinsamen Erfolges und wie dieser Erfolg allen zu gute kommt.[112]

2.5.1.3 Story Telling

Es ist vielfach belegt, dass der Mensch durch Geschichten Inhalte besser speichern und wieder abrufen kann. Dies kann historisch bedingt sein, da schon zu Urzeiten Geschichten über Generationen hinweg weitergegeben wurden. Komplexe Sachverhalte können mit Story Telling relativ einfach kommuniziert werden, da Geschichten immer in einen ganzen Zusammenhang integriert sind. Story Telling kann seinen Anfang in der Kaffee-Ecke nehmen, in der sich

---

[109] vgl. Lehner Franz 2012, S. 195
[110] vgl. Lehner Franz 2012, S. 196
[111] vgl. North Klaus 2011, S. 301
[112] vgl. Belliger Andréa / Krieger David 2007, S. 37

Mitarbeiter über Probleme und deren Lösungen austauschen. Die Mitglieder empfinden für den Erzähler eine gewisse Sympathie und stellen die Geschichte weniger in Frage als z.B. Richtlinien. Story Telling dient dem Aufbau des organisationalen Wissen, der Motivation sowie der Reputation der Mitarbeiter, die sich dadurch von Dritten bestätigt sehen.[113]

Geschichten können auch als Orientierung dienen, sie bringen die Gegenwart in einen nachvollziehbaren Kontext und dienen als Basis für die Zukunft. Wilkins fand bereits in den 80er Jahren heraus, dass in Unternehmen mit grosser Mitarbeiterbindung tendenziell mehr Geschichten erzählt werden. Fiktive Geschichten (nahe an der Realität) oder auch Märchen (ohne Realität) können dazu gebraucht werden um Veränderungen anzustossen, wie bei realen Geschichten verhelfen sie zu einem mentalen Sprung aus der Geschichte auf den eigenen Kontext und veranlassen somit zum Nachdenken.[114]

2.5.1.4 Dialog

Obwohl schon einmal kurz erwähnt wird das Gespräch aufgrund seiner immer noch sehr grossen Bedeutung bezüglich Wissensverteilung und -nutzung hier nochmals separat thematisiert. Gespräche besitzen die Funktion der Entscheidungsgrundlage, Definition von Rollen und Hierarchien, Informationsaustausch und der Problemlösung. In einer ganzheitlichen Sichtweise sind Dialoge sinnstiftend (aus Handlungen kann der Sinn abgeleitet werden), zeigen soziale Gefüge auf, bilden Beziehungen und dienen der Wissensentwicklung, -verteilung, -bewertung und -nutzung. Mit Gesprächen können etwa Telefonate oder Flurplaudereien wie auch Sitzungen gemeint sein. Sie alle vereint als positive Eigenschaft eine eher vertraute und einfache Form der Kommunikation, ihre Flexibilität, Spontanität und flüchtigen Form. Als negative Eigenschaften genannt werden können ihre oft mangelhafte Vorbereitung, ineffiziente Durchführung oder vom Resultat her unbefriedigende Gespräche. Gespräche kosten oft viel Zeit, Geld und am häufigsten viele Nerven. Das bewusste Managen von Dialogen kann helfen Gesprächsfallen erkenn- und vermeidbar zu machen und damit selbige Kosten zu minimieren.[115]

Gesprächsprobleme unterteilen die Autoren Belliger und Krieger in 4 Arten. Zum ersten sind dies die **Gesprächsroutinen** wie etwa häufiges Unterbrechen, übertriebenes Gruppendenken, einseitig oder defensives Argumentieren bzw. Kritisieren. Alle diese Faktoren führen dazu, dass Einzelaussagen nicht vollendet, mit bestehendem Wissen verknüpft und weitergeführt werden

---

[113] vgl. Lehner Franz 2012, S. 197, 297
[114] vgl. Wyssusek Boris / Schwartz Martin / Oliver Schliebs 2004, S. 209-216
[115] vgl. Belliger Andréa / Krieger David 2007, S. 53-55

und sich deshalb nicht zu Wissen weiterentwickeln können und somit nur Bruchstücke bleiben. Zum zweiten unterliegen Dialoge einem **Sequenzzwang** womit erklärt wird, warum man sich nur mit einem Thema gleichzeitig auseinandersetzen kann. Dies behindert ein gleichzeitiges Abgleichen von Alternativen und Bewerten von Entscheidungsgrundlagen anhand mehrerer Kriterien. Unterschiedliche Perspektiven und Verwendung von Begriffen sowie implizite Missverständnisse kommen erschwerend hinzu. Als dritter Faktor wird die **Vergänglichkeit** angeführt. Aufgrund mangelhafter Dokumentation ist oft nur den Gesprächsteilnehmer das warum-wieso-weshalb der schlussendlichen Entscheidung klar. Als letzten Einfluss wird die **Wissensträgheit** genannt. In langen Abhandlungen und grossen Worten wurde ein Problem diskutiert, erkannt und verstanden, jedoch lässt die Problemlösung mit definierten Handlungen und Verantwortlichkeiten auf sich warten. Dies kann mehrere Gründe haben, entweder wurde das Problem zu wenig dokumentiert, zu wenig verinnerlicht oder schlicht mangelhaft weitergeleitet.[116]

Eine Verbesserung der Unterhaltungen kann schon mit wenigen Mitteln durchgeführt werden und benötigt auch keine neuen und unbeweglichen Strukturen. Belliger und Krieger haben dafür ein 4-Phasen-Modell entwickelt, wobei sie für jede Phase eine eigene Wortkreation verwenden, um bestehende negative Assoziationen zu vermeiden. **Sharealog** bezeichnet die Problem- und Themeninterpretation, also die Verständnisüberprüfung zur Bildung der gemeinsamen Wissensbasis. Diese kann mittels Verständnisfragen, Anekdoten, Analogien, Metaphern und Visualisierung subjektives Wissen für andere verständlich und damit anschlussfähig machen. **Crealog** besteht aus der wertungsfreien Entwicklung von Ideen, Lösungen und Handlungsoptionen. Als Hilfsmittel dienen hier alle Kreativitäts-Werkzeuge wie etwa der morphologische Kasten, die Themen-Verfremdung, Szenariotechniken oder der Ebenen-Wechsel. Zentral dabei ist ein offenes und positives Gesprächsumfeld, ohne Störungen und Ablenkungen. In **Assessalog** werden die Vorschläge bewertet, zentral dabei sind die Argumentationen mittels ZDF also Zahlen, Daten und Fakten. Damit soll erreicht werden, dass sich niemand in der Person angegriffen fühlt und sich dann zurückzieht oder verweigert. **Doalog** bezeichnet die Umsetzungsbesprechung in welcher konkret entschieden wird, wer was bis wann und mit welchen Mitteln durchzuführen hat. Mittels Pendenzenlisten oder Zeitlinien wird eine eindeutige Ausformulierung der Wichtigkeit sowie klare Verantwortlichkeiten angestrebt.[117]

---

[116] vgl. Belliger Andréa / Krieger David 2007, S. 56-57
[117] vgl. Belliger Andréa / Krieger David 2007, S. 58-66

Abbildung 31: Typologie von Wissensdialogen, Belliger Andréa / Krieger David 2007, S. 59

2.5.2 Methoden zur Veränderung der Organisationstruktur

Organisationsstrukturen dezimieren Komplexität, unterstützen die Handlungen der Mitglieder und sind somit ein Mittel zur Zielerreichung der Organisation. Die "ideale Organisationstruktur" gibt es nicht, es läuft immer auf einen Kompromiss zwischen sich divergierenden Zielen hinaus. Herkömmliche hierarchische Organisationsformen auf der Geschäftsebene wie die Funktionale-, Divisionale-, oder Matrix-Organisation sind aufgrund der immer wichtigeren Stellung von Wissen mangelhaft. Als Schwäche zu nennen sind als erstes die geringe Fähigkeit, veränderte Umweltbedingungen zu adaptieren sowie die Behinderung der Mitarbeiter indem sie Freiräume, Phantasie und Kreativität hemmt. Die neuen Organisationsformen sollen die primären nicht ersetzen sondern ergänzen. Für das organisationale Lernen sollten neben den Geschäftsstrukturen Parallelstrukturen entstehen wie Gruppen oder Teams, die den Transfer und die Kooperation zwischen den Mitgliedern fördern.[118]

Wir stehen heute vor einer grossen Veränderung, ähnlich wie bei der industriellen Revolution die z.B. die Fliessbandarbeit mit sich gebracht hat, stehen wir heute vor der Herausforderung unsere Organisation anzupassen. Der fortdauernde Wandel fordert von uns alte Denkmuster fallenzulassen und neue bewegliche Strukturen mit einer hohen Vernetzungsfähigkeit aufzubauen. Da die bisherigen Organisationsformen schlecht gerüstet sind für die grenzübergreifende langfristige Generierung, Nutzung und Sicherung von Wissen fordert North die Neuschaffung einer vierten Organisation "der Wissensorganisation" komplementär zu der

---

[118] vgl. Probst Gilbert / Raub Steffen / Romhardt Kai 2012, S. 255 und Lehner Franz 2012, S. 220

hierarchischer/funktionaler-, Prozess- und Projektorganisation.[119] "Die Wissensorganisation schafft gemeinsame Kontexte, ermöglicht fachübergreifend Verständigung durch Bildung gemeinsamer Sprache, fördert die kompatible Problemlösungsfähigkeit, gestaltet Raum für Interaktionen von Menschen, fördert eine physische- und IT-Infrastruktur sowie Medien zur Repräsentation und Kommunikation von Wissen und übergreifende Lernprozesse." [120]

Die nachfolgende Aufstellung und anschliessender detailliertere Vorstellung einiger ausge-wählter Tools geht bereits in die Richtung der von North geforderten Wissensorganisation. Wie weit sie diese abzubilden oder zu erfüllen vermag, muss von jedem selbst entschieden werden.

Die Aufstellung enthält in den ersten drei Spalten die Quellenangaben der Literatur zu den Tools, den Titel in der vierten Spalte und in der letzten Spalte die Detail-Beschreibung.

Gehrhards Sandra / Trauner Bettina (2007)	Probst et al. 2012	Lehner Franz 2012	Titel	Detail
	156		Berichte	Der Sachverhalt wird in einem Dokument festgehalten
			Business-Lunchs	Geschäftsessen mit zusätzlichem Informationsteil
72	174	221-224	Communities (Practice/Learning)	Zusammenarbeit an gemeinsamen Projekten
		249	E-Mail	Elektronische Post welche innert weniger Sekunden rund um die Erde geht
			Firmen-Anlässe	Anlässe wie z.B. Weihnachtsessen etc
104			Götti	Der Mitarbeiter bekommt einen Götti zur Seite gestellt, der für Fragen zur Verfügung steht.
	79	222-223	Informelle Netze	Beratungsnetze, Vertrauensnetze und Kommunikationsnetze (mit wem spricht Mitarbeitern über die Arbeit, wem wird vertraut und wer wird um fachlichen Fragen Rat gefragt und erteilt).
	158		Job-Rotation	Durch den daraus resultierenden Aufbau von Wissensnetzen und den Sozialisierungseffekt wird die Wissensverteilung erleichtert.
	183		Learning "near the Job"	Arbeitsplatznahes Training (Erfahrungsgruppen, Learning by Doing) in der Annahme, dass es in direktem Anwendungszusammenhang besser gelingt, neues Wissen zu erwerben.
			Lernforen/ Erfahrungsgruppen	In der Gruppe generiertes Wissen
99	84, 155	222-223	Netzwerke	Ein Netzwerk zeichnet sich durch ein gemeinsames Basisinteresse seiner Mitglieder, konsequente Personenorientierung und die Freiwilligkeit der Teilnahme aus. Es herrscht das Tauschprinzip.
	250		Newsletter	Aktive Verteilung von Informationen
110			Qualitätszirkel	Mitarbeiter-Treffen um Probleme im eigenen Arbeitsbereich selbstständig und auf freiwilliger Basis zu bearbeiten.
			Sitzungen/Besprechungen/Me etings	Zusammenkunft um mündlich Themen zu besprechen
		249	Social Media	Soziale Netzwerke
			Team-Events	Zur Stärkung des Team-Works und -Zusammenhaltes
	156		Train-the -trainer-Konzept	Multiplikatoren-Konzept nach dem Motto: "ich bring dir was bei, wenn du es mindestens zwei anderen auch beibringst". Die Wirkung ist ein enormer Wissenszuwachs, da Wissen /mit)teilbar ist und sich durch seine Verbreitung vermehrt
124		152-154	Wissens-Tandems	Das aktuelle Fach- und Methodenwissen des Jüngeren ergänzt das Erfahrungswissen des Älteren nutzbringend und umgekehrt.

Tabelle 11: Methoden zur Transfer- und Kooperationsförderung zwischen Organisationsmitgliedern, eigene Aufbereitung

2.5.2.1 Gruppen-Gemeinschaft

Als Basisgrundlage für das bessere Verständnis der nachfolgenden Tools dient eine detaillierte-re Analyse der Gruppe als strukturelle Einheit. Eine Gemeinschaft bildet ein dynamisches System mit unterschiedlichen Reifegraden. Die Phasen können beschrieben werden als Potential-Entwicklung (loses Netzwerk wird zu einer starken Verbindung), Verschmelzung (Gemeinschaft wächst über Beziehungen, Vertrauen und Kenntnisse zusammen), Reifung

---

[119] vgl. North Klaus 2011, S. 80-81
[120] North Klaus 2011, S. 81

(aktive Phase mit Wachstum), Verantwortung (hohe Verantwortung der Mitglieder infolge Schwankungen zwischen niedriger und hoher Aktivität) und Transformation (Auflösung oder zurückfallen in eine frühere Phase).[121]

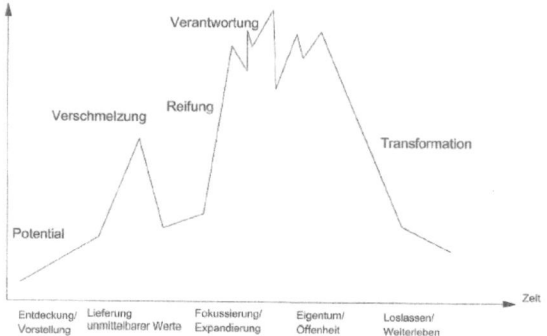

Abbildung 32: Entwicklungsphasen einer Gemeinschaft nach McDermott 1999, zitiert in: Gronau Norbert 2009, S. 20

2.5.2.2 Hypertextorganisation

Die Hypertextorganisation, beschrieben von Nonaka und Takeuchi, stellt so eine verbindende Organisationsform dar, in der die Organisation aus mehreren Schichten besteht, in der die Mitarbeiter sich frei bewegen können. Die Gruppenstruktur erzeugt neues Wissen durch Sozialisation und Externalisierung wogegen die zentrale Geschäftsorganisation neues Wissen effektiv umsetzen kann durch Internalisierung und Kombination.[122] "So werden in einer Hypertextorganisation die Effizienz und Stabilität der Bürokratie mit der Effektivität und Dynamik der Arbeitsgruppe verbunden." [123]

[121] vgl. Gronau Norbert 2009, S. 20
[122] vgl. Nonaka Ikuijri / Takeuchi Hirotaka 2012, S. 201-207 und Probst Gilbert / Raub Steffen / Romhardt Kai 2012, S. 257
[123] Nonaka Ikuijri / Takeuchi Hirotaka 2012, S. 205

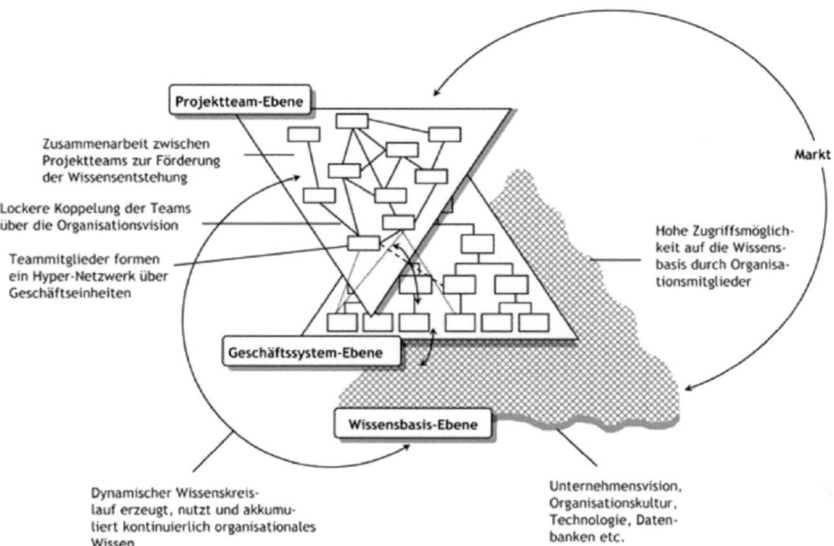

Ahhildung 33: Hypertextorganisation nach Nonaka Ikuijri / Takeuchi Hirotaka 2012, S. 203

Die nicht-hierarchische selbstorganisierte Struktur arbeitet somit mit der hierarchischen Formalstruktur zusammen. Die Kombination ermöglich die Verwirklichung beidseitiger Vorteile, die der bürokratischen Organisation und die der Gruppe. Das Herausragende dabei ist, dass gleichzeitig drei verschiedene Ebenen innerhalb der gleichen Organisationsstruktur koexistieren. Konkret erzeugt sich der dynamische Wissenserzeugungskreislauf durch die Mitarbeiter, welche aus dem operativen Geschäft heraus in ein Projektteam hineingerufen werden, während dem Projekt erfolgen die wissenserzeugenden Aktivitäten welche nach Abschluss des Projekts zur Bildung der Wissensbasis an andere weitergegeben werden und am Schluss wenden sich die Mitarbeiter wieder dem operativen Geschäft zu.[124]

2.5.2.3 Communities of Practice (CoP)

Historisch gesehen gab es schon zur Urzeiten CoP's, damals waren es einfach die Zünfte, welche ihr Wissen und Erfahrungen innerhalb der Gruppe weitergegeben haben. Einen akzeptierten, praktikablen deutschen Begriff gibt es nicht, allenfalls könnte man CoP's noch als Gemeinschaft von Praktikern bezeichnen. Die Mitglieder schliessen sich freiwillig der Gruppe an, sie identifizieren sich mit ihrer gemeinsamen Tätigkeit, haben ähnliche Interessen und Ziele, helfen sich gegenseitig und lernen voneinander auf eine einfache Art und Weise. Ähnlich wie die Hypertextorganisation ersetzen sie keine primären Organisationsformen sondern

---

[124] vgl. North Klaus 2011, S. 103

ergänzen diese mit ihrer Querschnittsfunktion. Der Nutzen von CoP's besteht in der Offenlegung von Wissensbeständen und -defiziten, Erweiterung der Wissensbasis, effizientere Problemlösung, Verkürzung der Einarbeitungszeit und Generierung neuer Ideen. Obwohl sehr ähnlich, sind sie doch sehr verschieden zu Projektgruppen oder Netzwerken.[125]

	Zweck	Mitglieder	Zusammenhalt	Dauer
CoP	Entwicklung der Fähigkeiten der Mitglieder, Schaffung/Austausch von Wissen	durch Mitglieder gesteuerte Auswahl, wer Mitglied wird	Engagement, Leidenschaft, Identifikation mit der Kenntnis der Gruppe	solange Interesse an Aufrechterhaltung der Gruppe besteht
formale Arbeitsgruppe	Erbringung einer Leistung oder eines Produktes	alle Personen, die dem Gruppenleiter berichten	Stellenbeschreibung, generelle Ziele	bis zur nächsten Reorganisation
Projektgruppe	Ausführung einer vorgegebenen Aufgabe	Ernennung der Mitglieder durch Management bzw. Projektleiter	Meilensteine und Ziele des Projekts	bis zur Vollendung des Projekts
Soziale Netzwerke	Beratung/Austausch von Lösungen bei konkreten Problemen	Freunde und geschäftliche Bekanntschaften	allgemeine, wechselseitige Bedürfnisse	solange die Mitglieder in dem Kontakt einen Vorteil sehen

Tabelle 12: Unterschiede von CoP zu anderen Gruppenformen, Wenger/Snyder 2000, zitiert in: Lehner Franz 2012, S. 223

2.5.2.4 Netzwerke

Netzwerke können in zwei Arten unterschieden werden, welche Bestenfalls optimal miteinander verknüpft sind. Zum ersten sind dies persönliche Wissensnetzwerke (private, informelle Beziehungen) bei denen die Kernaufgabe das Knüpfen und die Pflege von Kontakten ist. Und zum anderen Netzwerkstrukturen einer Organisation (Verbindungen inner- und ausserhalb der Unternehmung), wobei hier die zentrale Aufgabe in der Formung der Kommunikationskanäle liegt. Eine Verknüpfung der beiden Netzwerke wird nur zustande kommen, wenn für alle Beteiligten eine Win-Win-Situation bei der Wissensverteilung und -nutzung entsteht.[126] Der Wettbewerbsvorteil liegt in der Kooperation der umliegenden Netzwerke um damit die Zukunft zu gestalten und nicht wie bisher als gegeben hinzunehmen.

---

[125] vgl. Lehner Franz 2012, S. 221-224
[126] vgl. Winkler Roland et al. 2007, S. 167-177

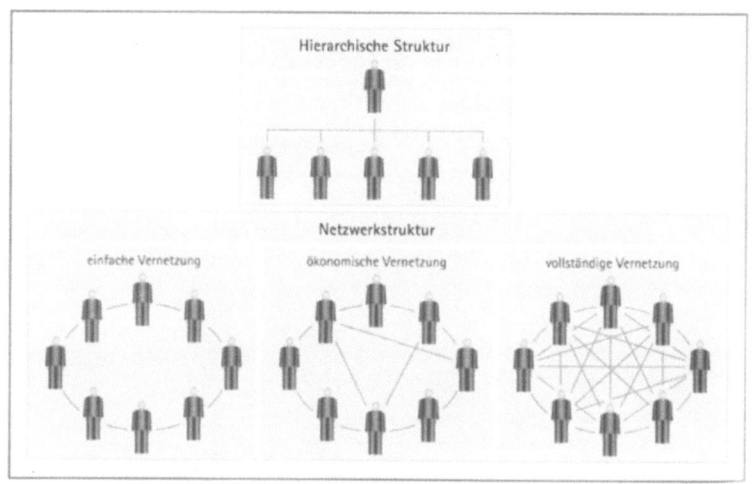

Abbildung 34: Gestaltung von Netzwerkstrukturen, Winkler Roland et al. 2007, S. 168

Märkte kennzeichnen sich durch die fehlende Verbindung der einzelnen Akteure aus, während für Hierarchien gerade die feste Verbindung der Elemente kennzeichnend ist. Netzwerke bilden eine Vereinigung aus beiden, sie bestehen aus selbstständigen Spielern mit der Begabung zum koordinierten Handeln. Die Verknüpfung beider Ausrichtungen als Netzwerk bildet die Basis um agile, effiziente und effektive Strukturen zu schaffen und damit die beste Gelegenheit, in diesem kontinuierlichen Wandel mitzuhalten.[127]

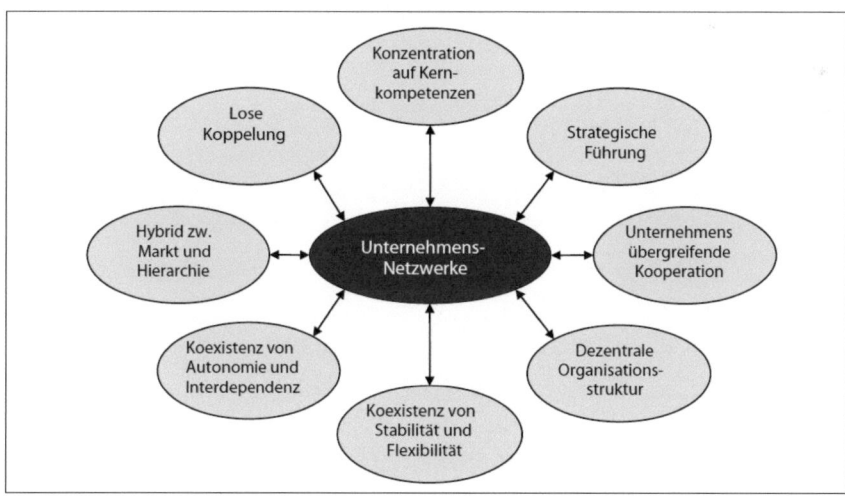

Abbildung 35: Konstituierende Merkmale strategischer Netzwerke nach Zimmermann/Winkler 1998, zitiert in: Culen Julia 2006, S. 40

---

[127] vgl. Culen Julia 2006, S. 40

Der momentanen "State of the art" zum Thema Wissensmanagement ist damit nun abge-schlossen, was nun folgt ist die Vorbereitung zu den Experteninterviews. Damit gemeint ist die Auswahl der Erhebungs- und Forschungsmethode sowie der Stichprobe, die Fragebogenent-wicklung und schlussendlich die Beschreibung der Datenauswertung.

3   Methode der empirischen Analyse

Für ein besseres Leseverständnis wurden die Methoden getrennt von den Ergebnissen und Interpretationen dargestellt. Das nächste Kapitel befasst sich mit der Erhebungs- und Forschungsmethode, die Auslegungen einiger Grundbegriffe der qualitativen Forschung, die Fragebogenentwicklung zu den Experteninterviews und zum Schluss die Beschreibung zur Datenauswertung. Die Ergebnisse und deren Interpretationen der empirischen Studie werden dann im vierten Kapitel beschreiben.

Überlebungsstrategien sichern den Menschen den Fortbestand auf dieser Welt. Um mit der Fülle an verschiedenartigsten Erfahrungen zurechtzukommen, sich in der Welt zurechtzufinden und neue Situationen erfolgreich bewältigen zu können, werden diese Erlebnisse in ein Gesamtweltbild verarbeitet. Dieses variiert jedoch nach sozialem Hintergrund, Kultur, Biographie und dem Einfluss anderer Menschen. Unser Wissen ist also gespickt mit Vorurteilen und Wertevorstellungen sprich subjektiv und voller Gegensätze. Auch in der Wissenschaft wird man mit vielen verschiedenen Informationen konfrontiert und muss deshalb selektionieren, die wissenschaftliche Erkenntnisgewinnung benötigt im Unterschied zum Alltag jedoch ein systematisches und offen gelegtes Vorgehen nach bestimmten Regeln.[128]

Methodische Unterscheidungen zwischen Alltagserfahrungen und wissenschaftlicher Erkenntnisgewinnung bestehen vorwiegend in:
- der systematischen und dokumentierten Vorgehensweise
- der Benutzung von exakten Fachausdrücken
- der Nutzung und Auslegung von Informationen
- der Kontrolle der Gültigkeitskriterien
- der Anwendung von Theorien und Modellen[129]

"Die Wissenschaft ist eine Schöpfung des Menschen und deshalb steht nicht ein für alle Mal von Natur aus fest, durch welche Merkmale sie gekennzeichnet ist, welche Aufgabe sie hat und welche Methode angewendet werden soll. Das Alles muss festgesetzt werden und es lässt sich von keiner Festsetzung beweisen, dass sie die einzig zulässige ist. Es handelt sich um Entscheidungen, für die man Gründe angeben kann, die aber beim Vorliegen anderer Interessen auch anders ausfallen können."[130]

---

[128] vgl. Mayer Horst Otto 2013, S. 7-9
[129] vgl. Bortz Jürgen / Döring Nicola 2006, S. 31
[130] Brezinka 1978 zitiert in: Mayer Horst Otto 2013, S. 9

3.1 Auswahl der Erhebungsmethode

Da konkrete Aussagen über die Problemstellung die Endabsicht war, fiel die Wahl der Erhebungsmethode auf die Verwendung der qualitativen Methode dem "Leitfadengestützte teilstandardisierte Experteninterview". Auf dieser Basis wurde ein Frageleitfaden erarbeitet, der dem Interviewer als Orientierung dient, der Befragte darauf aber völlig frei antworten kann.

Das Experteninterview kann als probates Mittel angesehen werden, obwohl die Terminologie äusserst unpräzise ist. Diese Form der Befragung wird von vielen Forschern benützt, liegt sie doch nahe bei unserer alltäglichen Lebenspraxis: "Jemanden etwas zu fragen, von dem man sich eine adäquate Antwort erhofft (der einem also im trivialen Sinne ein Experte zu sein dünkt), ist in höchstem Masse Teil der "natürlichen" lebensweltlichen Einstellung von Menschen zu und in ihrer Welt. (...) Man möchte als Sozialforscher etwas über einen bestimmten Sachverhalt in dieser Gesellschaft wissen - was liegt da näher, als in der Art und Weise vorzugehen, wie man es als Alltagsmensch doch ständig so erfolgreich praktiziert."[131]

In einer empirischen Studie folgt als erster Schritt die Auswahl der Forschungsmethode, welche nachfolgend erläutert wird.

---

[131] Kühl Stefan / Strodholz Petra / Taffertshofer Andreas 2009, S. 33

3.1.1 Forschungsmethode

Der Forschungsprozess der Arbeit selbst verlief nach dem Modell von Mayer[132].

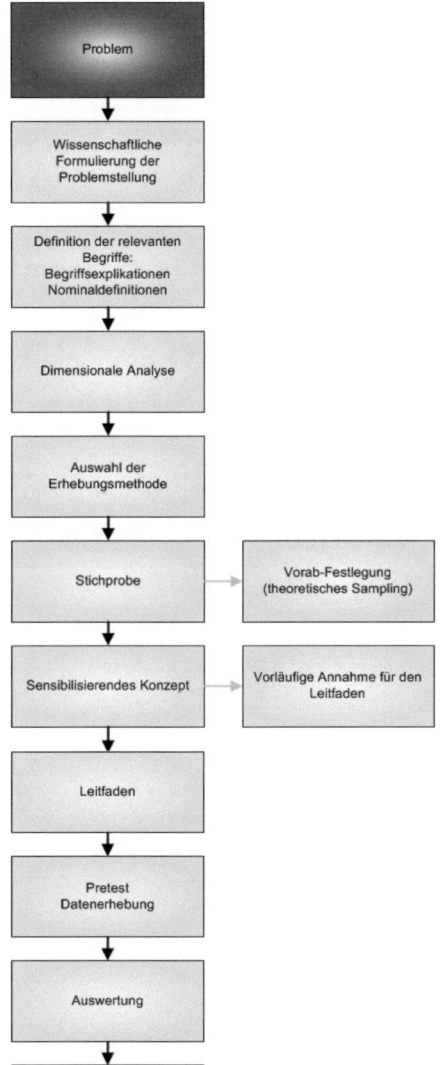

Die ersten vier Schritte (Problem, Fragestellung, Begriffsdefinitionen, Dimensionale Analyse) im Forschungsprozess wurden bereits im ersten und zweiten Kapitel beschrieben, weshalb hier nur kurz darauf eingegangen wird.

Der erste Schritt liegt in der Auswahl des Problems bzw. der Fragestellung, welche dann als Realitätsausschnitt dient.

Als zweiter Schritt wird die Formulierung von der Alltagssprache in eine Wissenschaftssprache übersetzt. Dabei wird die Fragestellung genau definiert (es müssen ja nicht gleich alle Probleme auf einmal gelöst werden) und das Untersuchungskonzept erstellt.

Der dritte Schritt besteht in der Abgrenzung und Erklärung der für die Fragestellung relevanten Begriffe. Da es bei vielen Begriffen mehrere Definitionen und Deutungen gibt, fliesst bei der schlussendlich gewählten Definition auch die Meinung des Forschers ein, was aber durch die Offenlegung unproblematisch erscheint. Damit werden die Nachvollziehbarkeit und ein gemeinsames Verständnis zwischen Forscher und Befragten gewährleistet.

Als vierter Schritt wird die dimensionale Analyse durchgeführt, was eine Aufschlüsselung der theoretischen Begriffe bezeichnet. Damit soll sichergestellt werden, dass alle relevanten Aspekte des theoretischen Begriffs angemessen berücksichtigt wurden.

Abbildung 36: Forschungsprozess nach Mayer Horst Otto 2013, S. 30 und S. 42

---

[132] vgl. Mayer Horst Otto 2013, S. 30-34

3.1.2 Gütekriterien

Die Forschungsmethode, welche zur Klärung der Forschungsfrage dienen soll, muss sich selbst zuerst einer Überprüfung der Gütekriterien stellen. Die Haupt-Gütekriterien der quantitativen Forschung beinhalten ihre Forderung nach der Objektivität (Bestätigbarkeit), Validität (Gültigkeit) und der Reliabilität (Zuverlässigkeit) der Forschungsmethoden.

Die Definitionen zu den verschiedenen Gütekriterien variieren jedoch, weshalb sich diese Arbeit auf die Definitionen des Autors Rauchfleisch abstützt:

- Objektivität bedeutet, dass (vom Untersucher) unabhängige Ergebnisse vorliegen
- Reliabilität behandelt die formale Exaktheit der Merkmalserfassung
- Validität steht für den Grad der Genauigkeit, mit dem der Test dasjenige Merkmal misst, das er auch messen sollte.[133]

Nachfolgend wird erläutert, weshalb sich diese nur bedingt auf die qualitative Forschung übertragen lassen. Gemäss den Autoren Flick et al. gibt es momentan drei Grundpositionen in der Diskussion um die Qualitätskriterien der qualitativen Forschung:

- Quantitative Kriterien für qualitative Forschung:
  Hier werden Merkmale der quantitativen auf die qualitative Forschung übertragen. Das heisst, diese werden neu formuliert und operationalisiert, damit sie für die qualitative Forschung passen.
- Postmoderne Ablehnung von Kriterien:
  Hier werden Qualitätskriterien generell abgelehnt
- Eigene Kriterien qualitativer Forschung:
  Hier wird die methodische Besonderheit qualitativer Forschung als Ausgangspunkt für die Formulierung geeigneter Kriterien genommen. Diskutiert werden z.B.:
  - Kommunikative Validierung: Die Forschungsergebnisse werden den Untersuchten zur Bewertung vorgelegt (Member Check)
  - Triangulation: Einsatz komplementärer Methoden
  - Validierung der Interviewsituation: Die Interviews werden auf ihre Aufrichtigkeit geprüft
  - Authentizität: z.B. Prüfung auf sorgfältigen Umgang der Äusserungen[134]

Die Autoren Flick et al. bewerten die drei Positionen folgendermassen:

- Quantitative Kriterien für qualitative Forschung:
  Quantitative Kriterien wurden für ganz andere Methoden entwickelt und können deshalb kaum mit qualitativer Forschung vereinbart werden.
- Postmoderne Ablehnung von Kriterien:
  Keine Kriterien bergen die Gefahr der Willkürlichkeit und damit deren Aberkennung qualitativer Forschung ausserhalb ihres eigenen engen Kreises.
- Eigene Kriterien qualitativer Forschung:
  Es müssen Kriterien entwickelt werden, die den Grundannahmen der qualitativen Forschung Rechnung tragen. Auf die Verwendung der Begriffe Objektivität, Validität und der Reliabilität sollte bewusst verzichtet werden, da diese unterschiedlich definiert und somit

---

[133] vgl. Rauchfleisch Udo 2005, S. 65-74
[134] vgl. Flick Uwe / von Kardorff Ernst / Steinke Ines 2013, S. 319-321

missverstanden werden können. Favorisiert wird ein Kriterienkatalog, an dem sich die qualitative Forschung orientieren und untersuchungsspezifisch anpassen kann.

- Intersubjektive Nachvollziehbarkeit durch Dokumentation (z.B. der Erhebungsmetho-den, Transkriptionsregeln, Daten, Informationsquellen etc.): Dieses Hauptkriterium dient jedem Betrachter als Möglichkeit zur eigenen Bewertung der Ergebnisse.
- Indikation des Forschungsprozesses: Hier wird die Angemessenheit des gesamten For-schungsprozesses (nicht nur der Erhebungs- und Auswertungsmethoden) beurteilt. Hier werden z.B. das qualitative Vorgehen, die Methodenwahl, die Transkriptionsregeln und die Bewertungskriterien betrachtet.
- Empirische Verankerung: Die Bildung und Überprüfung (Verifikation und Falsifikation) von Theorien sollte in den Daten begründet sein.
- Limitation: Austesten der Grenzen der Verallgemeinerbarkeit.
- Kohärenz: Prüfung der Konsistenz anhand der Offenlegung von Widersprüchen und ungelösten Fragen.
- Relevanz: Bewertung des pragmatischen Nutzens anhand z.B. der Relevanz der Frage-stellung und dem geleisteten Beitrag der Forschung.
- Reflektierte Subjektivität: Hier erfolgt die Prüfung, ob der Forscher als Subjekt, mit sei-nen Forschungsinteressen und Vorannahmen, seine Forschung weitgehend methodisch reflektiert.[135]

In dieser Arbeit wurde versucht, mehrere Kriterien gemäss dem "neuen" Kriterienkatalog zu erfüllen um die Qualität wie auch der Güte und Geltung dieser qualitativen Forschung zu belegen. Als Erhebungsinstrument wurde das teilstandardisierte leitfadenorientierte Experten-interview ausgewählt, welches nachfolgend beschrieben wird.

3.1.3 Das Leitfadeninterview

Die persönliche Befragung ist charakteristisch für qualitative Interviews. Die teilstandardisierte leitfadenorientierte Form des Experteninterviews ist eine Vereinigung aus dem narrativen und dem standardisierten Interview. Das narrative Interview ist ein Erzählverfahren mit einer blossen Themenvorgabe, das standardisierte Interview ist grundsätzlich wiederholbar, da es auf einem strikt vorbereiteten Fragebogen beruht. Beide Verfahren haben ihre Vor- und Nachteile, weshalb die Kombination der beiden in Form der teilstandardisierten Befragung als beste Lösung angesehen wurde:

- Der Interviewer kann auf unverhoffte Gesprächswendungen flexibel reagieren
- Die Gespräche folgen den vorformulierten Fragen, die Fragen/Formulierungen/Nachfragen können jedoch individuell an die Situation angepasst werden.
- der Interviewer kann sich am Fragebogen orientieren, dessen Ablauf er aber nicht strickte befolgen muss.
- Durch den Fragebogen soll auch verhindert werden, dass wichtige Aspekte verloren gehen oder dass die Gesprächspartner abschweifen.
- Die Ergebnisse sind grösstenteils vergleichbar

---

[135] vgl. Flick Uwe / von Kardorff Ernst / Steinke Ines 2013, S. 321-331

- Durch die thematische Einarbeitung in das Thema wird man als kompetenten Gesprächspartner wahrgenommen.

Aus zeitlichen und wirtschaftlichen Gründen wurden die Interviews mittels Telefon durchgeführt. Dieses Medium erlaubt trotz einer gewissen Distanz eine persönliche Befragung sowie Rückfragen oder zusätzliche Erklärungen.

Die Vorgehensweise hat jedoch auch ihre Schattenseiten, welche mit geeigneten Mitteln abzuwenden versucht wurden:

- Aufgrund der einmaligen (persönlichen) Verbindung zwischen Interviewer und Experte können die Antworten nicht verglichen werden. Dieser Kritikpunkt wurde umgegangen, indem:
  - der Interviewer so wenig wie möglich in den Gesprächsablauf eingriff und erst am Schluss ein Feedback abgab.
  - alle Experten die gleichen Unterlagen zugestellt bekamen
  - dank dem teilstandarisierten Fragebogen wurden allen Experten die gleichen Fragen gestellt und dank den Hilfstexten im Fragebogen die gleichen erklärenden Hinweise und Beispiele gegeben.
- Die persönlich mündliche Befragung lässt nur eine begrenzte Anzahl von Experteninterviews zu.
  - Aufgrund des komplexen Themengebiets war die Möglichkeit eines standardisierten Fragebogens über das Internet oder Post nicht gegeben. Die persönliche Befragung erlaubte ein Höchstmass an Verständnissicherheit beim Experten.
- Die Offenheit der Interview-Situation lässt den Experten bei heiklen Fragen eher die Unwahrheit sagen, da sie nicht anonym ist. Die mögliche Antwort-Verfälschung wurde vorgebeugt, indem:
  - die Fragen nicht auf die Persönlichkeit des Experten abzielten
  - gleich zu Beginn eine ansprechende und vertrauensvolle Gesprächssituation geschaffen wurde
  - darauf geachtet wurde, dass der Interviewer wie auch der Experte während der gesamten Interviewdauer alleine war und nicht gestört wurde.
  - die Anonymität in der Auswertung noch vor dem Interview schriftlich zugesichert wurde[136]

Die Autoren Kühl et al. weisen trotz der erkenntnistheoretischen Chancen von Expertengesprächen auch auf zwei Problembereiche hin. Zum einen ist dies die Gratwanderung zwischen Strukturierung und Offenheit indem man z.B. trotz leifadengestützter Interviewführung einen offenen Ablauf des Gesprächs zulässt. Zum anderen eine Trennung des Experten von seiner Person problematisch ist, weil sein exklusives Wissen stets nur über die Person und deren Erfahrungshintergrund zugänglich ist.[137]

[136] vgl. Porst Rolf 2000, S. 123
[137] vgl. Kühl Stefan / Strodholz Petra / Taffertshofer Andreas 2009, S. 54

3.2 Die Stichprobe

Wie bei vielen Untersuchungen war es auch hier nicht möglich, die Grundgesamtheit zu untersuchen, weshalb auf die Form der Stichprobe zurückgegriffen wurde, welche vorgängig bezüglich bestimmter charakteristisch erscheinender Merkmale festgelegt wurde. Die Stichprobe wurde also bewusst ausgewählt und unterliegt keinem Zufallsprinzip. Die Kriterien zur Bildung der Stichprobe ergaben sich aus der Fragestellung der Untersuchung, theoretischen Vorüberlegungen sowie anderen Studien.[138] Die Stichprobe hat in der quantitativen und qualitativen Forschung eine andere Aufgabe. In der quantitativen Forschung steht die Stichprobe für die statistische Repräsentativität (von ihr sollte auf die Grundgesamtheit geschlossen werden können) und soll wenn möglich Einflüsse durch die Forscher kontrollieren, minimieren oder eliminieren. In der qualitativen Forschung steht die Stichprobe jedoch für die Relevanz zum Thema.

Bei der qualitativen Forschung lassen sich vom Typ her zwei Methoden zur Stichprobenbildung differenzieren: die Vorab-Festlegung und das theoretische Sampling. Bei der Vorab-Festlegung wird die Stichprobe vor Beginn der Untersuchung bezüglich bestimmter Merkmale festgelegt. Dieser Typ wird vorwiegend bei konkreten Fragestellungen verwendet. Beim theoretischen Sampling wird die Stichprobe auf der Basis des jeweils erreichten Erkenntnisstandes während der Untersuchung schrittweise erweitert und ergänzt, diese Methode wird meist bei Untersuchungen verwendet, bei denen sich eine genaue Fragestellung erst in ihrem Verlauf bildet sowie der Umfang und die Merkmale der Grundgesamtheit noch weitgehend unbekannt sind.[139]

Bei der Stichprobenbildung für Experteninterviews wurde von einer relativ klaren Fragestellung ausgegangen, weshalb für diese Arbeit die Vorab-Festlegung gewählt wurde.

3.2.1 Experten

Ob jemand als Expertin angesprochen wird, ist in erster Linie abhängig vom jeweiligen Forschungsgegenstand. Der Expertenstatus ist relational und wird in gewisser Weise vom Forscher verliehen, begrenzt auf eine spezifische Fragestellung. Gemäss Meuser und Nagel werden als Experten angesprochen "… wer in irgendeiner Weise Verantwortung trägt für den Entwurf, die Implementierung oder die Kontrolle einer Problemlösung oder wer über einen

---

[138] vgl. Flick Uwe / von Kardorff Ernst / Steinke Ines 2013, S. 287
[139] vgl. Flick Uwe 1991, zitiert in: Mayer Horst Otto 2013, S. 39

privilegierten Zugang zu Informationen über Personengruppen oder Entscheidungsprozesse verfügt".[140]

Es müssen also Eigenschaften definiert werden, welche potentielle Interviewpartner zu erfüllen haben, um sich als Experten zu identifizieren. Um in dieser Arbeit als Experte aufgenommen zu werden, musste dieser selbst Teil des Handlungsfeldes sein und damit über ein abrufbares Wissen verfügen sowie die vordefinierten Kriterien erfüllen.

Für die Exploration wurden die Interviewpartner nach folgenden Kriterien ausgewählt, wovon alle erfüllt sein mussten:

1. swissPRM-Mitglied (ethische Grundsätze, swissPRM steht für Qualität und kundenorientierte Lösungen)
2. im deutschsprachiger Raum aktiv
3. über 10 Jahre tätig als IT-Projekt Ressourcen Manager
4. Klassischer Personalverleiher (Einzelkämpfer und Teams)

Der Experte definiert sich in diesem Kontext durch seine Tätigkeiten und die aus diesen gewonnen exklusiven Erfahrungen und Wissensbestände. Der Fokus des Interviews liegt auf klar definierte Wirklichkeitsausschnitte. Der Experte teilt mit dem Forscher seine Sicht der Dinge aber auch seine Meinung oder Beobachtungen.[141]

Im Rahmen dieser Studie wurden sechs Interviews mit Experten durchgeführt, welche über fundierte praktische Erfahrung im Forschungskomplex verfügten. Diese relativ geringe Anzahl Interviews wurde bewusst gewählt, da der Fokus gezielt auf die Qualität statt Quantität gelegt wurde.

Die Experten wurden vorgängig über das Forschungsthema und der ungefähren Interviewdauer informiert und nach ihrer mündlichen Teilnahmebestätigung schriftlich darüber informiert, dass das Interview:

- auf freiwilliger Basis erfolgt
- mittels einer Tonaufnahme protokolliert wird
- dessen Auswertung anonym erfolgt, es sind keine Rückschlüsse auf Person oder das Unternehmen möglich. Die befragten Experten und deren Firmen werden jedoch namentlich aufgeführt.
- auf der subjektiver Einschätzung des interviewten Experten beruht

---

[140] vgl. Meuser Michael / Nagel Ulrike 1991, S. 443
[141] vgl. Meuser Michael / Nagel Ulrike 1991, S. 444

Das Schriftliche Einverständnis über diese Punkte ist vorhanden, womit die Interviews in dieser Arbeit auch verwendet werden können. Zusammen mit dieser Information wurde auch ausführlich über das Forschungsthema, der Interview-Ablauf und die wichtigsten Begrifflichkeiten aufgeklärt (siehe Anhang 6.3.1 Vorab-Informationen Interview).

Allen teilgenommenen Interviewpartner wurde in Aussicht gestellt, nach Abschluss der Arbeit eine PDF-Version davon zu erhalten. Diese Zusicherung mag den einen angesichts des real erwartbaren Nutzens problematisch erscheinen, war in diesem Fall aber durchaus zweckdienlich. "Zum anderen sind Experten freilich typischerweise auch daran interessiert zu erfahren, wie sich die Situation in anderen Organisationen ausnimmt, die das Forscherteam ebenfalls beforscht hat. (...) vielleicht kann man ja auch die eine oder andere Anregung für das eigene Expertenhandeln aus diesem Feedback mitnehmen."[142]

3.2.2 Feldzugang

Die Firma der Autorin dieser Arbeit ist selber aktives Mitglied von swissPRM, was sich quasi als ersten "door-keeper" erwies und den Feldzugang erleichterte. Da die Autorin selbst jedoch nicht aktiv im swissPRM tätig war, musste zuerst die Forschungs-Person und danach das Anliegen vorgestellt und damit "anschlussfähig" gemacht werden. "Beim ersten Kontakt wird zunächst die grundsätzliche Anschlussfähigkeit geprüft. Es geht dabei um die Frage, ob die erkennbaren Eigenschaften der Personen und ihres Anliegens sowie Aspekte des organisatorischen Umfeldes, aus dem der Forscher stammt, mit örtlichen Weltbildern, Interessen und Abläufen kompatibel sind."[143]

---

[142] Kühl Stefan / Strodholz Petra / Taffertshofer Andreas 2009, S. 46
[143] Flick Uwe / von Kardorff Ernst / Steinke Ines 2013, S. 340

3.2.3 Vorstellung der Interviewpartner (IT Projekt Ressourcen Manager)

Firma	Beschreibung	Interview-Partner
aldoluck AG Gründung: 2003 Interview: 16.05.14	Unser international tätiges Beratungsunternehmen sieht sich als Drehscheibe zwischen Stellenanbieter und den Stellensuchenden.	Herr Aldo Luck Funktion: Geschäftsführer Aufgaben: alles Erfahrung: 10 Jahre
Brine SA Gründung: 1985 Interview: 19.05.14	Wir setzen unsere IT-Ressourcen in Projekten bei Schweizer Grosskunden ein.	Frau Esposito Romy Funktion: Geschäftsführerin Aufgaben: Leitung, Führung, Strategie Erfahrung: 15 Jahre
Freestar Informatik AG Gründung: 1999 Interview: 20.05.14	Durch ein beständiges Wachstum und die Erweiterung unserer Kernkompetenzen ist die Firma seit Jahren mit unterschiedlichen IT-Dienstleistungen in der gesamten Schweiz erfolgreich tätig.	Herr Roger Rindlisbacher Funktion: Geschäftsführer Aufgaben: Leitung, Führung, Strategie Erfahrung: 18 Jahre
Mimacom AG Gründung: 1999 Interview: 16.04.14	Mit integrierten Gesamtlösungen (vom Requirements Engineering über die agile Projektabwicklung bis hin zum Service Management nach ITIL) decken wir den ganzen Software-Life-Cycle ab.	Herr Micha Kiener Funktion: Geschäftsleitung Aufgaben: Customer Services für Consulting, Personalstellung, Wartung Erfahrung: 11 Jahre
Stamford Consultants AG Gründung: 2001 Interview: 21.05.14	Als Spezialist im IT, Finanz- und Life Science Rekrutment decken wir die grössten Bedürfnisse an Spezialisten für den Markt ab und stehen unseren langjährigen Partnern beratend zur Seite.	Frau Nicole Grünenfelder Funktion: Chief Operating Officer Aufgaben: Akquisitionen im HR Service Bereich, Kundenberatungen für den Rekrutierungsbereich uvm. Erfahrung: 14 Jahre
we make it GmbH Gründung: 2003 Interview: 08.05.14	Ein national in der Schweiz agierendes Unternehmen, welches dank langjähriger Erfahrung über eine hohe Kompetenz in IT- und Personaldienstleistungen verfügt.	Herr André Amstadt Funktion: Inhaber und CIO, VR-Präsident Aufgaben: alles Erfahrung: 11 Jahre

Tabelle 13: Interview-Partner

3.3 Sensibilisierendes Konzept

Als Grundlage für die Entwicklung des Leitfadens gilt es ein sensibilisierendes Konzept zu entwickeln. Der zu behandelnde Realitätsausschnitt (Problem) sollte umfassend und von allen Seiten betrachtet werden. Ausgehend von der Problemstellung, Vorüberlegungen und anderen Untersuchungen wird ein Konzept entwickelt, welches eine Vorstellung davon gibt, worauf im

Forschungsprozess geachtet werden soll. Dieses Konzept wirft meistens mehr Fragen auf als es klärt und regt somit zu Fragen und der Suche nach Antworten an.[144]

Beim Experteninterview sollte eine zu detaillierte Ausarbeitung des Leitfadens vermieden werden, da sonst ein "blosses Abarbeiten/Abhacken" der Fragen provoziert wird, was zu weniger Informationen führt.

3.4 Leitfaden

Bei der Entwicklung des Fragebogens stellte sich als erstes die Frage nach dem Ziel, was hier in der Beantwortung der Fragestellung lag. Eine Befragung, ohne das Ziel genau zu wissen, wird eine wahllose Befragung. Die Konzipierung des Leitfadens orientiert sich an der Fragestellung, wenn diese omnipräsent ist und man sich strikte daran hält, vermeidet man einen zu langen Fragebogen. Eine zu grosse Datenmenge ist kaum noch innert nützlicher Frist seriös zu bewältigen.

Ein Fragebogen gliedert sich vornehmlich in thematischen Einheiten wie auch weiteren Unterthemen. Die Schwerpunkte stellen Beobachtungsdimensionen dar, die unter besonderer Aufmerksamkeit stehen.

Die Gruppierungen innerhalb des Leitfadens gründeten in der Annahme, dass bereits während der Interviewsituation eine einheitliche und somit vergleichbare formale Grundstruktur vorhanden sein sollte. Es handelt sich hierbei um Strukturen, die nicht inhaltlich gebunden sind, sondern die allein die formale Trennung von Textelementen beinhalten.[145]

In Anlehnung an die sechs Interventionsebenen aus Kapitel 2.1 wurde der Fragebogen folgendermassen gegliedert:

- Einleitungsfragen:
  - Fragen zur Person (um Expertenstatus zu belegen)
  - Fragen zur Firma
  - Fragen zu den eingesetzten Externen
- Rahmenbedingungen (Strategie, Organisation, Unternehmenskultur, Technologie, Wissensbasis)
- Fragen zu Wissensverteilung (Personelle Ebene)
- Fragen zu Wissensnutzung (Personelle Ebene)

---

[144] vgl. Mayer Horst Otto 2013, S. 43
[145] vgl. Schütze 1977, zitiert in: Mühlefeld et al. 1981, S. 332

Der erste Frageteil diente der Einordnung des Experten und dessen Firma. Die Fragen bei den drei letzten Themenkomplexen sind das Resultat der theoretisch-wissenschaftlichen Vorüberlegung bzw. wurden grösstenteils aus der gefundenen Literatur zu den Themen Wissensverteilung und -nutzung aufgebaut. Mit diesem Vorgehen im Aufbau des Leitfadens sollte die spätere Auswertung der Interviews erleichtert werden. "Sowohl in der Erhebungssituation als auch bei der Auswertung des Datenmaterials hilft die Geordnetheit der Themen, vergleichend zu interpretieren und die Vielfalt der Informationen in Typiken zu kondensieren."[146]

Die Fragetechniken im Leitfaden bestehen aus geschlossenen, offenen wie auch halboffenen Fragen. Für die geschlossene Frage ist charakteristisch dass sich der Befragte zwischen bereits definierten Antworten entscheiden muss. Bei der offenen Frage sind keine Vorgaben vorhanden, wie die Antwort aussehen soll. Eine Mischform der offenen und geschlossenen Fragetechnik ist die halboffene Frage, hier hat es sowohl einen bereits definierten Antwortkatalog wie auch eine Möglichkeit zur offenen Beantwortung der Frage.

3.5 Pretest / Datenerhebung

Vor Beginn der eigentlichen Befragung wurde der Leitfaden mittels Probeinterviews getestet, deren Ergebnisse jedoch nicht in die Auswertung einbezogen wurden. Problematische, zu komplexe oder unverständliche Formulierungen wie auch nicht eindeutige oder unvollständige Antwortvorgaben können dabei erkannt und verbessert werden. Aufgetauchte Themenkomplexe, welche noch nicht ausreichend berücksichtig wurden, konnten somit noch eingebaut werden.[147] Zudem konnte mit dem Pretest die ungefähre Befragungsdauer zuverlässig ermittelt werden.

Der Ablauf eines Interviews gestaltete sich anhand nachfolgenden Rahmens:
- Erstkontakt: Vorstellung des Forschungsthemas mit mündlichem Einverständnis und genauer Definierung des Interview-Termins
- Zweitkontakt: Schriftliche Information über das Forschungsthema, den Interview-Ablauf und die wichtigsten Begrifflichkeiten
- Autor erhält das schriftliche Einverständnis zusammen mit einem Firmen-Organigramm
- Drittkontakt: Durchführung des telefonischen Interviews mit anschliessender Mail-Zusendung der Wissensmanagement-Instrumente
- Im Anschluss an das Interview füllt der Experte die Tabelle der möglichen Wissensmanagement-Instrumente aus und sendet diese dem Autor zurück.

---

[146] Kühl Stefan / Strodholz Petra / Taffertshofer Andreas 2009, S. 53
[147] vgl. Mayer Horst Otto 2013, S. 45

104

3.6 Datenauswertung (Analyse der Experten-Interviews)

In der Auswertung ging es darum, entsprechende Wissens- und Handlungsstrukturen, Einstellungen und Prinzipen theoretisch zu generalisieren, Aussagen über Eigenschaften, Konzepte und Kategorien zu treffen, die den Anspruch auf Geltung auch für homologe Handlungssysteme behaupten können bzw. einen solchen theoretisch behaupteten Anspruch bestätigen oder falsifizieren.[148]

Das Ziel bei der Auswertung der Experten-Interviews liegt im Vergleich der erhobenen Interviews das Überindividuell-Gemeinsame herauszuarbeiten. Die Experten werden als Repräsentanten ihrer "Zunft" behandelt, die Texte des Aggregats werden zum Objekt der Interpretation gemacht. Die Meinung eines einzelnen Experten kann von anderen Experten geteilt werden oder aber alleine dastehen, beim thematischen Vergleich werden diese Gemeinsamkeiten oder Unterschiede festgestellt und durch typische Äusserungen dokumentiert.[149]

Als nächstes gilt es unter den vielen verschiedenen Auswertungstechniken für qualitative Interviews die geeignetste herauszufinden. Welche Auswertungsmethode schlussendlich gewählt wird, hängt ab von der Zielsetzung und der Fragestellung und nicht zuletzt davon, wie viel Geld, Zeit und personelle Arbeitskraft-Ressourcen dafür zur Verfügung stehen.

Als praktikabelste Methode für diese Arbeit wurde das sechsstufige Verfahren nach Mühlefeld et al. ausgewählt. Diese eher pragmatische Methode zeichnet sich durch das Aufteilen in einzelne Segmente aus, so wird sie zeitlich weniger aufwendig und trotzdem bleibt das Vorgehen methodisch nachvollziehbar. Mühlefeld et al. weisen aber darauf hin, "dass sich eine Interpretation nicht mit einem "Durchgang" durch das Material (...) begnügen kann, insbesondere dann nicht, wenn der Schritt von der Einzelanalyse zu einer Gesamtanalyse getan wird. Die Konstruktion von Mustern aus Gemeinsamkeiten, Unterschieden, tendenziellen Analogien erfordert weitere theoretische und textgebundene Arbeitsschritte, um zu einer theoretisch wie empirisch abgesicherten Darstellung und Interpretation der Ergebnisse zu gelangen."[150] Gemäss den Autoren Mühlefeld et al. fusst die Auswertung auf den Leitfragen des Fragebogens. Zentral dabei war die Identifizierung der Problembereiche zu den einzelnen Fragen und nicht jeder Satz so detailliert wie möglich darzulegen.[151]

---

[148] vgl. Meuser Michael / Nagel Ulrike 1991, S. 447
[149] vgl. Meuser Michael / Nagel Ulrike 1991, S. 452
[150] Mühlefeld et al. 1981, S. 334
[151] vgl. Mühlefeld et al. 1981, S. 335-336

Nach den Autoren Meuser und Nagel wurde auf das Notieren von Pausen, Stimmlagen und sonstigen parasprachlichen Elementen verzichtet, enthalten ist lediglich der Inhalt der Gespräche. "Da es bei Experteninterviews um gemeinsam geteiltes Wissen geht, halten wir aufwendige Notationssysteme, wie sie bei narrativen Interviews oder konversationsanalytischen Auswertungen unvermeidlich sind, für überflüssig."[152]

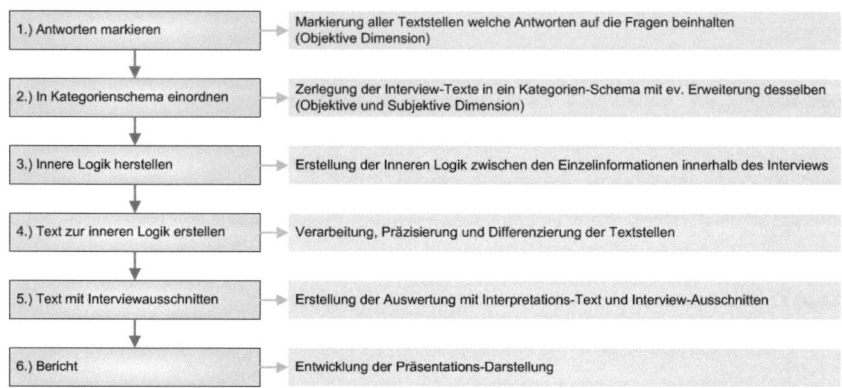

Abbildung 37: Auswertungsmethode nach Mühlefeld et al. 1981[153]

"Dieses Muster hat sich insofern als effektiv erwiesen, als es 1. zu mehrmaligem genauem Durchlesen zwingt, und 2. die gesamte Transkription so lange wie möglich erhalten bleibt und damit für die Einordnung bisher unberücksichtigter oder die Interpretation falsifizierender Passagen offen bleibt. Dies hat sich auch praktisch bewährt, weil die Interpretation in Einzelfällen durch die Berücksichtigung wider- sprechender Textstellen revidiert werden musste."[154]

Das Ziel dieser Methode ist eine Reduktion des Datenmaterials ohne grössere Verluste, qualitative Abstriche oder Verzerrungen des wesentlichen Inhalts. Durch die Gruppierung soll ein überschaubares Gerüst aufgebaut werden, das jedoch immer noch die massgebenden Inhalte des ursprünglichen Datenmaterials wiedergibt.

Als Grundlage zur Auswertung dienten die selektiv transkribierten Audioaufnahmen der Interviews. Dabei ist jedoch zu beachten, dass es keine eindeutige Interpretation von Texten gibt. Jeder Text steht einer Anzahl konkurrierender Deutungen offen.

---

[152] vgl. Meuser Michael / Nagel Ulrike 1991, S. 445
[153] vgl. Mühlefeld et al. 1981, S. 336-338
[154] Mühlefeld et al. 1981, S. 336

Beim ersten Durchlesen wurden aus dem Rohmaterial nun diejenigen Textstellen markiert, welche für die Forschungsfragen bedeutend sind. Die Bildung von Auswertungskategorien bzw. inhaltliche Verschlagwortung soll nahe am Material heraus entwickelt werden.[155] In dieser Arbeit bestimmte mehrheitlich der Leitfaden das Kategoriensystem, da dessen Aufbau mit diesem Hintergrundwissen erstellt wurde. Die meisten der Interview-Antworten wurden direkt neben den Leitfadenthemen eingegliedert. Vor allem jedoch die Schlussfragen wurden offen gestaltet, was einer nochmaligen Verschlagwortung bedurfte. "Interviews, die leitfadennah verlaufen, ergeben in der Regel einen Text, dessen Passagen jeweils auf ein Thema konzentriert sind. Interviews, in denen die Relevanzstrukturen der Interviewten den Diskurs bestimmen - und das sind die ergiebigeren - zeichnen sich durch eine vielschichtige Verzahnung von Themen aus. In diesem Fall ist es vielfach notwendig, dass einzelne Passagen mehreren Überschriften zugeordnet werden."[156]

Beim zweiten Durchlesen wurden die markierten Passagen anschliessend der passenden Kategorie zugeordnet. Die Offenheit des Kategoriensystems führte auch zu Bildung von neuen oder besser passenden Kategorien, was zu einem nochmaligen Durchgehen der bereits bearbeiteten Interviews führte. Erst nach diesem Schritt wurde diese innere Logik schriftlich niedergeschrieben.

Beim dritten Durchlesen wurden die markierten Textstellen miteinander verglichen und so versucht, die innere Logik zwischen den Markierungen herzustellen. Bei Wiederholungen der Textpassagen wurde jeweils nur die aussagekräftigste beachtet.

Anschliessend wurde der Auswertungstext mit den Interviewausschnitten erstellt, wobei dieser beim vierten Durchlesen mit dem transkribierten Text verglichen wurde.

Der letzte Schritt enthält keine inhaltlichen oder interpretatorischen Änderungen mehr, es erfolgt ausschliesslich die Präsentationserstellung.

Mit diesem Kapitel wurde die Basis für die Interviews gelegt, deren Ergebnisse und Interpretationen im nächsten Abschnitt beschrieben werden.

---

[155] vgl. Flick Uwe / von Kardorff Ernst / Steinke Ines 2013, S. 448
[156] Meuser Michael / Nagel Ulrike 1991, S. 458

4 Ergebnisse und Interpretation

Der erste Teil dieses Kapitels enthält ausführliche Darstellungen der wichtigsten Ergebnisse und deren Interpretationen. Für ein besseres Leseverständnis werden jeweils zuerst die Ergebnisse beschrieben und nachfolgend die Interpretationen dazu dargestellt. Der zweite Teil des Abschnitts umfasst die Erstellung eines Grobkonzepts zum Aufbau eines Wissenstools.

Die theoretisch und wissenschaftlichen Recherchen und Analysen wurden mit Expertenmeinungen überprüft und ergänzt. Zwischen April und Mai 2014 wurden gezielt 6 Experteninterviews durchgeführt, wobei neben der Untersuchung der Barrieren und deren Vorkommenshäufigkeit auch aktuelle Chancen, Risiken und Zukunftsmöglichkeiten im Bereich Wissensmanagement aufgenommen wurden. Diese abschliessenden Fragen hatten reinen Informationswert und gehörten nicht zum eigentlichen Interview. Sie fliessen trotzdem in diese Arbeit ein, da daraus interessante Anhaltspunkte entstanden, wohin gemäss der Experten-Meinungen die Zukunft im Wissensmanagement liegt.

Das schriftliche Einverständnis der Experten zum Experteninterview liegt von allen vor. Mit ausdrücklichem Einverständnis wurden jedes Interview mittels einer Tonaufnahme protokolliert, parallel dazu wurden vom Interviewer stichwortartige Notizen auf dem PC gemacht. Aufgrund technischer Probleme liegt von einem Interview nur eine minderwertige Aufnahme vor, welche jedoch für die Auswertung ausreichte. Die Tonbandaufzeichnungen der Interviews bilden die Grundlage für die Auswertung und stehen für eine Überprüfung zur Verfügung.

Um möglichst wahrheitsgetreue Antworten von den Experten auf die Fragen zu erhalten, wurden die Antworten anonymisiert, womit das Zuordnen der Antworten zu einer Person verunmöglicht wurde. Die Zuordnung der verschiedenen Datensätze untereinander jedoch wurde beibehalten. Die Namen der im Kapitel 3.2.3 interviewten Firmen und Experten wurden im Bericht als Buchstaben dargestellt, was eine Identifizierung verunmöglicht. Persönliche oder firmenbezogene Aussagen der Experten wurden ebenso anonymisiert, was eine Zuordnung zu einer bestimmten Person oder Firma verhindert.

4.1 Bericht (Konsolidierung und Beurteilung)

Anhand der Fragebogenkapitel gliedert sich auch deren Auswertung, sie beginnt mit den allgemeinen Firmeninformationen, gefolgt von Mitarbeiter-Informationen und Rahmenbedingungen, der Hauptteil besteht aus den Barrieren zu Wissensverteilung und Wissensnutzung und das Ende bilden die abschliessenden Fragen sowie die Auswertung der Wissensmanagement-Tools in der Praxis.

Trotz der Ambition auf Vergleichbarkeit waren die Interviews in der Dauer und Intensität unterschiedlich. Die Interview-Dauer belief sich auf Durchschnittlich 70 Minuten, wobei das Minimum bei 50 Minuten und das Maximum bei 81 Minuten lagen.

Eine allgemeine Aussage über die erhaltenen Informationen ist schwierig, die einzige Gewissheit liegt darin, dass Wissensmanagement tief in der Psyche und Handlungen der Unternehmen und Personen wurzelt.

4.1.1 Firmen-Informationen

Die untersuchten Firmen sind alle im Projekt Ressourcen Management tätig, die Verleihung von hochspezialisierten Personen ist das Hauptmerkmal dieser Branche. Eine der Firmen hat einen hohen Anteil von SAP-Beratern, historisch bedingt sind diese Spezialisten viel offener, teilungsfreudiger und lernbegieriger als die restlichen Informatiker. Bei einigen Punkten gab dies in der Beurteilung durch den Experten zwei Bewertungen, wobei dann nur diejenige der übrigen Informatiker in die Bewertung einfloss.

Das Firmenalter betrug durchschnittlich 15.5 Jahre, die jüngste bestand seit 11 und die älteste Firma seit 28 Jahren.

4.1.2 Mitarbeiter-Informationen

Mitarbeiter	Ø Anzahl	Ø in %	Minimum in %	Maximum in %
Interne	17.33	15.7%	8.9%	30.9%
Externe	93.33	84.3%	69.1%	91.1%

IT-Gebiete	Ø Anzahl	Ø in %	Minimum in %	Maximum in %
Projektmanagement	41.50	44.5%	6.0%	80.0%
Software-Entwicklung und -Test	20.20	18.0%	0.0%	0.0%
Betrieb	29.00	25.9%	6.9%	86.8%
anderes	65.00	11.6%	11.6%	11.6%

Anmerkung: bei einer Firma waren 80% der Leute im SAP-Bereich tätig, welche dem Projektmanagement zugeordnet wurden

Berufserfahrung	Ø Anzahl	Ø in %	Minimum in %	Maximum in %
Junior	10.67	5.7%	5.6%	56.0%
Professional	42.30	37.8%	10.5%	80.0%
Senior	57.42	61.5%	20.0%	100.0%

Anmerkung: die Junior-Gruppe ist deshalb ungewöhnlich hoch, da eine der Firmen ein Nachwuchsförderungs-Programm unterhält, ohne diese beliefen sich die Juniors auf durchschnittliche Anzahl von 4.

Geschlecht	Ø Anzahl	Ø in %	Minimum in %	Maximum in %
Männlich	55.70	84.4%	55.6%	100.0%
Weiblich	10.30	15.6%	0.0%	44.4%

Alter	
Durchschnittsalter	39
Der jüngste Mitarbeiter:	20
Der älteste Mitarbeiter:	68

Tabelle 14: Mitarbeiter-Informationen der untersuchten Firmen, eigene Aufbereitung

Die Externen Personen arbeiten bei drei der Firmen alle als Einzelkämpfer bei den Kunden, bei einer Organisation lag das Verhältnis gemischt und bei einer kamen fast nur Gruppen vor. Dies ist insofern bei der Beurteilung der Barrieren wichtig.

Die durchschnittliche Mandatsdauer betrug 14.33 Monate, wobei das Minimum bei 6 und das Maximum bei 24 Monaten lagen.

4.1.3 Rahmenbedingungen

Wissensfördernde Rahmenbedingungen sind wichtige Voraussetzungen damit Lernprozesse möglich und Wissen verfügbar ist.

4.1.3.1 Abrupte Veränderungen in der Unternehmensstruktur

Eine Bedrohung für effektive Wissensverteilung geht von abrupten Veränderungen (z.B. Reorganisationen, übermässiges Wachstum, Schrumpfung, Zusammenschlüsse etc.) in der Unternehmensstruktur aus. Dabei können Verteilungskanäle unterbrechen und den Aufbau neuer Infrastrukturen nötig machen.[157] Bei der Wissensnutzung können die gleichen Phänomene für Know-how-Verlust sorgen.

Ergebnisse:

---

[157] vgl. Probst Gilbert / Raub Steffen / Romhardt Kai 2012, S. 149

Die Fluktuation lag bei durchschnittlich 15% damit für den Personalverleih im Normalbereich. Bei allen Firmen gab es überdies keine abrupten Veränderungen in den letzten zwei Jahren.

Die Berechnung der durchschnittlichen Fluktuation ist im Personalverleih extrem schwierig, weil es keine einheitliche Datenbasis gibt. So sind im Verband swissPRM-Mitgliedsfirmen, welche ihre externen Mitarbeiter miteinbeziehen, während andere ihre externen Mitarbeiter nur als Produktionsfaktor betrachten und sie folgerichtig nicht als Firmenpersonal in der Fluktuationsbetrachtung mitberücksichtigen. Als langjähriges Vorstandmitglied, Präsident und aktueller Vize-Präsident von swissPRM, schätzt Herr Schildknecht Jörg die durchschnittliche Fluktuation zwischen 15-20% für Organisationen, die ihre Mitarbeiter langfristig einsetzen wollen und bis 50% bei solchen Mitgliedern, die vorwiegend im temporären Business tätig sind.

Interpretation:
Externe Informatiker arbeiten immer wieder in verschiedenen Projekten und Organisationen. Sie sind es damit gewohnt, sich immer wieder aufs Neue Informations- und Verteilungskanäle zu suchen und zu bilden. Da es keine sprunghaften Veränderungen bei den Firmen gab, können die ermittelten Daten als "Normalzustand" angesehen werden.

4.1.3.2 Strategie

Wissensprozesse können häufig nicht direkt vom Management gelenkt werden, weshalb günstige Rahmenbedingungen wesentlich sind. Das Mitteilen von Wissen kann nicht erzwungen werden, jedoch wird oft durch die Schaffung geeigneter Infrastrukturen ein Teilungsprozess überhaupt erst ermöglicht.[158]

Ergebnisse:
Auf die Frage " Wie wird heute die Wissens(ver)teilung und Wissensnutzung gehandhabt? Gibt es bereits Leitplanken dazu?" antworteten drei mit ja, die andere Hälfte mit Nein. Richtlinien benutzten zwei der Firmen, wobei Firma C den Wissenstransfer explizit niedergeschrieben hat, Firma F benützt ebenfalls Richtlinien, sie werden aber gemäss eigenen Aussagen nicht konsequent durchgesetzt. Andere Lösungen bestehen bei drei der Firmen:

- Firma A hat dafür institutionelle Gefässe entwickelt wie z.B. monatliche Treffen der Fachbereiche oder auch auf Firmeneben, lockere monatliche Brunchs. Zudem wurden personenbezogene Kompetenzzentren errichtet, so das Speziallistenwissen für alle sichtbar und abholbar wurde.
- Bei Firmen B wird das den Kunden überlassen bzw. von denen übernommen.
- Die Lösung der Firma C schaut so aus, dass jedem Mitarbeiter ein Coach zugewiesen ist, der die Regeln und Weisungen mündlich weitergibt.

---

[158] vgl. Probst Gilbert / Raub Steffen / Romhardt Kai 2012, S. 156

Bei zwei der Firmen bestehen neben den schriftlichen Leitplanken auch noch implizite Verhaltencodes z.B. durch Förderung des Wissensaustauschs innerhalb der Projekte.

Interpretation:
Die bestehenden Organisationsstrukturen sind meistens nicht optimal an die Wissensverteilung und -nutzung ausgestaltet, schlechtestenfalls bremsen sie diese sogar. Die Unterstützung und indirekte Steuerung durch Leitplanken, Informationsgefässe oder Netzwerken bietet eine gute Grundlage zur Wissensverteilung und -nutzung.

4.1.3.3 Führung

Die Führung muss die Anwendung des Neuen unterstützen und die Bereitschaft zur Verteilung und Nutzung von Wissen auf individueller und kollektiver Ebene fördern.[159] Starke Barrieren sind mangelnde Kommunikation und Transparenz bezüglich Abläufe, Möglichkeiten und Anforderungen sowie fehlendes Engagement der Führungsebene.[160] "Die Wertschätzung und die Würdigung der intrinsischen Motivation und der Teilnahme am Wissensmanagementprozess durch höhergestellte Personen sind weitere Faktoren, die die intrinsische Motivation erhöhen können."[161]

Ergebnisse:
Erfreulicherweise lebt bei allen Firmen die Führung die vorhandenen Grundsätze vor. Optimierungspotential erkannte die Hälfte der Firmen, wobei die Gebiete sehr unterschiedlich waren:
- A: "das Rad nicht neu erfinden" (zwischen den Abteilungen, auch international)
- C: "Durch Meetings die Beteiligung fördern, diese ist sehr persönlich, manchmal muss man sie zwingen dazu."
- E: "Gruppierung, ev. wenn man gleiche Leute zusammenfasst und bündelt. Differenzierung zwischen einzelnen Verliehenen und Teams mehr beachten."

In der Metaanalyse von Qattawi fanden sich Führungsbarrieren wie Formulierungs- und Strukturierungsprobleme (21%), Kosten für Wissensmanagement (17%), Probleme in der Erfassung impliziten Wissens (8,3%) eher auf den tieferen Rängen.[162]

Interpretation:
Eine Förderung der Wissensverteilung und -nutzung durch die Führung und der Arbeitskollegen unterstützt eine Teilungs- und Nutzungs-Kultur. Wenn diese Werte echt gelebt werden und die Mitarbeiter merken, dass man dahinter steht, erhöht sich dadurch auch die noch so minimste bestehende Bereitschaft der Mitarbeiter.

---

[159] vgl. Probst Gilbert / Raub Steffen / Romhardt Kai 2012, S. 185
[160] vgl. Qattawi Lisa 2006, S. 117
[161] Vgl. Bendt 2000, zitiert in: Qattawi Lisa 2006, S. 150
[162] vgl. Qattawi Lisa 2006, S. 186

4.1.3.4 Verhalten

Wissensorientierte Anreizmechanismen können eine verbesserte Wissensverteilung fördern, bergen jedoch auch Nachteile, weshalb deren Einsatz in der Forschung unterschiedlich betrachtet wird. "Das bewährte Instrumentarium zur Aktivierung der Mitarbeiter umfasst das Einkommen, Aufgabeninhalte, Organisation im Sinne von Struktur und Regeln, Ressourcenverteilung, Kompetenzzuweisung, Führung, Informations- und Kommunikationsverhalten, sowie Karriereaussichten und lässt sich bei Wissensmanagementaktivitäten ebenso anwenden, wie bei allen anderen Arbeitstätigkeiten. (...) Jedes Unternehmen muss dabei für sich aufschlüsseln, über welche Instrumente es verfügt und welche in ihrer Anwendung Sinn machen."[163]

"Als geeignetes Konzept schlägt Bendt dazu das Führungskonzept der prozessualen Gerechtigkeit vor. (...) Es wird argumentiert, dass die Mitarbeiter, wenn sie die strategischen Entscheidungsprozesse als gerecht empfinden, einen höheren Level an freiwilliger Kooperation aufweisen, da aus der empfundenen Transparenz Vertrauen entsteht, welches wiederum das Engagement erhöht."[164]

"Gewohnte Belohnungssysteme müssen ebenfalls umstrukturiert werden, denn wenn das gewohnte Verhalten weiterhin honoriert wird, kann nicht davon ausgegangen werden, dass die Mitarbeiter die gewünschte Verhaltensänderung vollziehen."[165]

Ergebnisse:
Bei allen Firmen wird die Umsetzung der Wissensverteilung nicht gemessen. Bei einer Firma wird z.T. der Wissenstransfer extrinsisch honoriert indem z.B. Updates Bonusrelevant werden können. Eine intrinsische Honorierung verfolgen drei der Firmen, die Externen erfahren z.B. Wertschätzung wenn der Wissenstransfer bemerkt wird.

Auch die Wissensnutzung wird bei allen Firmen nicht gemessen. Bei drei der Firmen wird die Wissensnutzung und dadurch besserer Leistungen extrinsisch durch Salär-Anpassungen honoriert. Bei vier der Firmen erfolgt eine intrinsische Honorierung mittels Wertschätzung, bei einer nicht systematisch und bei einer überhaupt nicht.

Interpretation:
Die Messung und Bewertung von Wissensverteilung und -nutzung ist in der Praxis kaum vertreten und wenn, dann nur sehr individuell (Kapitel 2.4.4).

---

[163] Fank et al. 2002, zitiert in: Qattawi Lisa 2006, S. 115
[164] Bendt 2000, zitiert in: Qattawi Lisa 2006, S. 150
[165] Schüppel 1996, zitiert in: Qattawi Lisa 2006, S. 150

Um diesen Weg zu verlassen böte es sich allenfalls an, die Zielsetzung anhand eines adaptierten Management-by-Objectives-Ansatzes einzuführen. Neben den traditionellen Leistungszielen (Finanz etc.) könnten zusätzliche Wissensziele definiert werden, welche den Erwerb und die Erweiterung persönlicher Fähigkeiten messen und bewerten würden. Auch könnte ein Einbau in die periodisch stattfinden Mitarbeitergespräch oder -beurteilungen stattfinden, z.B. mit zusätzlichen Fragen zum Umgang mit Wissen und damit eine langfristige Sichtweise auf die Themen Wissensentwicklung, -verteilung und -nutzung aufzubauen.[166]

In der Organisation HP werden beispielsweise Wissensziele in die Mitarbeiterzielvereinbarungen integriert, welche mit dem Belohnungssystem gekoppelt sind. Gemäss der Autorin Gobi honoriert HP Leistungen, die über die vereinbarten Ziele hinausgehen.[167]

4.1.3.5 Kultur

Eine echte gelebte Wissenskultur harmonisiert und unterstützt die Wissensverteilungsmethoden und stellt eine offenkundige Verbindung zu den Geschäftszielen und -ergebnissen dar. Die Wissensverteilungsmethoden wurden an bereits bestehende Grundwerte (Annahmen und Überzeugungen) verknüpft, damit diese sich in den Arbeitsalltag integrieren und damit festigen können. Eine gefestigte Wissenskultur, welche nicht nur in Hochglanzbroschüren zu finden ist sondern von Mitarbeitern getragen wird, welche von den Werten und Grundsätzen überzeugt sind, stellt einen Grundpfeiler eines funktionierendes Wissensmanagement dar.[168]

Die prägnantesten Kulturfaktoren in Bezug auf Wissensmanagement werden nachfolgend kurz vorgestellt.

Vertrauen, Offenheit, Lernbereitschaft
Vertrauen und Offenheit bilden die Grundpfeiler in der Kultur, darauf aufbauend entwickelt sich dann die Lernbereitschaft. Wenn eine offene und vertrauensvolle Kultur gelebt wird, dann sind die Menschen auch fähig und willens, offen und transparent Wissen (nicht nur Informationen) zu verteilen oder zu nutzen.

Autonomes Handeln
Kreativität kann nicht auf Knopfdruck aktiviert werden, weshalb ein möglichst autonomes Handeln in der jeweiligen Arbeitstätigkeit (z.B. durch Selbstkontrolle, Flexible Arbeitszeiten, Zeiteinteilung, Terminverwaltung) von Vorteil ist.

Fehlertoleranz, Kritikfähigkeit, Feedback/Rückmeldungen

---

[166] vgl. North Klaus 2011, S. 159
[167] vgl. Gobi Birgit 2014, S. 28-29
[168] vgl. Qattawi Lisa 2006, S. 109

114

Angst kann ungeahnte Reserven mobilisieren oder lähmen, in unserer hochentwickelten Gesellschaft ist meistens das zweite der Fall. Wenn Organisationen ein angstfreies Umfeld erschaffen, in dem Fehler entdeckt und rasch korrigiert werden können, legt das die Basis für eine hohe Beteiligungsquote in der Wissensverteilung und -nutzung. Wertschätzung und Leistung anerkennen (Kritik/Feedback) und zeigen, dass selbst Führungskräfte Fehler machen, zeugen von einem zielführenden Klima gegenseitiger Hochachtung.

„Eine lebendige Unternehmenskultur kann dazu beitragen, Kommunikationsbarrieren abzubauen und wechselseitiges Vertrauen zu schaffen. Nur wenn Informationen weitergegeben und Entscheidungsprozesse transparent gemacht werden, kann sich eine Atmosphäre entwickeln, die einen angstfreien Austausch von Meinungen und Ideen möglich macht."[169]

Umgang mit Nichtwissen
Eine Umgebung in welcher sich Menschen gegenseitig helfen und in der Netzwerke zwischen den Mitarbeitern und auch ausserhalb explizit erwünscht sind führt dazu, dass Mitarbeiter sich im Bedarfsfall auch selber zu helfen wissen bzw. wissen, an wen sie sich wenden müssen.

Ergebnisse:
Bei diesem Punkt wurden die Experten befragt, wie aus ihrer Sicht die Unternehmenskultur bei den Externen angekommen ist.

Unternehmenskultur	Ø aller Firmen Skala 1-6	Einzelne Firmen					
		A	B	C	D	E	F
Vertrauen	5.3	6	5	5	5	5	6
Offenheit	5.7	6	6	6	6	5	5
Lernbereitschaft	4.7	6	3	4	5	6	4
Fehlertoleranz	5.0	5	5	5	5	N	5
Feedback/Rückmeldungen	4.7	5	5	5	5	5	3
Kritikfähigkeit	4.8	5	4	5	5	5	5
Autonomes Handeln	5.2	5	5	5	5	6	5
Umgang mit Nichtwissen (Mangelnde Kompetenz oder Bereitschaft zu Lernen und Veränderungen?)	4.4	5	3	5	5	N	4

Tabelle 15: angenommene Unternehmenskultur (1: sehr schlecht - 6: sehr gut), eigene Aufbereitung

Die tiefsten Werte liegen bei Lernbereitschaft, Kritikfähigkeit, Feedback/Rückmeldungen und Umgang mit Nichtwissen. Jedoch sahen nur zwei der Firmen Verbesserungsmöglichkeiten. Optimierungspotential sah Firma D " immer dran bleiben, hinterfragen. Durchführung von Effizienzmeetings" sowie ein typisches Problem bei Externen aus der Sicht der Firma E: "sie von Anfang an darauf hinweisen das sie ihre Fähigkeiten zur Verfügung stellen und dann regelmässig nachfassen".

---

[169] Fehlau 1997 zitiert in: Qattawi Lisa 2006, S. 140

Interpretation:

Ein entscheidendes Element im Wissensmanagement ist die Kultur, mit ihr steht und fällt eigentlich alles. Die Wettbewerbsfähigkeit einer Organisation wird stark beeinflusst, ob und wie schnell Mitarbeiter lernen, was erfolgsversprechend ist und wo er seinen Mehrwert für das Unternehmen erzeugt. Kultur ist ein lebendiges Konstrukt aus Traditionen, Denkhaltungen und Wertevorstellungen, dass wie eine Pflanze täglich gepflegt und gegossen werden will. Kultur besteht aus Faktoren, auf die schwierig einzuwirken oder zu manipulieren sind, weil Kultur nur langsam durch Erfahrungen und gemeinsamen Handlungen entsteht und nicht von Heute auf Morgen entwickelt werden kann.

4.1.3.6 IT-Systeme

Natürliche Teilungssituationen setzen die körperliche Anwesenheit von Kollegen am Arbeitsplatz voraus. Wenn die Gelegenheiten zu gemeinsamer Arbeit oder zu informellen Begegnungen zurückgehen, müssen solche sozialen Situationen, in denen Wissen geteilt werden kann, bewusster gestaltet werden. Im Technologischen Bereich sind dies vor allem Groupware-Lösungen (auch Intranet, Wiki, Workflow-Management, Lotus-Notes), mit denen verteilte Informationen verwaltet werden können.[170] Diese Systeme übernehmen dann die Funktion bisheriger Expertennetzwerke, beide haben das Ziel verschiedene Wissensquellen und -Nutzer miteinander zu verbinden. Zentral dabei zu beachten ist, dass wenn möglich hybride Systeme geschaffen werden, in denen Menschen mittels Maschinen zusammenarbeiten und somit die Anschlussfähigkeit Mensch-Maschine-Mensch z.B. bei Berichten durch konsequentes Hinzufügen von Ansprechpartnern mit Kontaktangaben gefördert wird.[171] Bei System-Neueinführungen sollte auch bestehende Wissensnetzwerke und die potentielle Nutzerstruktur beachtet werden, sowie deren Aufgaben und Probleme.

Verständliche Anweisungen über Merkmale der Relevanz des benötigten Wissens, dazu Erfolgsbeispiele und Beweise über den Nutzen der Beteiligung, unterstützen die Vertrauensbildung und damit die schlussendliche Nutzung des Systems. Technische Barrieren können erhebliche Auswirkungen haben sind aber meist lösbar, allerdings mit einem erheblichen Aufwand, welcher bei einer vorgängigen Planung wegfällt. Zentral dabei ist auch, die Nutzer umfassend in die Systeme zu schulen, damit nicht festgefahrene Verhaltensweisen weitergenutzt werden.

---

[170] vgl. Probst Gilbert / Raub Steffen / Romhardt Kai 2012, S. 149
[171] vgl. Probst Gilbert / Raub Steffen / Romhardt Kai 2012, S. 162-166

Ergebnisse:

Firma A setzt bereits ein IT-System zur Unterstützung des Wissenstransfers ein, alle anderen besitzen nichts, wobei sich Firma C immer wieder seit mehreren Jahren überlegt, ob sie etwas Entsprechendes einführen soll.

Die Frage, ob ihre Informationsquellen benutzerfreundlich gestaltet sind, ergab einen Durchschnittswert von 5.3 auf einer Skala von 1-6 (1: sehr schlecht - 6: sehr gut).

Optimierungsmöglichkeiten sahen 4 der Firmen vor allem in der Pflege, Relevanz und Aktualität der Daten.

- A: "Die Pflege/Aktualität ist sehr schwierig, es gibt immer wie mehr veraltete/falsche Informationen. Jedes solches System krankt daran, man findet immer wie mehr Schrott, weshalb sie nicht mehr benutzt werden. In diesem Stadium braucht man sie nicht mehr, sondern geht direkt zur Person, die aktuelles Wissen hat. Eine Lösung dieses Problems ist aber nicht in Sicht. In der IT ist Wissen das älter als 2-3 Jahre ist total veraltet und nichts mehr wert. Deshalb braucht es Netzwerke und die Fähigkeit, Wissen aufzubauen. Daneben gibt es das Erfahrungswissen, das man nicht transferieren kann, jeder muss selber an die Wand fahren. Menschen müssen dürfen an die Wand fahren."
- C: "Mehr Informationen hineintun, mehr Pflege, Aktualität fördern"
- E: "Verwässerung mit nicht akkurater Daten, Sales-Mitarbeiter sind keine Administrations-Mitarbeiter, deswegen stimmen die Daten nicht immer ganz."
- F: "wird neu gestaltet mit Update der bestehenden Software."

In der Metaanalyse von Qattawi stellten sich diese Barrieren "ausgelöst durch die Technologie und den Umgang damit" als drittgrösste heraus (50%).[172] Schlussfolgernd bedeutet der alleinige Einsatz von elektronischen Wissensmanagementsystemen für eine Externalisierung das falsche Vorgehenskonzept.[173]

Interpretation:

Für Menschen wird die Benutzung eines Wissens-Systems meistens die zwei Wahl bleiben, quasi als Notfallplan wenn er innert nützlicher Frist keinen menschlichen Ansprechpartner findet. "Menschliche Portale" sind meistens Mitarbeiter mit einem breiten Erfahrungsschatz oder engmaschigen Beziehungsnetz.[174]

Die Informatik-Technologie soll zur Lösung des folgenden Problems beitragen: Das implizite individuelle Wissen, das zumeist noch nicht mal als Wissen wahrgenommen wird, zu explizieren und damit Dritten zur Verfügung stellen zu können. Die Schwierigkeiten dabei bestehen vor allem in folgenden Punkten:

---

[172] vgl. Qattawi Lisa 2006, S. 187
[173] vgl. Gilbert Oliver T. 2011, http://www.community-of-knowledge.de/beitrag/was-verbirgt-sich-hinter-der-externalisierung-von-implizitem-wissen/ 16.03.2014
[174] vgl. Belliger Andréa / Krieger David 2007, S. 38

- Implizites individuelles Wissen kann nur relativ schwer bzw. gar nicht expliziert werden
- Wenn die Bewusstheit über relevantes implizites Wissen nicht existiert, kann es auch nicht expliziert werden
- Auch wenn die Bewusstheit über relevantes implizites Wissen vorhanden ist, kann es trotzdem noch Schwierigkeiten mit der Explikation geben (z.B. weil er Kommunikativ dazu nicht in der Lage ist)
- Wenn das implizite Wissen in expliziter Form umgewandelt wurde, kann es trotzdem nichts nützen (z.B. weil es nicht gefunden wird)
- Was nicht gefunden wurde, kann nicht gelesen werden
- Was gelesen wird, kann trotzdem nicht verstanden werden
- Wenn es verstanden wird, kann es trotzdem nicht umgesetzt werden
- Was nicht umgesetzt wird, hat keinen Nutzen

Eine der grössten Herausforderungen eines IT-Systems betrifft zudem die Relevanz und das Aktuell halten der eingestellten Informationen. Die Realität in der Praxis zeigt, dass meist gar nicht gesucht wird, da eh nichts Brauchbares gefunden wird und wenn doch, es schon zu veraltet ist. Ein weit verbreitetes Paradox besteht auch darin, dass junge Mitarbeiter zwar von Wissensdatenbanken profitieren aber nichts einstellen können, ältere Mitarbeiter zwar Wissen einstellen könnten aber nicht davon profitieren.

Ein anderer Ansatz wäre, die IT mehr in Richtung Vernetzung und dem Zusammenbringen von Menschen einzusetzen. Gemäss den Autoren Neumann et al. gilt in der Praxis die 80:20 Regel: 20% des Gelingens hängt von der IT-Infrastruktur ab, 80% aus gezielt ausgewählten organisatorischen Begleitmassnahmen. Dies zeigt, dass Wissensmanagement eng mit der Organisationsstruktur und -kultur verbunden ist, Zielkonflikte zwischen den Mitarbeitern und der Organisation sollten analysiert und anschliessend minimiert oder eliminiert werden. Die Förderung von Kommunikations- und Informationswegen, stetiges Lernen sowie kritische Meinungsäusserung, Selbstverantwortung und Eigeninitiative sind die Basis zum erfolgreichen Wissensmanagement.[175]

4.1.4 Wissensverteilung

Die Aufgaben der Wissensverteilung lassen sich schematisch in drei Gebiete einteilen:

- Die Multiplikation von Wissen durch rasche Verteilung auf eine Vielzahl von Mitarbeiter.
- Die Sicherung und Teilung vergangener Erfahrungen
- Den simultanen Wissensaustauch, der in die Entwicklung neuen Wissens mündet.[176]

[175] vgl. Neumann Robert / Grillitsch Waltraud / Müller-Stingl Alexandra 2007, S. 8-10, http://www.community-of-knowledge.de/beitrag/best-practices-und-lessons-learned-aus-wissensmanagement-initiativen/ 16.03.2014
[176] vgl. Probst Gilbert / Raub Steffen / Romhardt Kai 2012, S. 178

4.1.4.1 Verteilungsstrategie

Wissensverteilung generiert Vorteile bei der Effizienz, im Zeit- und Qualitätsmanagement und in direktem Kundennutzen. Der Mitarbeiter kann kompetent handeln und wirken, eine allfällige Hilfestellung eines Kollegen wirkt dabei positiv, der Mitarbeiter weiss sich auch bei Unwissenheit zu helfen. Bei der Push-Strategie ist Information eine Bringschuld, eine zentrale Stelle entscheidet welches Wissen in welchem Umfang und wie verteilt wird = Wissen wird in die Firma gepresst. Bei der Pull-Strategie ist die Information eine Holschuld = Bei Bedarf kann benötigtes Wissen schnell angefordert werden.[177]

Ergebnisse:
Die Frage, nach welcher Strategie sie ihr Wissen verteilen, beantworteten durchschnittlich 35% nach der Push-Strategie und 65% nach der Pull-Strategie. Der höhere Nutzwert für den Nutzer sahen 5 von 6 Firmen bei der Pull-Strategie, eine der Firmen konnte keine Antwort darauf geben.

Verteilungsstrategie	Ø in %	Minimum in %	Maximum in %
Push-Strategie	35	15.0%	70.0%
Pull-Strategie	65	30.0%	85.0%

Tabelle 16: Verteilungsstrategie, eigene Aufbereitung

Die Antwort auf "welche Informationsarten sie dabei eher pushen oder pullen" liefert folgende Tabelle:

Nennungen der Organisationen (ohne Vorgabe)	Nennungen
Push-Strategie	
Allg. Informationen	3
Weisungen	1
Technische Neuerungen	3
Firmeninformationen	5
Pull-Strategie	
Wissen	1
Individuelle pro Mitarbeiter (Weiterbildungen, Gesetze, Sozialversicherungen, Finanzen)	4
Technischer Bereich	1

Tabelle 17: Verteilungsstrategie Nennungen, eigene Aufbereitung

Interpretation:
Beide Strategien haben ihre Vor- und Nachteile, wichtig dabei sind die Wahl der richtigen Inhalte und die Auswahl der richtigen Medien sowie die Kombination beider Strategien. Bei

---

[177] vgl. Probst Gilbert / Raub Steffen / Romhardt Kai 2012, S. 157 und North Klaus 2011, S. 294-295

der Push-Strategie sind die Probleme der Informationsüberlastung zu beachten. Unterstützt wird die Pull-Strategie auch nur dann, wenn der Nachfrager rasch Kontakt zum Wissensträger herstellen kann, was mit der Schaffung eines benutzerfreundlichen, sich selbstständig organisierenden Wissensnetzwerkes erreicht werden kann. Historisch gewachsene geographische, hierarchische oder funktionale Barrieren, welche die Wissensbasis zerstreuen, können durch ein Wissensnetzwerk effizient umgangen werden und können bestenfalls in neuen Wissensstrukturen münden. Job-Rotation oder Transfers innerhalb des Unternehmens können durch die verbesserte Netzwerkfunktion nicht nur zur Mitarbeiter- sondern auch zur Organisationsentwicklung beitragen.[178]

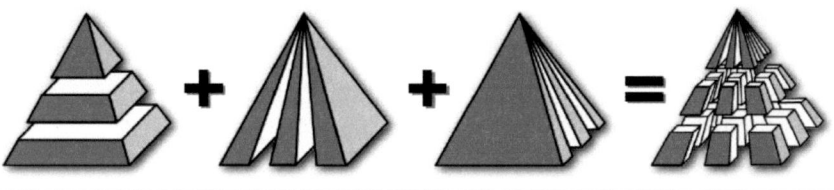

| Hierarchische Barrieren (Organisatorische und hierarchische Strukturen) | Funktionale Barrieren (Geschäftsprozess- und Projektabhängige Strukturen) | Soziale Barrieren (ort-, zeit-, kultur- und sprachabhängige Strukturen) | Unverbundene Wissensinseln |

Abbildung 38: Wissensbarrieren, in Anlehnung an Probst et al. 2012, S. 168

4.1.4.2 Teilungsbarrieren

Auf der individuellen Ebene lassen sich zwei Arten von Barrieren ausmachen, die Teilungsfähigkeit (z.B. Kommunikationstalent und Sozialverhalten) sowie die Teilungsbereitschaft (z.B. Zeitmangel durch Informationsüberlastung).

"Vieles, was für den Einzelnen banal und selbstverständlich zu sein scheint, ist für andere Mitarbeiter eine Neuheit, welche ihre Arbeit erleichtern oder verbessern kann. Häufig nehmen wir unsere wertvollen Fähigkeiten oder Kenntnisse nicht mehr wahr und verhindern so, dass ihr Potenzial von anderen Gruppen ausgeschöpft werden kann. Das Bewusstsein für diesen relativen Wert des Wissens gilt es zu fördern, um zu effektiveren Verteilungsprozessen zu gelangen"[179]

---

[178] vgl. Probst Gilbert / Raub Steffen / Romhardt Kai 2012, S. 157-158
[179] Probst Gilbert / Raub Steffen / Romhardt Kai 2012, S. 152

Ergebnisse:

Bei diesem Punkt wurden die Experten befragt, wie stark aus ihrer Sicht nachfolgende Barrieren die Wissensverteilung behindert:

Teilungsbarrieren	Ø aller Firmen Skala 1-6	Einzelne Firmen A	B	C	D	E	F
Fehlende Wahrnehmung der Wichtigkeit des Wissens	3.8	5	2	5	2	6	3
Kommunikationstalent	4.0	4	5	1	4	6	4
Zeitproblem	3.2	2	5	1	4	5	2
Unlust zur Dokumentation	4.2	4	6	1	4	5	5
Besitzerstolz	2.0	1	1	1	2	3	4
Wer fragt gilt als unwissend	2.5	2	1	1	4	4	3
Machtverlust	2.5	1	1	2	4	4	3
Informationen zurückhalten um sich unentbehrlich zu machen	2.3	2	1	1	4	3	3

Tabelle 18: Teilungsbarrieren (1:sehr schwache Barriere - 6:sehr starke Barriere), eigene Aufbereitung

Die zwei durchschnittlich stärksten Barrieren sind *Kommunikationstalent* und *Unlust zur Dokumentation*, beides typisch für die Informatik-Branche.[180] Innerhalb der einzelnen Firmen ergibt sich jedoch ein differenziertere Bild, die Firmen A,C,E orten das grösste Problem in der *fehlenden Wahrnehmung des Wissens*, bei den Firmen B und D ist die wichtigste Barriere *die Unlust zur Dokumentation*, Firma E hat zudem noch die Barriere *Kommunikationstalent* als stark gewichtet, wobei Firma D tiefere Barrieren ortet, dafür gleich an mehreren Stellen. Relativ tiefe Werte fanden sich bei *Machtverlust, Informationen zurückhalten um sich unentbehrlich zu machen*.

In der Metaanalyse von Qattawi stellte sich Zeitmangel als eindeutig dominierende Barriere heraus (75%). Als zweitbedeutendster Barrierecluster wurden Kooperationsbarrieren genannt (71%), welche Wiederstände darstellen die aufgrund hierarchischen Strukturen, Spezialisierung, fehlender Reputation, mangelnde Reputation und unterschiedliche mentaler Modelle entstehen können. Dazu gehören auch Transferwürdigkeit und Relevanz des eigenen Wissens (fehlende Wahrnehmung der Wichtigkeit des Wissens). Bei der Barriere Machtverlust kann hingegen angenommen werden, dass diese an Bedeutung verloren hat (21%).[181]

Interpretation:

Die Barrieren bei der Wissensverteilung basieren vor allem auf Macht- und Vertrauen. Wenn es der Organisation gelingt, eine Kultur zu bilden die diese zwei Faktoren unterstützt, fördert dies eine Senkung der bestehenden Barrieren. Jede der Barrieren haben andere Ursachen und Hintergründe, weshalb diese nachfolgend einzeln analysiert wurden.

---

[180] vgl. Zehnder Carl August 2003, S. 214-215
[181] vgl. Qattawi Lisa 2006, S. 186-187

Fehlende Wahrnehmung der Wichtigkeit des Wissens

Ohne den Wert des Wissens zu erkennen, kann keine zielführende Handlung erfolgen. Hier schafft eine klare und deutliche Kommunikation Abhilfe, indem bekannt wird welches Wissen nötig und relevant ist.

Kommunikationstalent (mangelnde Teilungsfähigkeit)

Mangelnde Teilungsfähigkeit hinsichtlich Kommunikation oder fehlender Erfahrung kann mit Übung ausgeglichen werden. "Sprachlich-Kommunikative Fähigkeiten gelten als so genannte weiche Fertigkeiten, die schlecht gesteuert werden können. (...) Techniken, wie zum Beispiel aktives Zuhören oder Einnehmen der anderen Perspektive durch Empathie können sehr wohl erlernt werden und helfen, sich dem Ideal der intersubjektiven Eindeutigkeit in der Verständigung in der Wissenskommunikation anzunähern."[182]

Zeitproblem

Wie auch die Magisterarbeit von Qattawi eindrücklich zeigt (Kapitel 2.4.1.2), kann das Zeitproblem verschiedene Ursachen und Lösungen beinhalten. Er kann durch einen tatsächlichen Zeitmangel infolge einer hohen Arbeitsbelastung entstehen oder einen fiktiven Zeitmangel darstellen, bei dem die Beteiligten den Zeitaufwand zum erwarteten Nutzen als zu gross erachten. Am zielführendsten scheint hier die Integration der Wissensmanagement-Aktivitäten in den Arbeitsalltag (bedarf einer Zeiteinteilung und ein Zurverfügungstellung von Zeitfenstern) verbunden mit einer Einforderung durch den Vorgesetzten. Nutzergerechte Wissensmanagement-Systeme unterstützen dabei den geringeren Zeitaufwand. Ein Aufnehmen des Wissensmanagements in die tägliche Arbeit verhindert ein Beiseiteschieben durch gewohntere Aufgaben.

Unlust zur Dokumentation

Eine nicht wegzudenkende Wissensquelle sind in vielen Organisationen weiterhin Handbücher, Leitfäden und Richtlinien. Aber auch all die anderen Dokumente wie Berichte, Protokolle oder Handbücher bieten eine reiche Wissensquelle. Nützlich zur Einarbeitung von neuen Mitarbeitern oder zum Nachlesen von Vergessenem.[183]

Die Unlust kann auch daher rühren, dass der Einzelne nur den Zusatzaufwand ohne erkennbaren Nutzen für sich selbst sieht. Er muss sein Wissen zuerst sammeln, strukturieren und sprachlich wie auch kontextmässig aufbereiten, bevor er es verteilen kann.

---

[182] Qattawi Lisa 2006, S. 138
[183] vgl. Probst Gilbert / Raub Steffen / Romhardt Kai 2012, S. 156

Zu umfangreiche Datenbanken oder Systeme bringen nichts, ausser dass darin ein immenses Ausmass von Daten schlummern, die aber eben kein Wissen generieren. Die Aktualisierung und Anwendung eines so umfassenden Systems kann zu überforderten Mitarbeitern führen, welche die Tätigkeiten darin dann ständig verschieben und als "Bürokratie" missbilligen.[184]

Besitzerstolz
Mit einem gezielten Einsatz von Informationen lassen sich Menschen manipulieren, was der Umkehrschluss zulässt, dass volle Transparenz einem Machtverlust entspricht. Mitarbeiter welche ihren Stellenwert im Unternehmen hauptsächlich durch ihren Wissensvorsprung definieren, werden kaum hochmotiviert den Wissenstransfer zu unterstützen.

"Der Einzelne muss bereit sein, sein Wissen preiszugeben und dazu bedarf es Vertrauen. Vertrauen darauf, dass der andere Organisationsteilnehmer ihn nicht nur ausnützt, sondern es zu einem wechselseitigen Wissenstransfer kommen wird, so dass er langfristig auch davon profitiert."[185]

Wer fragt gilt als unwissend
Professionalität wird meistens mit dem nutzbringenden Wissen gleichgestellt, der Umkehr-schluss daraus ist, dass unwissende Mitarbeiter nicht nutzbringend bzw. schlecht sind. In den meisten Organisationen lernen nur die Junior's wirklich schnell, nur sie können es sich erlauben, viele Fragen zu stellen und trotzdem ihr Gesicht nicht zu verlieren. Erst wenn Führungskräfte vorleben, dass "Fragen stellen erwünscht wird" kann ein Klima entstehen, wo der Wissensaustausch positiv angesehen wird. Erst wenn der "Welpenschutz"[186] für alle Mitarbeiter gilt, erst dann werden sich auch alle getrauen, aktiv an der Wissensverteilung und -nutzung teilzunehmen.[187]

Machtverlust, Informationen zurückhalten um sich unentbehrlich zu machen
Die Zurückhaltung von Wissen aufgrund der Angst einen Machtverlust zu erleiden oder ersetzbar zu werden, wird durch ausschliesslich individuelle Zielvorgaben verstärkt. Gemäss Qattawi zeigen neuere Studien den Trend dazu, dass die Bedeutung des Machtverlusts an Bedeutung verliert.[188]

---

[184] vgl. Belliger Andréa / Krieger David 2007, S. 39
[185] vgl. Herrmann et al. 2003, zitiert in: Qattawi Lisa 2006, S. 140
[186] Eigene Anmerkung: Welpenschutz bedeutet umgangssprachlich z.B. bei Hunden, dass junge Hunde nicht durch ältere angegriffen werden.
[187] vgl. Belliger Andréa / Krieger David 2007, S. 36
[188] vgl. Qattawi Lisa 2006, S. 111

4.1.5 Wissensnutzung

Die Nutzung fremden Wissens wird durch eine Reihe psychologischer und struktureller Barrieren behindert. "Wer trennt sich schon gerne von liebgewordenen und handlungsentlastenden Routinen? (…) Nur wenn für den Mitarbeiter ein klarer Nutzen erkennbar ist, wird er fremde Wissensangebote annehmen oder neue Fähigkeiten erwerben."[189] Hier gilt es herauszufinden, welche rollenspielenden Einflüsse vorhanden sind, damit nach deren Verminderung oder Eliminierung die Nutzer das Wissen auch nutzen und anwenden können.

Zuerst wurde die Experten danach gefragt, wie stark die Externen die Wissensnutzung als Erfolgskriterium betrachten. Anschliessend wurden mögliche Nutzungsbarrieren genannt, welche von den Experten bewertet wurden.

4.1.5.1 Wissen als Erfolgskriterium

	Ø aller Firmen	Einzelne Firmen					
Wissensnutzung als Erfolgskriterium	Skala 1-6	A	B	C	D	E	F
Wie stark ist man sich bewusst, dass nur durch die Wissensnutzung das vorhandene Wissen in fassbare Resultate umgesetzt werden kann?	4.3	5	6	5	3	4	3
Wird "Fragen zu stellen" als Zeichen mangelnder Kompetenz verstanden?	4.4	4	6	6	2	N	4
Wird "Fragen zu stellen" als Bereitschaft zu Lernen und Veränderung aufgefasst?	4.6	5	6	5	3	N	4
Wie stark wird Wissen als Ressource verstanden, die unabhängig von ihrem Ursprung zum gemeinsamen Nutzen der Organisation eingesetzt wird?	4.2	3	6	4	3	N	5
Wird ein dokumentiertes Wissen als Hilfe/Information oder eher als Belastung aufgefasst?	50%/50%						
- Hilfe	5.0	5	6	↓	5	↓	↓
- Belastung	4.2	↑	↑	4	↑	4	5

Tabelle 19: Wissensnutzung als Erfolgskriterium (1:sehr schlecht - 6:sehr gut), eigene Aufbereitung

Ergebnisse:
Die durchschnittlichen Werte liegen alle in einem positiven Bereich. Bei der Einzelbetrachtung fallen zwei Organisationen auf, die Firma D ortet tiefe Werte in gleich mehreren Bereichen wobei Firma B in allen Punkten die höchsten Werte ausweist. Bei der Frage ob *dokumentiertes Wissen als Hilfe oder als Belastung aufgefasst wird*, antworteten die Organisationen je zur Hälfte mit Hilfe und mit Last.

---

[189] Probst Gilbert / Raub Steffen / Romhardt Kai 2012, S. 181

Interpretation:

Wenn Wissen nicht nutzstiftend eingesetzt wird, waren all die getätigten Anstrengungen vergeblich. "Denn nur durch die produktive Anwendung von Wissen können die Anstrengungen des Wissensmanagements in fassbare Resultate umgesetzt werden."[190]

Wie stark ist man sich bewusst, dass nur durch die Wissensnutzung das vorhandene Wissen in fassbare Resultate umgesetzt werden kann?

Allein das Bereitstellen geeigneter Wissensmanagement-Infrastruktur reicht nicht aus, damit das Wissen den erhofften Nutzen stiftet. Erst durch den wertschöpfenden Gebrauch und somit Nutzung des Wissens können die erhofften Ergebnisse und somit Mehrwert für die Organisation erzielt werden.[191]

Wird "Fragen zu stellen" als Zeichen mangelnder Kompetenz verstanden? Wird "Fragen zu stellen" als Bereitschaft zu Lernen und Veränderung aufgefasst?

Dieser Punkt ist eng verwandt mit "wer fragt gilt als unwissend". Kulturbewusste Führungsmassnahmen können dazu beitragen, dass Fragen zu stellen nicht als Zeichen mangelnder Kompetenz sondern als Bereitschaft zu Lernen und zur Veränderung aufgefasst werden.[192] "De Long und Fahey stellen fest, dass es wichtig ist, dass die Mitarbeiter aus Fehlern lernen dürfen. Die organisationale Kultur muss laut den Autoren dafür so ausgerichtet sein, dass Fehler nicht Strafe oder Blamage als Konsequenz nach sich ziehen, sondern neue Erkenntnisse, im Sinne von „Lessons Learned" (...), mit sich bringen. (...) Intensives Nachfragen muss ebenso erlaubt sein, wie Unterschiede in den Ansichten zur Problemlösung.[193] Die Befolgung der Kommunikationsregeln (offene wechselseitige Kommunikation, aktives Zuhören und Nachfragen) unterstützen diesen Prozess.

Wissen als Ressource verstehen

Wissen sollte als Ressource verstanden werden, die unabhängig von ihrem Ursprung zum gemeinsamen Nutzen der Organisation eingesetzt wird. Es sollte nicht darauf ankommen, aus welcher Quelle das Wissen stammt sondern nur, dass es für die Organisation nutzbar gemacht wird.[194] Diese Barriere ist eng verwand mit dem "not-invented-here"-Syndrom weiter unten.

Wird ein dokumentiertes Wissen als Hilfe/Information oder eher als Belastung aufgefasst?

Wie jede Sache hat auch diese Medaille zwei Seiten, Dokumentation kann einem Menschen helfen oder ihn belasten. Wenn ein klar erkennbarer Nutzen in der Dokumentation für den Mitarbeiter ersichtlich ist, wird er diesen auch zu seinem Erfolg nutzen und einsetzen. Dieser

---

[190] vgl. Probst Gilbert / Raub Steffen / Romhardt Kai 2012, S. 183
[191] vgl. Probst Gilbert / Raub Steffen / Romhardt Kai 2012, S. 183
[192] vgl. Probst Gilbert / Raub Steffen / Romhardt Kai 2012, S. 186
[193] vgl. De Long/ Fahey 2000, zitiert in: Qattawi Lisa 2006, S. 120
[194] vgl. Probst Gilbert / Raub Steffen / Romhardt Kai 2012, S. 186

Punkt ist verbunden mit "Unlust zur Dokumentation", wer keinen Sinn dahinter sieht doku-mentiert folgerichtig auch nicht lustvoll.

4.1.5.2 Nutzungsbarrieren

Nutzungsbarrieren	Ø aller Firmen Skala 1-6	A	B	C	D	E	F
Angst vor Neuem (Generelles Beharrungsvermögen mit Altvertrautem)	3.3	2	5	5	3	1	4
Überschätzung der eigenen Fähigkeiten	3.8	5	2	5	3	4	4
Angst vor dem Verlust des eigenen Expertenstatus motiviert.	2.7	1	1	5	3	4	2
Betriebsblindheit: Tendenziell wird mit zunehmender Routine auch die Bereitschaft sinken, neuen Verfahrensweisen ein Potenzial zur Verbesserung der eigenen Effizienz zuzutrauen.	2.8	2	5	2	2	3	3
Grössere Verwundbarkeit durch das Eingestehen einer Wissenslücke (neues Wissen nutzen heisst gleichzeitig Unsicherheit akzeptieren und neue unbekannte Wege einschlagen)	3.2	2	4	5	3	3	2
Geheime Spielregeln: Die Art und Weise, wie und bei wem das Wissen nachgefragt wird birgt zusätzliche Gefahren (Sympathien der Vorgesetzten oder anderer Mitarbeiter gehen verloren, die meinen, dass sie diese Frage auch hätten beantworten können).	1.8	1	1	2	3	N	2
Das not-invented-here-Syndrom (nicht hier erfunden): „Nicht alle cleveren Menschen arbeiten in unserem Unternehmen, trotzdem erfinden wir das Rad neu"	2.6	3	1	4	3	N	2
anderes: Will ich selber machen (grösserer Lerneffekt)	4.0	6	2	3	4	N	5

Tabelle 20: Nutzungsbarrieren (1:sehr schwache Barriere - 6:sehr starke Barriere), eigene Aufbereitung

Ergebnisse:
Die stärksten Barrieren lagen im Durchschnitt beim *Selbermachen* und der *Überschätzung der eigenen Fähigkeiten*. Bei der Einzelbetrachtung fällt auf, dass jede der Organisationen starke aber auch weniger stark ausgeprägte Barrieren hat.

In der Metaanalyse von Qattawi stellten sich die Barrieren aufgrund mangelnder Kommunikation und Transparenz als drittgrösste heraus (50%). Gefolgt von den Ängsten der Mitarbeiter durch Transparentmachung des eigenen Wissens (38%). Die Barriere des „Not-Invented-Here"-Syndrom (13%) war eher im tieferen Bereich anzutreffen.[195]

Interpretation:
Die Barrieren der Wissensnutzung beruhen entweder in der Organisation oder in der Persön-lichkeit des Einzelnen. Aufgrund der Verschiedenheit erfolgt auch hier wieder eine Einzelbe-trachtung der Barrieren.

Angst vor Neuem (Generelles Beharrungsvermögen mit Altvertrautem)
Bemerkungen wie "das haben wir schon immer so gemacht" oder "was gut läuft soll man nicht verändern" entlarven die Angst vor Neuem. Handlungsentlastende Routinen werden erst beiseitegeschoben, wenn ein klarer Nutzen des Neuen erkennbar ist. Auch die Chance, aus Fehlern lernen zu dürfen und bei Unklarheiten auch mehrmals nachfragen zu dürfen unterstüt-zen diesen Lernprozess. Zudem bedarf es einer Triebfeder (Verändertes Bedürfnis), damit eine Neuorientierung vorgenommen wird.

Überschätzung der eigenen Fähigkeiten
Dies bezeichnet eine verzerrte Wahrnehmung, in der Extrem-Version dass inkompetente Menschen das eigene Können überschätzen und die Leistungen kompetenterer Personen

---

[195] vgl. Qattawi Lisa 2006, S. 186

unterschätzen. Dunning sprach deshalb auch davon: "Wenn jemand inkompetent ist, dann kann er nicht wissen, dass er inkompetent ist. (...) Die Fähigkeiten, die man braucht, um eine richtige Lösung zu finden, [sind] genau jene Fähigkeiten, die man braucht, um eine richtige Lösung zu erkennen."[196]

Angst vor dem Verlust des eigenen Expertenstatus motiviert
Diese Barriere ist eng mit dem Machtverlust verknüpft, wenn andere durch das Wissensteilen anschliessend genau gleich viel wissen, kann man nicht mehr gefragt werden oder ist schlimmstenfalls sogar ersetzbar geworden. Der Wissensteiler wird solange an dieser Strategie festhalten, wie es für ihn keine Nachteile bringt, somit könnte ein gewisser Druck durch den Vorgesetzten mittels Zielvorgaben angebracht sein.

Ein zweiter Faktor der hier mitspielen könnte ist ein allfälliger Gesichtsverlust bei fehlerhaften Veröffentlichungen, welcher durch ein zusammenwirkendes Miteinander eliminiert werden könnte.

Betriebsblindheit
Betriebsblindheit charakterisiert den Umstand, dass mit zunehmender Routinisierung die Erkennbarkeit des Neuen abnimmt bzw. dass im Kopf vorhandenes Wissen nicht in die Tat umgesetzt wird. Generell sinkt dabei die Bereitschaft Neues auszuprobieren, dem Neuen wird das Potential für Effizienzsteigerungen und damit Verbesserungen aberkannt. Der Mensch hat die Tendenz zu erstarren bzw. an Altem zu beharren, man hat es schon immer so gemacht, war erfolgreich damit also wird es auch weiterhin so gemacht.[197]

Grössere Verwundbarkeit durch das Eingestehen einer Wissenslücke
Wissenslücken können dann Barrieren sein, wenn das nachgefragte Wissen vom Wissensgeber als Machtinstrument einsetzt wird. Durch das Nachfragen gesteht er eine Wissenslücke und kann dadurch bei Anderen in einem schlechten Licht erscheinen. Siehe dazu auch obiger Punkt " Wer fragt gilt als unwissend".

Geheime Spielregeln
Die Art und Weise, wie und bei wem man sich erkundigt kann zu zusätzlichen Schwierigkeiten führen. Sympathien der Vorgesetzten oder anderer Mitarbeiter können verloren gehen, die meinen, dass sie diese Frage auch hätten beantworten können.[198]

---

[196] Dunning David, http://opinionator.blogs.nytimes.com/2010/06/20/the-anosognosics-dilemma-1/ 20.06.2010
[197] vgl. Probst Gilbert / Raub Steffen / Romhardt Kai 2012, S. 185
[198] vgl. Probst Gilbert / Raub Steffen / Romhardt Kai 2012, S 186

Das "not-invented-here"-Syndrom (nicht hier erfunden)

"Dass die mangelnde Nutzung fremden Wissens im „Not-Invented-Here"-Syndrom begründet liegt, wird durch drei Studien bestätigt (...) Hinzuzufügen ist die Aussage aus der Studie von Szulanski (...), dass das Wissen aufgrund seiner Ungeprüftheit abgelehnt wird, wobei diese Bedenken vor allem dann vorherrschen, wenn fremdes Wissen angenommen werden soll."[199] Mangelnde Reputation des Wissenssenders dürfte hier zusätzlich als Merkmal aufgenommen werden.

"Die effektive Nutzung der Ideen anderer und die Nutzung von existierendem Wissen müssen genauso anerkannt werden, wie die Neugenerierung von Ideen. Als gelungenes Beispiel einer Umsetzung dieser Forderung führen De Long und Fahey den „Not-Invented-Here-But-I-Did-It-Anyway"-Award bei Texas Instruments an."[200]

Probst et al. sehen die Lösung indem die Bereitschaft zu kontinuierlicher Hinterfragung bestehender Abläufe gefördert werden.[201]

Selbermachen

Die positive Handlung des "schaff ich alleine" und damit der tieferen Verankerung im Hirn kann auch ihre negativen Seiten haben. Wenn z.B. stundenlang nach einer Lösung gesucht wird, statt kurz um Hilfe zu fragen, nur weil man sich selbst im Weg stand. Die Lösung liegt hier nur in der Person selbst, im ständigen logischen Abwägen von Aufwand und Ertrag.

4.1.5.3 Anforderungen des Wissensnutzer erfüllen

Alle Anstrengungen im Wissensmanagement sind vergeblich wenn nicht das Neuerarbeitete letztendlich im Betrieb angewandt wird und somit den erhofften Nutzen stiftet. Nur wer fassbare Resultate aufgrund der produktiven Anwendung erzielt, hat alle Bausteine zusammenhängend realisiert und damit alles richtig gemacht. Ungenutzte Wissenssysteme haben häufig die goldene Nutzbarkeitsregel verletzt bzw. berücksichtigen die Bedürfnisse potentieller Wissensnutzer zu wenig.[202]

Virtuelle Teams oder abrupte Veränderungen sind eine Gefahr für ein effizientes Funktionieren dieser Transferprozesse. Wenn Wissensnetzwerke zerstört wurden, müssen parallele Strukturen geschaffen werden, welche die Notwendigkeit des Wissensmanagements berücksichtigen.[203]

---

[199] Qattawi Lisa 2006, S. 123
[200] vgl. De Long/ Fahey 2000, zitiert in: Qattawi Lisa 2006, S. 146
[201] vgl. Probst Gilbert / Raub Steffen / Romhardt Kai 2012, S. 186
[202] vgl. Probst Gilbert / Raub Steffen / Romhardt Kai 2012, S. 183
[203] vgl. Probst Gilbert / Raub Steffen / Romhardt Kai 2012, S. 149

Der Wissensnutzer	Ø aller Firmen Skala 1-6	A	B	C	D	E	F
Die Wissensnutzung wird von der Bequemlichkeit gesteuert: eine informelle Anfrage bei einem Kollegen in unmittelbarer Ruf – oder Gehdistanz oder ein kurzer Telefonanruf sind üblicher als eigenständige Recherche in einer Datenbank oder im Internet.	5.0	5	5	6	3	6	N
Einfachheit (Weniger ist mehr = Reduce to the max)	4.8	4	3	6	4	6	6
Aktualität	4.8	2	4	6	5	6	6
Anschlussfähigkeit (Kollegen) Konnektik	5.7	5	6	6	5	6	6
Visualisierung (Zeichnungen, Flipchart, Fotoprotokoll etc.)	4.5	5	5	5	5	6	1
Kurzzusammenfassung	5.3	N	5	6	4	6	N
Strukturieren wie z.B. Ausgangslage, Übersicht, Schnittpunkte, Einsichten, weiteres Vorgehen	5.0	4	5	6	4	6	N
zu lange Berichte	2.6	2	1	2	2	6	N
zu wenig handlungsorientierte Berichte	2.8	2	1	2	3	6	N
Ist der Arbeitsraum oder das Grossraumbüro nutzungsorientiert eingerichtet? Z.B. mit Flipchart, Whiteboard etc.)	5.6	5	6	6	5	6	N

Tabelle 21: Der Wissensnutzer (1:sehr schlecht - 6:sehr gut), eigene Aufbereitung

Ergebnisse:

Im Durchschnitt lagen die tiefsten Werte bei *zu langen und zu wenig handlungsorientierten Berichten*. Bei der Einzelbetrachtung sticht vor allem die Firma E mit durchwegs sehr guten Werten heraus. Die anderen Firmen haben mehr oder weniger starke Barrieren.

In der Metaanalyse von Qattawi befand sich die Barriere bezüglich Informationsüberlastung (13%) eher im tieferen Bereich.[204]

Interpretation:

Die Einhaltung der Nutzer-Bedürfnisse fördert eine Wissensverteilung und -nutzung, wobei die Umsetzung der Massnahmen mit relativ einfachen Mitteln zu bewerkstelligen ist.

Bequemlichkeit

Die Wissensnutzung wird von der Bequemlichkeit gesteuert: eine informelle Anfrage bei einem Kollegen in unmittelbarer Ruf – oder Gehdistanz oder ein kurzer Telefonanruf sind üblicher als eigenständige Recherche in einer Datenbank oder im Internet. Dies lässt den Schluss zu, dass nur wenn ein neues Tool besser oder gleich bequem wie die alten Instrumente ist, wird es auch genutzt.[205]

Einfachheit, Aktualität und Anschlussfähigkeit (Weniger ist mehr = Reduce to the max)

Nutzerfreundliche Infrastrukturen sind einfach, aktuell und anschlussfähig. Informationen und Wissen sollten idealerweise einfach lokalisierbar, mit bestehendem Wissen verbunden, umgehend nutzbar und weiterverwendet können. Nur wenn Wissen gepflegt und aktuell gehalten wird, wird es auch genutzt. Veraltetes, Irrelevantes oder teilweises Wissen wird nicht genutzt und liegt brach.[206]

Strukturiertes Wissen (Visualisierung, Kurzzusammenfassung, Strukturieren, zu lange oder zu wenig handlungsorientierte Berichte)

---

[204] vgl. Qattawi Lisa 2006, S. 186
[205] vgl. Probst Gilbert / Raub Steffen / Romhardt Kai 2012, S. 186
[206] vgl. Probst Gilbert / Raub Steffen / Romhardt Kai 2012, S. 186-187

Das menschliche Gehirn besitzt Verarbeitungsmechanismen mit denen es neues Wissen effektiver und effizienter aufnehmen, verarbeiten, speichern und wiederauffinden kann. Hirngerecht sind beispielsweise strukturierte (mit Abschnitten versehen wie Übersicht, Ausgangslage, Einsichten, weiteres Vorgehen sowie einer Kurzzusammenfassung) und visualisierte Dokumente.[207]

Die Umsetzung dieser Forderungen erfordert gewisse Fertigkeiten, die jedoch erlernt werden können.

Als zielführend in der Wissensexplikation gelten folgende Kommunikationsregeln:

- Einfachheit in Formulierung und Satzbau
- Kürze in der Satzlänge und Prägnanz im Ausdruck
- Verwendung des gemeinsamen Codes, Erklärung von Fremdwörtern
- Veranschaulichende Formulierungen - Gliederung (Deutlichkeit des Textaufbaus, Hervorhebungen)
- Innere Ordnung (Folgerichtigkeit der Sätze)
- Anregende Zusätze zur Erzeugung von Interesse und Lesemotivation[208]

Die Informationsflut und damit der "information overload" bezeichnet diejenigen zusätzlichen Informationen, welche die Entscheidungsqualität sinken lässt. Damit wird auch deutlich, dass eine undifferenzierte und unkontrollierte Wissensverteilung mehr als problematisch einzustufen ist. Nach Romhard besitzt Wissen einen sogenannten Grenznutzen, was mit nachfolgender Abbildung dargestellt wird.

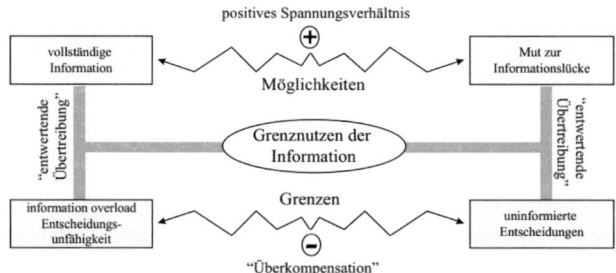

Abbildung 39: Information Overload bzw. Grenznutzen von Wissen, nach Romhard Kai 2001, S. 141

Die Reduktion der Informationsflut und damit Steigerung der Aufnahmefähigkeit geht uns alle an, jeder der sich an handlungsfehlenden Berichten, überlangen Mails oder unzähligen CC- und BCC-Adressen stört, sollte sich angesprochen fühlen die vielfältigen Methoden zur Reduktion der kognitiven Belastung zu benutzen, welche nachfolgend detailliert beschrieben werden.

[207] vgl. Probst Gilbert / Raub Steffen / Romhardt Kai 2012, S. 189-192
[208] vgl. Schnotz/ Heiss 2004, zitiert in: Qattawi Lisa 2006, S. 139

Basierend auf einer Literaturrecherche haben Eppler und Mengis (2009) folgende Methoden zur Vermeidung eines Information- und Kommunikationsüberflusses identifiziert:[209]

Medium	Richtlinien zur Reduzierung der Informations-Überflutung	E-Mail	Intranet	Bericht	Sitzung
Reduzieren – **Kürzen**	Kürzen der einzelnen Informationen, indem Überflüssiges und Abschweifungen weggelassen werden	Limitiere die E-Mail auf ein Thema pro Nachricht	Passe den Inhalt auf Bildschirmgrösse an um das Scrollen zu vermeiden	Biete eine ausführliche Zusammenfassung an	Halte die Aussagen kurz und wiederhole Beiträge
Verbinden	Verbinde, kategorisiere und strukturiere Informationsgruppen oder ihre Herkunft zur einfacheren Übersicht	Biete eine Übersicht von Gesprächsgruppen an. Biete anstelle von E-Mail-Konversationen eine Gesprächsgruppe an (Nachrichtengruppe, Forum)	Biete eine Inhaltsübersicht/Zugang an und kennzeiche Schlagwörter wenn angebracht	Pyramidenprinzip: Zeige die wichtigsten Schlussfolgerungen, Hauptereignisse und zugrunde liegenden Tatsachen in einer Berichtzusammenfassung auf	Ansammlung: Benütze "einsatzzentralenmässig" Metaplan-Techniken, um die diskutierten Informationen visuell zu sammeln; benütze dafür grafisches Moderationswerkzeug
Stapeln/Bündeln	Bündele Informationen so, dass sie zum benötigten Zeitpunkt ankommen	E-Mail-Übersichten (zusammenfassende Mails)	periodischer Notifikationsservice (RSS)	Rechtzeitige statt nur für den Fall Zustellung	Jour fixe (lege Sitzungstag und -zeit fest)
Kontextualisieren	Schliesse Informationen in die Gesamtsituation/Umfeld ein; verknüpfe neue mit vorherigen Informationen	Verknüpfe die Antwort mit vorherig gesendeten E-Mail-Abschnitten	Biete die aktuelle Position im Navigationsmenü an	Lege Zielgruppen und Ziel des Berichts fest; weise auf verwandte Berichte hin	Zeige vorherige Sitzungsresultate und Zeitachse auf; Dialoge, keine Präsentationen
Personalisieren	Personalisiere und passe Informationen an, z.B.: erarbeite mehrere Versionen einer Nachricht mit mehreren Detailebenen für verschiedene Zielgruppen	Persönliches öffnen und schliessen der E-Mail	Anpassbares Portal als Startseite	Zielabschnitte, Angabe von Auswirkungen für verschiedene Zielgruppen	"Ausbrecher"-Tagung, Eins-gegen-Eins-Sitzung
Umwandeln – **Ausarbeiten**	Schaffe wertschöpfende Information wie Aktionspunkte, Bewertungen und Gemeinschafts-Platzierungen auf Nützlichkeit/Wert der bereitgestellten Informationen, Geschichten, Metaphern usw.	Flaggen auf Dringlichkeit und Wichtigkeit der Nachricht; informative Betreffzeile	Markierungen, Platzierungen, Indikatoren der Seitenaufrufe, Kommentarabschnitte usw.	Beispiele oder Fall darstellen, illustrative Anekdoten, Analogien	Permanent sichtbare Sitzungsagenda (zu besprechende Themen und ihre Reihenfolge) und To-do-Liste
Standardisieren	Definiere Standards, z.B. lege Richtlinien für Informations- und Kommunikationsformate fest wie E-Mail- und Berichterstattungs-Etikette	Standardisierte E-Mail-Struktur (d.h. Kontext, Tatsache, Auswirkungen, erforderliche Massnahmen)	Webseitenvorlagen und definierte Seitentypologie	Memo-Struktur (d.h. Situation, Komplikation, Auswirkung, Vorschlag, Begründung, Alternativen)	Verwende eine Standard-Sitzungsagenda und standardisierte Sitzungsprotokolle
Visualisieren	Visualisiere Informationen: Benütze Grafiken und Diagramme als auch qualitative Visualisierungsmethoden wie Metaphern oder Skizzen	Visualisiere die E-Mail-Spur (Nachverfolgung)	Grafische Inhaltsübersicht oder sichtbarer Website-Navigator	Zusammenfassung und Übersichtsdiagramme, numerische Tabellen durch Grafiken zusammenfassen	Grafische Erleichterung: rahmenbezogene Diskussionen und sofortige visuelle Sitzungsprotokolle

Tabelle 22: Vermeidungsmethoden eines Informations- und Kommunikationsüberfluss, in Anlehnung an Eppler und Mengis 2009, zitiert in: Probst et al. 2012, S. 192

Mit diesen Vermeidungsmethoden kann dem Informationsüberfluss entgegnet werden. Sofern diese Vorgaben für alle gelten und einheitlich umgesetzt werden, kann damit Zeit und Kosten gespart werden. Die Qualität des verteilten Wissens steigt, die Wissensdokumentation (Explikation) fällt dem Einzelnen leichter und der Wissensnutzer kann das Wissen effizienter und effektiver konsumieren.

Unter diesem Thema steht auch die effektive und effiziente Informationssuche. Die Suche nach Dokumenten oder der aktuellsten Fassung verbraucht beträchtlich viel Zeit; da gibt es Dubletten, das Ablegen eines Dokumentes unter mehreren Dateinamen und Ordnerstrukturen die im Chaos versinken. Im Durchschnitt verbringt jeder Mitarbeiter zwei Arbeitsstunden pro Woche mit der Suche nach relevanten Informationen, aufs Jahr hochgerechnet sind dies fast 100 unproduktive Arbeitsstunden pro Mitarbeiter.[210]

Das Ziel ist die effektive Bewältigung des täglichen Informationsflusses, konsistente Ablagesysteme und ein effizientes Zeitmanagement. Sinnvoll sind zudem regelmässige Entrümpelungs-aktionen um den Kopf wieder frei zu kriegen und den Blick auf das Wesentliche richten zu

---

[209] vgl. Eppler und Mengis 2009 zitiert in: Probst et al. 2012, S. 192
[210] vgl. Franken Swetlana 2010, S. 30

können. Die gezielte Qualitätssteigerung des Informations-Inputs liegt in unserer Hand wie sich auch die Qualität im Austausch mit Anderen durch uns steuern lässt.[211]

Einige Überlegungen zum Selbstmanagement des individuellen Wissens bietet North an:

- Sichten und wegwerfen: die Unterteilung in wichtiges und unwichtiges und die Trennung von letzterem
- Systematisch reduzieren: auf wenige aber relevante Informationen reduzieren
- Filtern statt sammeln: nicht wahllos auf Vorrat sammeln sondern dokumentieren, wo was im Bedarfsfall zu finden ist
- Grenzen setzen: bei Überlastung auch Nein zu neuen Informationen sagen können
- Mut zur Lücke: die Balance halten zwischen Informationssuche und Informationsgewinn
- Gelassenheit üben: niemand weiss alles, aber alle wissen etwas
- Technologie für sich arbeiten lassen: neue Medien nach Arbeitsanforderungen nutzen und nicht weil sie neu sind.[212]

Ist der Arbeitsraum oder das Grossraumbüro nutzungsorientiert angeordnet und eingerichtet (z.B. mit Flipchart, Whiteboard etc.)?

Wissensnutzung kann vielfach auch schon durch die nutzungsorientierte Gestaltung kollektiver und individueller Arbeitssituationen verbessert werden.[213]

Durch persönliche Kommunikation entsteht Wissensverteilung und -nutzung und vielfach auch Innovationen. North bemerkt dazu, dass eine entsprechende Raumgestaltung der Büro- und Sozialräume sowie die Verkehrsflächen so gewählt werden soll, dass sich Mitarbeiter (auch spontan) treffen und sich austauschen können. Die Organisation fördert damit die Zusammenarbeit und charakterisiert Vertrauen und Offenheit. Das Münchner Architektenbüro Henn hat ein Verfahren entwickelt bzw. adaptiert, womit Kommunikation in Gebäuden visualisiert und damit erfassbar gemacht werden kann.[214] " Unfertige Gedanken und nicht zu Ende gedachte Lösungen bleiben meist verborgen, denn sie stapeln sich nicht kistenweise in Gängen. Sie versperren zwar auch Wege, nämlich Lösungswege, doch fällt dies nicht unmittelbar auf."[215]

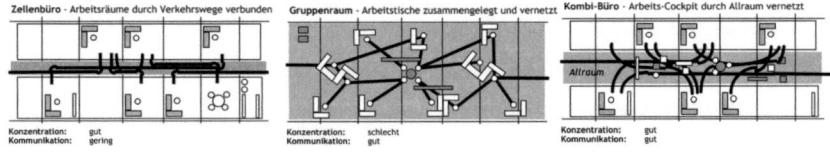

Abbildung 40: Bürokonzepte zur Förderung der Kommunikation, Henn Architekten o.J., zitiert in: North Klaus 2011, S.324

---

[211] vgl. Probst Gilbert / Raub Steffen / Romhardt Kai 2012, S. 262 und 266
[212] vgl. North Klaus 2011, S. 141
[213] vgl. Probst Gilbert / Raub Steffen / Romhardt Kai 2012, S. 193
[214] vgl. North Klaus 2011, S. 324
[215] North Klaus 2011, S. 323

4.1.6 Abschliessende Fragen

Das Ziel der abschliessenden Fragen hatte reinen Informationswert. Es war interessant zu erfahren, wie die Experten die Zukunft einschätzten, in welche Richtung das Forschungsthema ihrer Meinung nach geht.

Firma	Zukunftsmöglichkeiten
A	**Erfahrungswissen:** Die Menschen ihre Erfahrungen selber sammeln und an die Wand fahren zu lassen! Die wirklich wichtigen Sachen kann man nicht vermitteln/weitergeben, die muss man selber herausfinden. **Personenbezogenes Wissen:** Wissensverteilung und -nutzung ist sehr personenbezogen wie Meister/Schüler-Beziehung (die suchen sich quasi selber aus), Sprüche wie: ich bin solange da wie ich unter XY bin und Neues dazu lernen kann. Man akzeptiert Sachen einfach eher, wenn sie von Personen kommen die man akzeptiert. **Vernetzen:** wie bringe ich Menschen rasch zueinander?
B	Er wünscht sich, dass verschiedene Ausbildungen besser zugänglich wären. Man findet sie nicht, oder zu horrenden Kosten. Er unterteilt in Wissenserhaltung und Karriere (fortlaufende Weiterbildungen die eine Linie bilden). Nicht zu unterschätzen ist auch der individuelle Charakter der Person (wissbegierig, zielorientiert etc.).
C	Coach kümmert sich um sie, 1 Mittagessen (Frühstück oder auch nur Kaffee) im Monat bei den Externen draussen, jede Woche ein Telefonat und ansonsten je nach Bedarf. Ein Coach betreut ca. 20 Externe. System wird gerade umgebaut, neu wird der Coach nicht der Verkäufer mit Kundenkontakt sein, sondern jemand im HR mit IT-Verständnis. Bringe so mehr.
D	Keine Nennung.
E	Keine Nennung.
F	Wie kann die Bindung gestärkt werden zur Firma? Was hat er für eine Verbindung zur Firma?

Firma	Gefahren
A	Key-Player-Rangeleien: Diejenige die den Ton angeben (Konkurrenzdenkend). Wenn die Selbstverwirklichungs-Tendenz nicht mehr im Interesse der Firma passiert.
B	Einseitigkeit, dass es immer wie expliziter auf bestimmte Punkte stattfindet und nicht mehr im Allgemeinen. Der Generalist ist immer weniger gefragt. Wir haben nur noch Spezialisten und sind in Abhängigkeiten. Wenn einer fehlt, dann funktioniert nichts mehr.
C	Das der Externe ausgebildet und becoacht wird und anschliessend zur Konkurrenz geht.
D	Das wir immer mehr schlittern in Wissen ist Macht. Jeder schaut mehr für sich. Wissen nicht mehr so verbreitet wie früher. Abschottung ist immer grösser.
E	Diversifizierung, breiter aufgestellt, leider abkommen vom Generalismus, immer mehr Spezialisierung. Gewisse Bereiche entwickeln sich in der Zukunft vielleicht wieder zum Generalismus, siehe Hausarztabstimmung.
F	Zu viele Informationen rum, überall verlinkt. Kein Vertrauen mehr im Wissen, wird zur Nebensächlichkeit. Gefahr der Überflutung an Informationen.

Firma	Chancen
A	Key-Player werden international aufgebaut und das verbindende Wissen ist neutral in einer Sprache die man versteht. Das Wissen ist neutral und kennt keine Grenzen und kann somit verbinden Jenseits aller Grenzen.
B	Das sich die Gesellschaft immer wie besser wehren kann. Politik wird immer wie weniger wichtig, da das Wissen in der Bevölkerung stetig zunimmt. Je mehr Wissen vorhanden ist, desto weniger Konflikte/Kriege gibt es.
C	Keine Ahnung, nach der suchten wir auch schonlange.
D	Grosser Nutzen im Bereich das wir immer noch sehr offen für weitere Systeme sind. Bürokratisierung wieder etwas zurückgeht.
E	Indem man Gruppierungen macht und sich diese gegenseitig austauschen. Das Wissen ist so gross beim einzelnen, Gleichgesinnte zusammentun.
F	Die Bindung zum Unternehmen kann gestärkt werden, wertvoll für ihn, stärkt die Firma.

Tabelle 23: Zusammenstellung der abschliessenden Fragen, eigene Aufbereitung

Zusammenfassend kann gesagt werden, dass bei Zukunftsmöglichkeiten die Individualität besonders stark hervorgehoben wurde. Die Wissensverteilung und -nutzung ist stark personenabhängig und davon, ob sich diese Menschen im Grundsatz mögen oder nicht. Zusammenfassen kann man die Gefahren überspitzt als "der egoistische Spezialist und Firmenhüpfer". Einige Organisationen sehen die Chance beim Charakter von Wissen: Wissen ist neutral und verbindet über Grenzen hinweg. Zudem ist Wissen Macht und richtig eingesetzt unterstützt es die Verbindung der Menschen und Organisationen.

4.1.7 Wissensmanagement-Tools in der Praxis

Zuerst einmal wurde erhoben, ob die Experten das Tool kannten, ob sie es bereits benutzten und wenn ja, bewerteten sie die Nutzbarkeit auf einer Skala von 1-6. Anschliessend wurde eine Bewertung der Antworten anhand der Gewichtungsskala vorgenommen (Anzahl Nennung mal Skalenwert durch Summe der Nennungen), was folgendes Bild ergab:

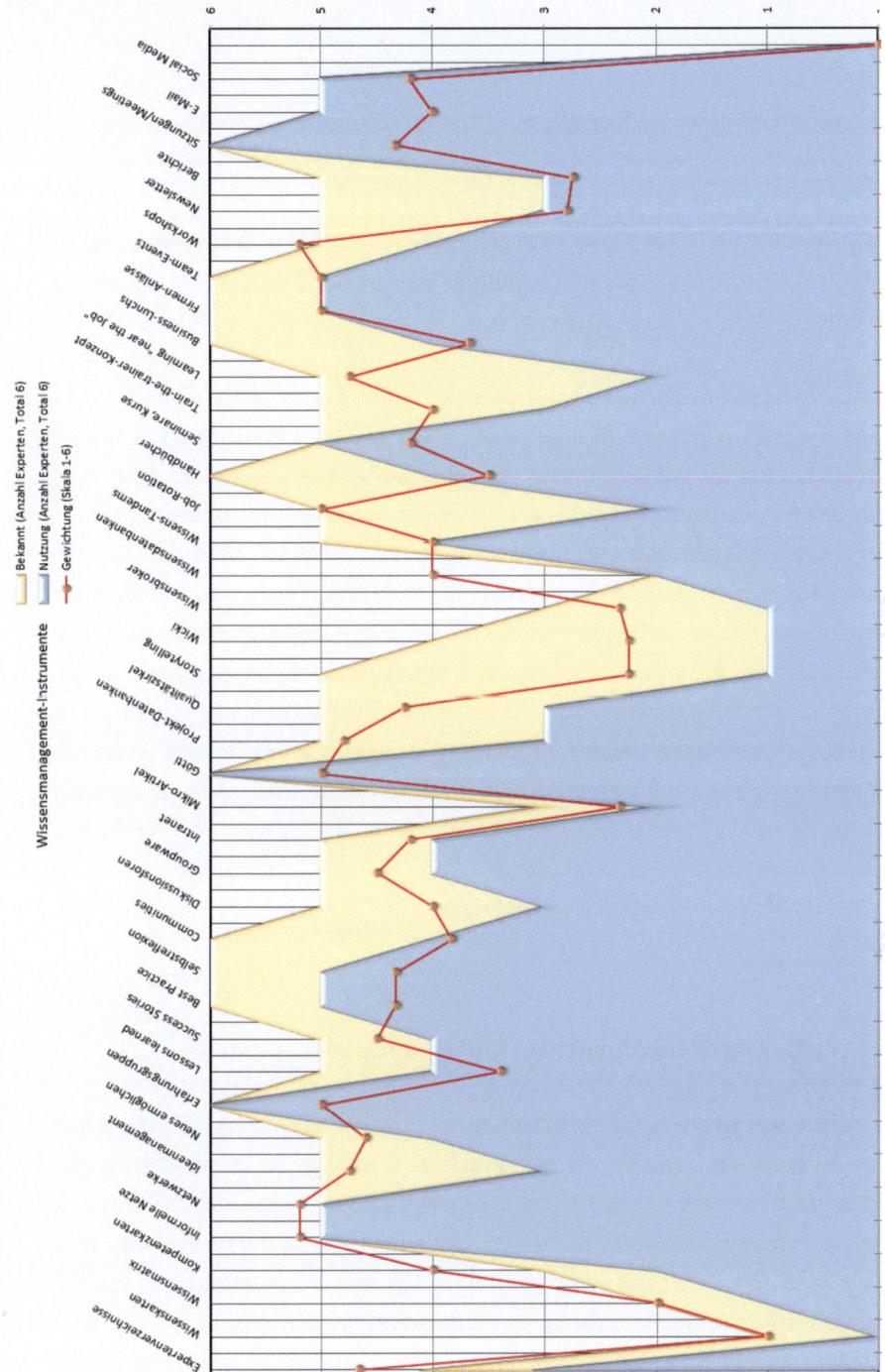

Abbildung 41: Auswertung Wissensmanagement-Instrumente, eigene Aufbereitung

135

Bei einer detaillierteren Betrachtung zeigt es sich, dass die Instrumente der Organisation mit Werten zwischen 5-6 beurteilt wurden. Die Wissensaustausch-Instrumente wurden gemischt und mehrheitlich tiefer bewertet. Bekannte Sachen wurden mehr genutzt und deshalb auch mehr bewertet. Die besten Bewertungen fielen auf informelle Netze, Netzwerke und Workshops. Die schlechtesten Bewertungen notierten Wissenskarten, Wissensmatrix, Storytelling und Wicki.

Richtig durchgeführt würde wohl jedes Instrument seinen Nutzen entfalten, aber wie das nächste Beispiel zeigt, sieht die Praxis meist anders aus. Die Durchführung von Lessons Learned ist eine der einfachsten Arten Wissensmanagement zu betreiben. Laufende bzw. beendete Projekte werden konstruktiv-kritisch anhand des gewonnenen Wissens hinterfragt. Die gängige Praxis sieht aber leider meist so aus, dass von Projekt zu Projekt gehetzt wird, ohne diese nach den Faktoren zu hinterfragen, die für das Gelingen oder Scheitern der Projektschritte relevant waren. Falls doch eine Hinterfragung stattfindet, dann wird meist nach dem Sündenbock sprich Verantwortlichen für Fehler gesucht, was Rechtfertigungen fördert aber ganz sicher keine Ursachensuche zulässt. Dabei wäre es mit der richtigen Einstellung so einfach, das Wissen aus vergangenen Projekten für zukünftige zu nutzen, vor allem wenn diese Erkenntnisse auch noch dokumentiert werden. Gemäss den Autoren Neumann et al. brauchen nur wenige zentrale Fragen gestellt und ehrlich beantwortet werden, damit aus Vergangenem gelernt werden kann:

- Was lief gut und was weniger gut in dem Projekt?
- Was würden wir anders machen, wenn wir nochmals anfangen könnten?
- Was wissen wir nun mehr als vorher?[216]

4.2 Erstellung Grobkonzept zum Aufbau eines Wissenspools

In einem ersten Schritt werden Vorüberlegungen zur Theorie und den Ergebnissen aus den Experten-Interviews angestellt, die als wesentliche Grundlagen für die Entwicklung des Grobkonzepts zum Aufbau eines Wissenspools erachtet werden. In einem zweiten Schritt wird das neu erarbeitete Grobkonzept in seinen Grundzügen präsentiert und der Theorie und Praxis gegenübergestellt. Strukturiert wird das Konzept und dessen Vorüberlegungen nach den drei Standbeinen des Wissensmanagements: Organisation, Mensch und Technik.

---

[216] vgl. Neumann, Robert/Grillitsch, Waltraud/Müller-Stingl, Alexandra 2007, S. 9

Die in den vorderen Abschnitten getätigten Überlegungen dienen als Basis zur gedanklichen Vorbereitung. Bevor bestehende Gedanken vertieft werden können, muss zuerst einmal definiert werden, was das neue Tool korrigieren soll. Die neue Lösung soll relevante Verbesserungen in der Kommunikation und Verknüpfung der Mitglieder bringen, damit diese sich gegenseitig unterstützen und voneinander lernen können.

Die IT Projekt Ressourcen Manager stellen den Kunden ihre Externen Mitarbeiter auf Projektbasis zur Verfügung, was unter anderem auch Personalverleih genannt wird. Der Verleiher tritt dem Kunden beim Zustandekommen eines Vertrags die Weisungsbefugnis über den externen Mitarbeiter ab, der Mitarbeiter seinerseits hat sich dem Kunden zu unterstellen. Die restlichen Rechte und Pflichten bleiben beim Verleiher. Der Personalverleih hat branchenabhängig mit einer hohen Fluktuation zu kämpfen. Damit aus einem Mitarbeiterverlust nicht auch noch ein gänzlicher Wissensverlust resultiert, sollte darauf geachtet werden, dass die Externen Mitarbeiter ihr Wissen in der Organisation des Verleihers hinterlassen (Dokumentation, Best Practice etc.) und an andere weitergeben.[217] Die Branche IT-Personalverleih befindet sich momentan im Umbruch, weshalb kein oder nur wenig Geld für etwas Neues ausgegeben werden kann. Deshalb wird auf bereits bestehendes zurückgegriffen, Netzwerke sollen ausgebaut und verstärkt werden, damit diese als Infrastruktur zur weitschweifigen Wissensverteilung und -nutzung dienen können. Die Planungskosten sind vorhersehbar und sollten in einem tiefen Bereich liegen, zudem sollte die Investition eine langfristige Erhöhung der Wettbewerbsfähigkeit des Externen und der Organisation dienen.

Gemäss der Organisation E kommen die Externen nicht zur Basis zurück und sagen sie haben ein Problem, obwohl das sehr wünschenswert wäre. Das Ziel ist also ein Instrument zu finden, wo sie sich selber Hilfe holen können. Wesentliche Verbesserungen sollten im Gebiet der Kommunikation und der Verknüpfung der Externen erfolgen. Gesucht wird etwas, das eine unkomplizierte Verknüpfung von swissPRM-Externen ermöglicht.

Für eine erfolgreiche Entwicklung eines Grobkonzepts mussten zuerst die möglicherweise bestehenden Barrieren zu Wissensverteilung und -nutzung analysiert werden. Nur wenn vorhandene Barrieren gemindert oder verhindert und Erfolgsfaktoren unterstützt werden, kann ein erfolgreiches Tool entwickelt werden, dass dann auch durch die Teilnehmer gestützt und benützt wird.

---

[217] vgl. North Klaus 2011, S. 144

4.2.1 Organisation

Wie in den vorderen Abschnitten beschrieben ist Wissensmanagement grösstenteils ein mündlicher kommunikativer Prozess. Der sich insofern schwierig gestaltet, da die Situation zweier Personen niemals identisch ist und die Fähigkeiten auf beiden Seiten vorhanden sein sollte, im gleichen Masse Informationen zu geben und wie auch anzunehmen.

4.2.1.1 Kultur der Wissensteilung und -Nutzung

Eine Teilungs-Kultur ist schlussfolgernd eng mit der Kommunikations-Kultur einer Unternehmung verbunden. Eine Kommunikationskultur mit aktiv gelebten Werten wie Offenheit, Vertrauen, Wissensteilung, Kompetenzerweiterung und Eigenverantwortung unterstützt die Mitarbeiter dabei, bestehendes Wissen fortwährend in Frage zu stellen und generiert Bestenfalls neues Wissen. Organisationskultur ist ein äusserst komplexer Begriff und kann knapp bezeichnet werden als "Systeme mit sozialen Werten, Glauben und Richtlinien, welche den Verhaltensbereich in einer Gesellschaft abstecken."[218]

Die Organisationskultur ist also ein unübersichtliches, lebendiges und mobiles Gebilde, welches von den Wechselwirkungen sowie Aktionen und Interaktionen aller Beteiligten lebt. Da Kultur von den Menschen erschaffen wird erhebt sich nun das nächste Problem, der Mensch an sich ist ein unberechenbares und mangelhaft konzipiertes System. Will man einen Wandel bei der Kultur bewirken, bedarf dies grösster Anstrengungen, da mentale und kognitive Sinnstrukturen und Wirklichkeits-Konstrukte also ein eigentliches "Kulturnetzwerk" verändert werden soll.[219]

4.2.1.2 Wissenspool

Während der Interviews bildete sich eine Idee, welche nun weiterverfolgt wird. Der Verband swissPRM besteht aus einem Netzwerk aus Mitgliedern und deren Externen. Durch eine verbesserte Verbindung der Externen untereinander kann die Wissensverteilung und -nutzung verbessert werden. Dabei zu beachten ist immer auch der bestehende Konkurrenzkampf zwischen den swissPRM-Mitgliedern und die Absprungrate der Externen. Externe sind nicht per se an eine Organisation gebunden, sobald das Mandat beendet und eine andere Organisation ein passenderes Mandat hat, ist der Externe mit seinem Wissen weg. Wegen des Konkurrenz-Gedankens ist der

---

[218] vgl. Lehner Franz 2012, S. 144
[219] vgl. Adelsberger Heimo H. / Bick M. / Hanke Th. 2002, S. 539

Verband swissPRM wahrscheinlich die einzige Möglichkeit, um so etwas aufzubauen. Der Verband stellt eine unabhängige Plattform zur Verfügung, wo sich die Externen weiterbilden können.

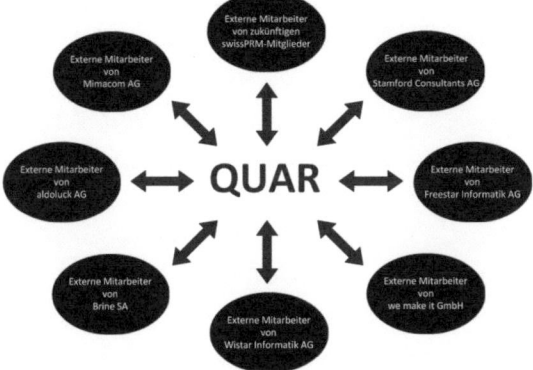

Abbildung 42: QUAR-Connections, eigene Aufbereitung

Geplant sind QUAR-Connections sprich Weiterbildungs-Aktionen unter Spezialisten-Gruppen. Zugelassen werden nur Externe von swissPRM-Mitgliedern und keine Verkäufer, damit sollen direkte Abwerbungen verhindert werden. Für die Externen wäre das Training gratis, finanziert werden würde die Aktion über die swissPRM-Mitglieder, welche pro teilnehmende Person einen kleinen Beitrag zahlen müssten. Anmelden können sich alle interessierte Externe deren Firma Mitglied von swissPRM ist, mit der Angabe ihrer Firma (zwingend wegen Verrechnung), einem Benutzer-Pseudonym und ihren Haupt-Skills (z.B. Java Senior Expert) sowie einer Kontakt-E-Mailadresse.

Die Entwicklung der QUAR-Connections ist schon so weit fortgeschritten, das bereits über die passende Namensgebung nachgedacht wird. Der Favorit ist momentan folgender Auftritt:

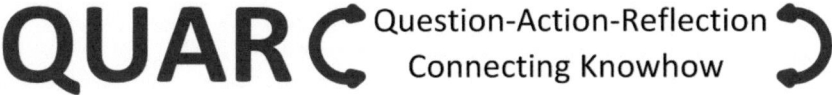

Abbildung 43: Logo QUAR, eigene Aufbereitung

Dabei sollen Praktiker von Praktikern lernen, sich untereinander austauschen und so dafür sorgen, dass das Wissen lebendig und ständig im Fluss bleibt.

Der Autor Strebel beschreibt ein Netzwerkmodell zwischen Organisationen, welches sich sehr gut auf Menschen adaptieren lässt. Menschen arbeiten zusammen, wenn sie ein gestecktes Ziel mit Hilfe anderer besser, schneller, effizienter oder effektiver erreichen können als wenn sie dies alleine täten. Damit eine Kooperation zustande kommt, muss sich aber bei jedem eine

Win-Win-Situation einstellen und jeder muss sich durch die Kooperation besser gestellt fühlen als alleine. Der Zweck und das Ziel dieser Interessengemeinschaft besteht im gemeinsamen und voneinander Lernen. Kurzgesagt handelt es sich um ein freiwilliges, zielorientiertes menschliches Netzwerk indem jeder Wissensaustausch, also lernen und lehren, betreiben kann und will.[220] Ein weiterer Vorteil ist, dass Informationen aus Netzwerken einen höheren Stellenwert einnehmen, da sie aufgrund der offenen und natürlichen Atmosphäre als haltbarer, exakter und aktueller eingestuft werden. Zugleich regt dieses Klima auch dazu an, bestehendes Gedankengut zu überdenken und damit möglicherweise zu neuen Erkenntnissen und Ergebnissen zu kommen. [221]

Der Nutzen dieser Sessions sollte allen swissPRM-Mitgliedern transparent aufgezeigt werden, damit diese ihre Externen auch ermuntern daran teilzunehmen. Die Externen werden nur dann ihre Zeit für solche Sessions opfern, wenn sie auch klar die Ausbeute für sich dahinter erkennen.

- Der technische Wandel schafft ständig neue Herausforderungen. Betriebe können nur dann mithalten, wenn das Wissen der Belegschaft auf dem aktuellen Stand ist.
- Aushängeschild für die Firma
- Leistungssteigerung
- Aktuelles Fachwissen, dass an andere Mitarbeiter (auch beim Kunden) weitergegeben werden kann
- Neue Fähigkeiten erhöhen die Konkurrenzfähigkeit des Mitarbeiters und der Organisation
- Positives Image und Reputationssteigerung wenn die Organisation die Mitarbeiter fördert und unterstützt.
- Nutzung des eigenen Potentials um eine Fachkraft zu werden oder zu bleiben
- Mitarbeiter die Wertschätzung und Anerkennung erfahren sind motivierter, selbstbewusster, loyaler und leistungsbereiter
- Steigerung der Produktivität und Effizienz
- Lebenslanges Lernen in der Beschäftigung mit neuen Forderungen
- Lernen dient dem Aufbau und Erhalt von Fertigkeiten, nicht nur aber auch zur Bewältigung beruflicher Anforderungen
- Beim Verlassen der swissPRM-Mitgliedsorganisation bleibt der Account bestehen, die Verrechnung erfolgt dann einfach direkt über den Externen.

Als Fazit kann gesagt werden, dass Weiterbildung dem Mitarbeiter wie auch der Organisation klare Vorteile bringt. Der Lern- und Altersforscher Christian Stamov meint dazu: "Wenn man sich nicht bildet, verlernt man irgendwann zu lernen." Er unterteilt den Nutzen der Weiterbildung in zwei Bereiche, einerseits in die Auseinandersetzung mit der Anforderung und andererseits deren Verwertung.[222] Die Organisation profitiert solange vom System, wie der Mitarbeiter bei ihr ist; solange der Mitarbeiter in der Organisation ist und neues Wissen lernt, trägt er

[220] vgl. Strebel Heinz 2007, S. 355-357
[221] vgl. Strebel Heinz 2007, S. 365
[222] vgl. Stamov Christian 2008, http://www.genios.de/presse-archiv/artikel/FAZ/20081101/im-gespraech-christian-stamov-rossn/FD1200811011968340.html/ 25.07.14

dieses unter dem Firmennahmen nach draussen. Der Mitarbeiter profitiert solange vom System, wie er dabei sein will.

Organisiert werden können die Meetings durch einen unabhängigen Trainer oder noch besser, von einem externen Spezialist selber. Der Lehrende veredelt, aktualisiert und verfeinert beim Teilen dabei geleichzeitig sein eigenes Wissen, während die Anderen dabei Neues verarbeiten und mit bestehendem verbinden können. In den QUAR-Connections können Techniken und Methoden gezeigt und gleichzeitig live erklärt werden.

Normalerweise sind persönliche Beziehungen nützlich und förderlich, um implizites Wissen zu verteilen.[223] Der Netzwerkgedanke trägt diesem Umstand Rechnung indem es die eigenen persönlichen Netzwerke fördert. Zudem steht der unparteiische Verband swissPRM für Transparenz, Professionalität sowie höchstmöglicher Berufs- und Qualitätsethik im Ressourcen Management. Er fördert eine erstklassige Kontaktpflege, einen offenen Informationsaustausch sowie eine vertrauensvolle Zusammenarbeit unter den Mitgliedern. Mit Werten wie Anständigkeit, Aufrichtigkeit und Ehrenhaftigkeit steht die Integrität der Organisation für eine unabhängige Plattform, in der die Externen ihr Wissen verteilen und nutzen, trotz der virtuellen Gemeinschaft mit mehrheitlich fremden Netzwerkmitgliedern. Parallel dazu kann z.B. ein Verhaltenskodex erstellt werden der dabei hilft, die Werte von swissPRM als Verhaltensgrundregeln in diesem Netzwerk hoch zu halten. Bevorzugt werden sollte die ausschliessliche Du-Form in der Kommunikation, was für einen Wissens-Austausch auf gleicher Ebene förderlich sein kann.

4.2.2 Mensch

Die empirische Studie von Sukowsky 2002 zeigte, dass durch die Wissensverteilung der Wissenswert für den einzelnen Mitarbeiter abnimmt, jedoch bei der Organisation ansteigt. Schlussfolgernd lässt sich daraus ableiten, dass die Organisation die Wissensverteilung anstrebt, der Einzelne jedoch nicht ohne weiteres zur Wissensverteilung bereit ist, ohne für den Wertverlust zusätzlich entschädigt zu werden. Er kam zudem zum Schluss, dass die 1:1 Kommunikation zwar sehr Aufwändig ist, dafür mit hoher Motivation und ohne Reibungsverluste verläuft, qualitativ sehr hochwertig ist und auch komplexe Sachverhalte aufgrund der verbalen und nonverbalen Kommunikation vermittelt werden können. Bei einer angestrebten Wissensverteilung von 1:n zeigt sich aber, dass die direkte Kommunikation nicht effizient ist,

[223] vgl. North Klaus 2011, S. 52

da die Übertragungskosten unverhältnismässig in die Höhe steigen (die Kosten steigen mit jeder weiteren Person linear an). Der zielführende Weg aus diesem Dilemma wäre die 1:n Kommunikation, welcher aber viele Hindernisse birgt, wobei vor allem die Anonymität des Mediums (wer bzw. braucht überhaupt jemand mein Wissen), der Zwang (Projekt-Abschlussdokumentation muss eingestellt werden), die Gegenleistung (als Motivation) und die Möglichkeit zur Profilierung (Anerkennung) genannt werden können.[224]

Die Ergebnisse dieser empirischen Studie lassen den Schluss zu, dass der optimalste Weg darin liegt, die Vorteile der 1:1 Kommunikation auf die 1:n Kommunikation zu übertragen. Die angestrebten QUAR-Connections sollten diesen Spagat vollziehen können, wenn auch teilweise nur bedingt.

- Der Kosten-Nutzen-Faktor ist tiefer, da der Aufwand mehreren Nutzern gegenübersteht (tiefere Übertragungskosten).
- Die Anonymität ist vermindert, da sich die Gesprächsteilnehmer sehen und hören, wenn auch nur virtuell.
- Die Motivation sollte gleich hoch sein, da sich in einem Netzwerk die Teilnehmer nach einer gewissen Zeit kennen, wie im realen Leben auch.
- Die Qualität ist relativ hoch und komplexe Sachverhalte können übermittelt werden, können doch Rückfragen und Diskussionen getätigt werden. Zudem befinden sich die Teilnehmer im gleichen Raum bzw. sie verfügen alle über den gleichen Kontext und das relative Vorverständnis.
- Die Gegenleistung besteht in der Motivation, zu einem späteren Zeitpunkt ebenfalls von einem Beitrag profitieren zu können.
- Die Profilierung besteht in der Anerkennung durch die anderen Teilnehmer, diese verläuft verbal während oder durch die Bewertungsfunktion nach den Meetings.

In dieser Arbeit wird eine Kombination aus der Personifizierungs- und der Kodifizierungsstrategie weiterverfolgt. Dabei kann das Potential beider Ansätze optimal ausgeschöpft werden. Der wesentliche Gedanke dabei ist, dass der Mensch dabei das zentrale Element ist und durch Tools unterstützt wird. Das Wissen ist in den Köpfen der Menschen und soll über Kommunikation mit Hilfe der Technik verteilt und genutzt werden können.

4.2.2.1 Merkmale von Externen

Die Beschreibung der Charaktereigenschaften von Externen im IT-Umfeld ist schwierig, da es sich um Menschen handelt, die in verschiedensten Funktionen und Rollen tätig und wie allgemein bekannt grundsätzlich sehr verschieden sind. Trotzdem lässt sich eine verallgemeinerte Aussage treffen,

externe Mitarbeiter sollten folgende Merkmale besitzen:

---

[224] vgl. Sukowski Oliver 2002, S. 77, 88, 146-148

- Dienstleistungsbereitschaft und Berufserfahrung (technisches Know-how)
- Hohe Belastbarkeit, gutes Informatik- und Branchenwissen, grosses Engagement
- Freude an Abwechslung (Kurz- und Langzeitmandate)
- eine schnelle Auffassungsgabe sowie eine flexible und effiziente Arbeitsweise
- Risikobewusstsein, unternehmerisches Handeln, Verantwortungsvoll
- Kommunikative, tolerante, flexible, höfliche, korrekte, teamfähige, selbständige Persönlichkeit
- Hartnäckigkeit, Durchsetzungsvermögen
- Konfliktfähig, Entscheide akzeptieren können
- Doppelte Loyalität (zum Kunden und zum Verleiher)

Nicht alle können jedoch diese Idealen entsprechen und der idealtypische externe Mitarbeiter gibt es schon gar nicht, im Grossen und Ganzen sollte aber die Richtung der Werte stimmen.

Die Schwierigkeit beim Wissenstransfer und -Nutzung der Externen liegt vor allem darin begründet, dass die Externen bei verschiedenen Kunden arbeiten, bei welchen nicht in deren Struktur eingegriffen werden kann. Was aber beeinflussbar bleibt, ist die Förderung einer Wissensverteilungs- und -nutzungs-Kultur. Der Externe befindet sich als Element in einem bzw. in verschiedensten Netzwerken, wodurch er somit als Ausgangspunkt für den Wissensaustausch dient.

Abbildung 44: Externe in Netzwerken, eigene Aufbereitung

Damit ein Externer überhaupt bereit ist sein Wissen auszutauschen, muss er die Gewissheit haben, dass er auch später auf sein Wissen und die Ergänzungen der Kollegen zugreifen kann, auch wenn er nicht mehr im aktuellen Projekt oder in der aktuellen Organisation angestellt sein wird. Zudem ist für viele Teilnehmer wichtig, dass ihre Beiträge beachtet und bewertet werden.

Die Immobilität des impliziten Wissens erschwert eine Wissensverteilung, da dieses Wissen meist nur mittels Sozialisation verbunden mit einer persönlichen raum-zeitlichen Nähe übertragen werden kann.

Mittels dieser QUAR-Connections, welche für Informatiker auch kein zusätzlicher Aufwand bedeutet, kann diese Hürde genommen werden. Das Wissen, das expliziert und vervielfältigt werden soll, ist bei den swissPRM-Externen vorhanden und somit stark verteilt. Um dieses Einzel-Wissen als gemeinsame Wissensbasis nutzen zu können werden QUAR-Connections ins Leben gerufen. Eine Schwierigkeit dabei ist, dass die Externen in der ganzen Schweiz und damit räumlich und geographisch getrennt sind, womit persönliche Treffen nicht durchführbar sind. Somit muss eine elektronische Lösung evaluiert werden, mit der die virtuellen Treffen vorbereitet, durchgeführt und nachbearbeitet werden können. Auf diese Weise sollen die Wissenskomponenten zusammengefügt und verteilt werden, als positiver Nebeneffekt kann zudem die damit einhergehende Transparenz über vorhandene Wissensquellen genannt werden.

Ähnlich wie die Wissensmanagement-Stammtische sollen sich die Menschen während diesen Sessions virtuell (und später vielleicht auch im direkten Kontakt) treffen können - Ein Raum für Interessierte von Interessierten. Wir alle haben schon die Erfahrung gemacht - der interessante Teil eines Meetings, Kurses, Seminars oder Kongresses findet dazwischen und danach statt, in den Pausen und den Schlussgesprächen. Wie sich daraus zeigt, ist der effektivste und effizienteste Weg zur Wissensverteilung und -nutzung der direkte - von Mensch zu Mensch. Hier soll ein, zwar auf virtueller Basis funktionierender, aber auf persönliche Kommunikation basierender Raum geschaffen werden, wo sich die Externen austauschen können.[225]

Mit der Einführung dieser QUAR-Connections wird eine Wissensnachfragekultur gefördert, der Externe kann schlussendlich am besten abschätzen wo er Wissenslücken hat und kann das für ihn relevante Wissen mit diesen Sessions nachfragen. Sie funktionieren als externe Wissensgemeinschaft zur Generierung, Verteilung und Nutzung von Wissen über Organisationsgrenzen hinweg.

- Sie legen Wissensbestände und -defizite offen
- Sie halten Wissen am Leben indem sie implizites Wissen erhalten, weitergeben und indem es an neue Situationen angepasst wird.

---

[225] vgl. Doberstein Steffen (2004), http://www.community-of-knowledge.de/beitrag/wissensmanagement-stammtische/ 16.03.2014

- Sie ermöglichen eine individuelle Erweiterung der Wissensbasis
- Durch das gemeinsame Themenverständnis erfolgt eine effektivere und effizientere Wissensverteilung und -nutzung und Problemlösung
- Sie verteilen neueste Entwicklungen untereinander, generieren neue Ideen und entwickeln Kompetenzen weiter.
- Sie bilden eine Identität, indem in einer Gruppe Neues gelernt und ausgetauscht wird[226]

Die Externen bilden eine heterogene Gruppe, sie alle haben eine verschiedene Herkunft, durchliefen verschiedene Bildungswege, haben unterschiedliche Werte und Kulturen und besitzen somit teils abweichende mentale Modelle was für eine Wissensverteilung nicht unproblematisch ist. Sie alle vereint jedoch das Interesse am jeweiligen Fachgebiet wie z.B. Java, .net oder Projektleiter. Auf diesem Gedanken aufbauend werden die Sessions nach Fachgebiet zusammengeschlossen, was somit eine einfachere Verteilung und Nutzung des Wissens ermöglicht. Die Gruppenzugehörigkeit fördert und optimiert die Wissensaktivitäten, da die Teilnehmer einen kleineren Vertrauens- und Wissensmissbrauch fürchten und sich stattdessen eher bestätigt und zugehörig fühlen werden. Zur Wissensverteilung und -Nutzung braucht es zudem Zuversicht, ein Vertrauen darauf, dass eine Win-Win-Situation zwischen allen Beteiligten besteht.

Anerkennung ist einer der stärksten Motivatoren, besonders bei den Externen, deren Loyalität dem Fachgebiet und nicht der Organisation gilt. Bei der Wissensverteilung fühlt sich der Lehrende als besonders wertvoll und kann sich dadurch von der anonymen Masse herausheben. Zudem festigt und baut er seinen Status aus, indem er bestehendes Wissen verfeinert und sich neues Wissen aneignet. Für den Einzelnen ist das persönliche Wissen der zentrale Produktionsfaktor welches seinen Marktwert bestimmt. Für dessen Aufbau investierte er Zeit, Kosten und Aufwand mittels Aus- und Weiterbildungen und seinen bisherigen Tätigkeiten wo er sich womöglich einen reichen Erfahrungsschatz angeeignet hat.
Er wird also nur zur Teilung bereit sein, wenn er dafür durch neues Wissen entschädigt wird.

4.2.2.2 Barrieren

Die Auswertung der Experteninterviews hat gezeigt, dass Barrieren unterschiedlich vorhanden sein und in der Stärke differenziert vorkommen können. Da Externe beim Kunden arbeiten und dort nicht in die Organisation eingegriffen werden kann, können die dortigen Barrieren auch nicht vermindert werden. Das neue Tool soll deshalb komplementär unterstützend wirken und helfen, Wissensverteilung und -nutzung ausserhalb des Kundennetzwerks zu ermöglichen. Hierbei wird auf die mündliche Kommunikation gesetzt, denn sie unterstützt die Entstehung

---

[226] vgl. North Klaus 2011, S. 163-164

von Vertrauen und Transparenz. In der Auswertung der Wissensmanagementtools in Kapitel 4.1.7 stellte sich zudem heraus, das Netzwerke und informelle Netze die besten Bewertungen und schlussfolgernd damit am meisten akzeptiert und genutzt werden. Gelungener Wissensaustausch bedarf der Kommunikation, diese erhöht die Motivation und damit die Annahme eines neuen oder veränderten Wissens.

Im nachfolgenden Abschnitt werden die vorhandenen Barrieren aus der Theorie und den Experteninterviews aufgeführt und den neu erstellten QUAR-Connections gegenübergestellt um darzustellen, wie stark sich die Barrieren bei diesem Tool auswirken und welche Massnahmen dagegen getroffen werden können.

Abrupte Veränderungen in der Unternehmensstruktur
Abrupte Veränderungen bedrohen bestehende Wissens-Verteilungskanäle und führen möglicherweise zu Know-how-Verlust, sie können aber auch positiv dazu beitragen das eine neue Wissens-Infrastruktur aufgebaut werden muss. Die Durchschnitts-Umfragewerte lagen bei diesem Punkt im normalen Bereich. Externe Informatiker sind immer wieder in anderen Projekten und Organisationen tätig und sind sich somit gewohnt, sich immer wieder neu zurechtzufinden, dabei kann ein bestehendes Wissensnetzwerk als etwas Beständiges wirken und damit Halt untereinander geben. Die QUAR-Connections unterstützen die externen Informatiker in der Wissensverteilung und -nutzung, indem sie damit Wissenslücken schliessen oder neue Fähigkeiten aufbauen können. Die Freiwilligkeit und Offenheit des Systems unterstützt das aktive Selbstmanagement, ohne das ein erfolgreicher Mitarbeiter nicht mehr auskommt.

Organisation
Starre Strukturen können Mitarbeiter in ihrer Phantasie, Kreativität und Entfaltung ihrer Fähigkeiten behindern. Wissensverteilung und -nutzung kann vielfach nicht von aussen gesteuert werden, durchaus möglich ist aber die Schaffung von günstigen Rahmenbedingen und Infrastrukturen, welche ein Austauschprozess einfacher ermöglicht. Die QUAR-Connections sollen die primären Organisationsformen nicht ersetzen sondern ergänzen. Sie dienen als Stütze und Hilfe zur Selbsthilfe.

Strategie
Meistens verfolgt die Strategie Ziele, welche keine optimale Ausgestaltung im Hinblick auf Wissensverteilung und -nutzung beinhalten, manchmal behindern sie diese sogar. Mit den QUAR-Connections sollen Netzwerkstrukturen geschaffen werden, die einen praktikablen, effektiven und effizienten Verteilungs- und Nutzungsprozess ermöglichen. Sie sollen als

Informationsgefäss dienen, das sich im ständigen Fluss befindet, Neues aufnimmt und weiterfliessen lässt.

Führung

Was gefordert wird, sollte vorgelebt werden; was erfreulicherweise alle befragten Experten in der Umfrage auch bejahten und somit unterstützten. Eine Förderung der Wissensverteilung und -nutzung durch Kollegen und der Organisation unterstützt ein reger Wissensaustausch. Sobald die Mitarbeiter selbst erfahren, dass die Führung hinter den Worten und Werten steht, erhöht sich damit auch die noch so kleinste Bereitschaft zur Wissensverteilungs- und -nutzung. Indem die swissPRM-Mitglieder ihre externen Informatiker zur Nutzung der QUAR-Connections auffordern, unterstreichen sie damit ihre Zustimmung und Wichtigkeit einer stetigen Weiterbildung.

Verhalten

Die Experten-Umfrage ergab, dass die Messung und Bewertung von Wissensverteilung und -nutzung in der Praxis kaum vertreten ist und wenn, dann nur sehr individuell. Zu den bewährten Instrumenten zur Steigerung der Mitarbeiter-Motivation gehören Einkommen, Aufgaben-Inhalte, Organisation im Sinne von Struktur und Regeln, Ressourcenverteilung, Kompetenzzuweisung, Führung, Informations- und Kommunikationsverhalten, sowie Karriereaussichten. Da in die Kunden-Organisation nicht eingegriffen werden kann, obliegt es bei der Verleihfirma, eine Kultur der Transparenz und Gerechtigkeit zu erschaffen, in deren sich der externe Informatiker gerecht behandelt vorkommt. Wenn Prozesse nachvollziehbar und als gerecht empfunden werden, erhöht sich damit das Vertrauen und schlussendlich das freiwillige Engagement. Viele der Vorteile der QUAR-Connections kommen direkt dem Teilnehmer zu Gute, was dessen Einkommen, neue Projekte, Kompetenzen, Informations- und Kommunikationsverhalten sowie Karriereaussichten positiv lenken kann. Eine andere Messung und Bewertung erfahren die Teilnehmer durch die anderen Netzwerkteilnehmer, welche sich in Kritik oder Bestätigung und dem Gruppen-Zugehörigkeitsgefühl bemerkbar macht.

Kultur

Optimalerweise unterstützt die Wissenskultur die Ziele und Ergebnisse der Organisation. Eine von allen getragene Kultur, gebildet aus Traditionen, Denkhaltungen und Wertevorstellungen, ist zentral und stellt die Basis für einen erfolgreichen Wissensaustausch dar. Die Wettbewerbsfähigkeit einer Organisation steht und fällt mit dem Mitarbeiter und wie schnell dieser lernt, welches Wissen erfolgversprechend und damit einen Mehrwert für sich und die Organisation darstellt.

Die QUAR-Connections sollten bereits beim Mitarbeiter-Eintritt thematisiert und dann immer wieder in den diversen Mitarbeiter-Gesprächen besprochen werden. So entsteht daraus etwas normales, was in den Arbeitsalltag integriert worden ist.

Vertrauen, Offenheit und Lernwilligkeit sind stark miteinander verbunden. Aufbauend auf Vertrauen und Offenheit entwickelt sich eine Kultur des Wissensaustauschs, die Mitarbeiter sind dann auch gewillt, Wissensverteilung und -nutzung offen zu betreiben. Vertrauen ist nicht von Heute auf Morgen da, es entsteht langsam durch Erfahrungen und gemeinsamen Handlungen, förderlich dabei ist autonomes Handeln, Feedback, Fehlerkultur und Offenheit.

Da das Weisungsrecht beim Kunden liegt, kann der Verleiher autonomes Handeln nicht steuern, der externe Mitarbeiter jedoch schon. Autonomes Handeln (z.B. Selbstkontrolle, Zeiteinteilung, Terminverwaltung, Arbeitszeiten) hat ein Stückweit jeder selbst in der Hand; denn wer mit seinem Wissen und schlussendlich den Arbeitsergebnissen beim Vorgesetzten Eindruck hinterlässt, dem werden auch mehr Freiheiten eingeräumt.

Wie der Volksmund schon sagt: "Angst ist ein schlechter Begleiter" (o.V.). Angst vor Fehler oder Kritik hemmt die Fähigkeit, Entscheidung zu fällen und Handlungen durchzuführen. Durch die QUAR-Connections soll ein Wissensvorsprung und damit ein gestärktes Selbstvertrauen aufgebaut werden. Indem der Verleiher auch dann hinter dem Mitarbeiter steht, wenn dieser einen Fehler macht, unterstützt er mit diesem Verhalten den Mitarbeiter zu mehr Offenheit. Dieses Verhalten zeugt von einer gegenseitigen Achtung und Wertschätzung, was unterstützend für mehr Offenheit und Vertrauen wirkt und sich schlussendlich positiv in der Wissensverteilung und -nutzung auswirkt. In dem die QUAR-Connections aktiv von den Verleihern bekannt gemacht werden, drückt er damit seinen ausdrücklichen Wunsch nach Wissensverteilung und -nutzung aus. Implizit drückt er damit zusätzlich aus, dass der externe Mitarbeiter selbstverständlich nicht allwissend ist und sich Hilfe beim Verleiher oder noch besser im Wissens-Netzwerk holen kann.

IT-Systeme
Sobald natürliche Teilungssituationen (persönliche Gespräch, Zusammenarbeit) zurückgehen, sollen
Informatik-Systeme diese Begegnungen ersetzen und damit den Wissensaustausch unterstützen. Wie die Experten-Umfrage gezeigt hat, kranken IT-Systeme jedoch vielfach an nicht relevanten und veralteten Informationen. Zudem liegt es im Wesen des Menschen, sehr spärlich oder nur im

Notfall auf ein IT-System zur Wissensverteilung und -nutzung zurückzugreifen, sprich wenn er innert nützlicher Frist keinen menschlichen Ansprechpartner gefunden hat.

Mit der Entwicklung der QUAR-Connections wird ein "menschliches Portal" gebildet, denn für die Menschen bleibt ein menschlicher Ansprechpartner immer die erste Wahl. Damit soll ein hybrides System geschaffen werden, indem Menschen dank der Technik zusammenkommen und Wissensverteilung und -nutzung betreiben. Die Anschlussfähigkeit bilden die Skills und die Kontakt-Mailadresse, mit denen Wissenssuchende und Wissensexperten auch ausserhalb der QUAR-Connections zueinanderfinden können.

Die QUAR-Connections sollen die externen Informatiker stärker vernetzen, es bringt die Menschen näher zusammen und fördert die mündliche Kommunikation untereinander. Während der QUAR-Connections kann implizites individuelles Wissen durch Interaktion und Kommunikation spontan verbreitet werden. Auch wenn das Bewusstsein über ein vorhandenes wichtiges Wissen nicht existieren sollte, kann es durch die Sessions, vielleicht durch eine Frage eines anderen Teilnehmers, aktiviert werden. Durch die Nachfragemöglichkeit und überhaupt der Kommunikationsmöglichkeit steigt die Wahrscheinlichkeit, dass das neue Wissen auch verstanden wird und schlussendlich umgesetzt werden kann.

Verteilungsstrategie
Wissensverteilung schafft Wettbewerbsvorteile, der Mitarbeiter kann effektiver und effizienter handeln, weiss sich bei Bedarf zu helfen und wirkt dadurch sicherer und kompetenter.

Bei der Wissensverteilung gibt es zwei Strategien, bei der Push-Strategie ist Wissen eine Bringschuld und bei der Pull-Strategie eine Holschuld. Fünf von sechs interviewten Experten waren der Meinung, dass der Nutzwert bei der Pull-Strategie um einiges höher als bei der Push-Strategie liegt. Die QUAR-Connections verfahren deshalb auch nach der Pull-Strategie. Wer ausser dem Mitarbeiter selbst kann besser einschätzen, wo er Wissenslücken hat oder Wissen besitzt, dass Dritten helfen könnte. Positiv wirkt sich dabei auch aus, dass die Teilnehmer nicht mit Informationen überflutet werden, sondern sich selber das für sie Wissenswerte heraussuchen können. Ein Wissensnachfrager kann durch das benutzerfreundliche, sich selbstständig organisierende Wissensnetzwerk rasch Kontakt zum Wissensträger aufnehmen.

Wissensinseln, welche durch geographische, hierarchische, funktional-strukturelle oder soziale Barrieren entstanden sind, lassen sich mit den QUAR-Connections elegant umgehen. Im besten

Fall bilden sich dadurch sogar neue Wissensstrukturen, was nicht nur dem Mitarbeiter sondern auch dem Verleiher zu Gute kommt.

Teilungsbarrieren
Teilungsbarrieren lassen sich in zwei Arten unterscheiden, einerseits sind dies die Teilungsfähigkeit und andererseits die Teilungsbereitschaft.

Die Teilungsfähigkeit umfasst die Barrieren Fehlende Wahrnehmung der Wichtigkeit des Wissens, Kommunikationstalent und das Zeitproblem.

Ein *nicht bewusstes Wissen*, das für andere aber relevant wäre, kann nicht verteilt werden. Ausser es wird durch Kommunikation und Nachfragen an die Oberfläche und damit ins Bewusstsein gebracht. Bei der Experten-Umfrage war dies die dritthöchste Durchschnitts-Barriere. Die QUAR-Connections sollen mit dazu beitragen, dass durch Kommunikation nicht genutztes Potential von Anderen ausgeschöpft werden kann.

Kommunizieren und damit sich ausdrücken hat jeder von Kindesbein an gelernt, ansonsten könnte er nur mehr schlecht als recht in dieser Welt existieren. Wir alle sind auf Kommunikation mit Dritten angewiesen, sei dies nun verbal, körperlich oder schriftlicher Natur. Die verbale Variante liegt vielen näher als die schriftliche Kommunikation und die körperliche Verständigung ist nur in speziellen Situationen denkbar. Die Barriere Kommunikationstalent lag bei der Durchschnitts-Umfrageauswertung an zweithöchster Stelle was bedeutet, dass sie als relativ wichtig angesehen werden kann. Die QUAR-Connections unterstützen deshalb auch die verbale Kommunikation, sei dies in den Sessions selbst oder mit den archivierten Videos.

Die Barriere *Zeitproblem* lag bei der Durchschnitts-Umfrage-Auswertung im Mittelfeld. Da bei vielen wahrscheinlich ein fiktiver Zeitmangel vorherrscht, in dem der Aufwand in einem schlechten Verhältnis zum Ertrag gesehen wird, wurde bei den QUAR-Connections darauf geschaut, das sich das Aufwand-Ertrags-Verhältnis die Wage hält. Der Mitarbeiter kann sich nur zu den Connections anmelden, bei denen er Wissenslücken vermutet und somit die Teilnahme einen hohen Ertrag für ihn generiert.
Eine weitere Ertragssteigerung generieren diejenigen Meetings, bei denen er durch sein Expertenwissen bei Dritten glänzen und wichtigen Input einbringen kann.

Alles in allem soll durch die QUAR-Connections eine Win-Win-Situation entstehen, die das Vertrauen unterstützt und damit das Kommunizieren, Nachfragen und Ausprobieren fördert.

Teilungsbereitschaft

Die Teilungsbereitschaft umfasst die Barrieren Unlust zur Dokumentation, Besitzerstolz, Wer fragt gilt als unwissend, Machtverlust und Informationen zurückhalten um sich unentbehrlich zu machen.

Die *Unlust zur Dokumentation* kann mehrere Gründe haben, einer davon ist sicherlich das Problem, dass der Aufwand zum erwarteten Nutzen in keinem Verhältnis gesehen wird. Vielfach müssen Dokumentationen erstellt werden, die dann nie jemand liesst. Unter solchen Bedingungen schwindet die Motivation verständlicherweise dahin. Wenn aber transparent der Nutzen daraus aufgezeigt wird, den die erstellten Dokumentationen auch wirklich haben, wird sich jeder dazu motivieren können. Ein weiterer Grund könnte auch im "scheinbaren Analphabetismus" liegen, es gibt viele Menschen, die seit der Schulzeit kaum mehr Schreiben und Lesen und sich dementsprechend nicht gewandt ausdrücken können. Wie beim Analphabetismus wird dieser Mangel jedoch so gut versteckt, dass lange Zeit niemand dahinterkommt. Vielfach kann auch beobachtet werden, dass eine Wortgewandtheit vorhanden ist, jedoch nicht zu Papier gebracht werden kann. In diesen Fällen helfen z.B. ProjektassistentInnen als "Dolmetscher", die das Gesprochene vom Projektleiter in ansprechende Dokumente verfasst.

Bei der Experten-Umfrage ergab diese Barriere den höchsten Durchschnitts-Wert. Bei den geplanten QUAR-Connections wird vor allem gesprochen, aufgezeigt, diskutiert und kaum geschrieben. Es wird nur das wichtigste dokumentiert, damit gemeint sind die Videos und allfälliges Zusatzmaterial.

Die nachfolgenden Barrieren erreichten in der Umfrage-Auswertung die tiefsten Durchschnitts-Werte, was aber nicht bedeutet dass sie unbedeutend sind. Die Barriere *Besitzerstolz* lässt sich vermindern, wenn ein Klima des gegenseitigen Wissensaustausches herrscht. Nur wenn der Geber das Gefühl hat, dass er nicht ausgenützt wird, erst dann wird er sein Wissen auch mit Anderen Teilen. Das Netzwerkgefüge wird dem wahrscheinlich positiv entgegenwirken, da "Schmarotzer" in der Gruppe meistens innert kürzester Zeit auffliegen.

Die Eigenschaft *unwissend* ist mit negativen Gefühlen beladen, da meistens implizit unterstellt wird, dass derjenige nichts kann und will. Da es bei den QUAR-Connections die Wissensverteilung genau darum geht, Wissen an Unwissende zu verteilen, wird es in der Teilnehmergruppe immer Leute haben, die dieses Wissen noch nicht haben und somit muss sich niemand dabei minderwertig fühlen.

Die Barrieren *Machtverlust* und *Informationen zurückhalten um sich unentbehrlich zu machen* treten in einem Netzwerk weniger auf, da hier nicht die gleichen Strukturen und Regeln gelten wie in einer Organisation. Bei den konzentriert und kompakt aufgebauten QUAR-Connections geht es nur um den Wissensaustausch und sie ermöglichen dadurch eine effiziente und effektive Wissensverteilung und -nutzung und damit Hilfe zur Selbsthilfe.

Wissensnutzung
Die Barrieren der Wissensnutzung lassen sich in drei Arten unterscheiden, erstens *das Wissen nicht als Erfolgskriterium* gesehen wird, zweitens in den *organisationalen oder persönlichen Barrieren* und zum Schluss noch in die *Anforderungen der Wissensnutzer*.

Wissen als Erfolgskriterium
Diese Barriere umfasst Wie stark ist man sich bewusst, dass nur durch die Wissensnutzung das vorhandene Wissen in fassbare Resultate umgesetzt werden kann?, Wird "Fragen zu stellen" als Zeichen mangelnder Kompetenz verstanden? Wird "Fragen zu stellen" als Bereitschaft zu Lernen und Veränderung aufgefasst?, Wissen als Ressource verstehen, Wird ein dokumentiertes Wissen als Hilfe/Information oder eher als Belastung aufgefasst?.

Diese Barrieren erzielten bei den Umfrageauswertung durchwegs positive Durchschnitts-Resultate, was ihre Wichtigkeit nur noch unterstreicht. Allein das Bereitstellen geeigneter Wissensmanagement-Infrastruktur reicht nicht aus, damit das *Wissen zum Erfolg* verhilft und den erhofften Nutzen stiftet. Indem swissPRM, eine Organisation mit Werten und Traditionen, hinter den QUAR-Connections steht, sollten eine Nutzung und damit ein Mehrwert erzielt werden können. Wenn die Sessions offen und transparent erklärt werden, sollten viele auch die Vorteile der Wissensverteilung und -nutzung für sich selber erkennen können und somit freiwillig mitmachen wollen. *Fragen stellen* wird so als Bereitschaft zu Lernen und Veränderung aufgefasst genauso wie das man aus Fehlern lernen kann und es unterschiedliche Lösungen für ein Problem geben kann. Mit den QUAR-Connections soll *Wissen als Ressource* verstanden werden, die jeder beziehen kann, egal von wo er kommt und wohin er geht. Die Barriere *dokumentiertes Wissen* wurde bereits weiter oben bei der *Unlust zur Dokumentation* ausführlich beschrieben.

Nutzungsbarrieren
Die Barrieren der Wissensnutzung beruhen entweder in der Organisation oder in der eigenen Persönlichkeit. Generell unterstützen die QUAR-Connections mit der Netzwerkstruktur das Neue, das Nachfragen und das Fehler machen dürfen. Das Zusammengehörigkeitsgefühl und die Achtung der Anderen unterstützen ein positives Nutzungsverhalten. Die Umfrage-

Auswertung war bei den Werten sehr unterschiedlich, weshalb kurz auf jede einzelne Barriere eingegangen wird.

Die *Angst vor Neuem* und die *Betriebsblindheit* sagen eigentlich nur aus, dass das bisher Bewährte noch als zu Gut empfunden wird. Die Durchschnitts-Umfragewerte liegen bei beiden Punkten im tieferen Bereich, womit sie als nicht so stark ausgeprägt gesehen werden können. Das Positive bei den QUAR-Connections ist, die Teilnahme kann aktiv oder passiv erfolgen. Die Möglichkeit der Passivität gibt auch scheuen Benutzern die Gelegenheit, sich mit einem neuen Thema nach und nach vertraut zu machen. Er kann mithören wie Vor- und Nachteile zu Themengebieten diskutiert und argumentiert werden. Zudem hat er jederzeit die Möglichkeit, sich aktiv einzubringen. Eine aktive Teilnahme an den QUAR-Connections kann aus mehreren Gründen erfolgen, einer davon ist der Benutzer hat ein Bedürfnis zur Veränderung festgestellt. Und wenn dann noch der Nutzen des Neuen klar erkennbar ist, wird er auch auf handlungsent-lastende Routinen verzichten. Die Teilnahme kann aber auch nur aus dem Grund erfolgen, um seine bisherige Sichtweise zu verstärken, ohne dem Neuen überhaupt eine reelle Chance gegeben zu haben. In diesem Fall wird der Lernerfolg wahrscheinlich sehr gering ausfallen.

Die *Überschätzung der eigenen Fähigkeiten* wird wahrscheinlich nicht so stark ausgeprägt sein, und wenn doch werden die Netzwerk-Kollegen wahrscheinlich Gegenmassnahmen treffen.

Die *Angst vor dem Verlust des eigenen Expertenstatus* ist stark verwandt mit dem *Machtver-lust*, der weiter oben bereits thematisiert wurde. Da die anderen Netzwerk-Kollegen wahr-scheinlich nicht beim gleichen Kunden arbeiten, sollte diese Barriere im Wissensnetzwerk nicht allzu stark ausgeprägt sein.

Auch die *grössere Verwundbarkeit durch das Eingestehen einer Wissenslücke* wurde weiter oben bereits diskutiert. Fragen stellen wird in den QUAR-Connections als Bereitschaft zu Lernen und Veränderung aufgefasst, was die Barriere eliminieren oder vermindern sollte.

Geheime Spielregeln treten vorwiegend in typischen Organisations-Strukturen auf und sollten demnach in einer Netzwerk-Struktur weniger stark präsent sein.

Das *"not-invented-here"-Syndrom* sollte auch nicht stark hemmend wirken, da in den QUAR-Connections alle Teilnehmer voneinander lernen wollen. Die Kultur von swissPRM und damit auch der QUAR-Connections, in der Wissen als Ressource verstanden wird, unterstützt eine effektive Nutzung fremdes Wissen.

Die Barriere "Selbermachen" wirkt hier eigentlich, sofern nicht zu stark ausgeprägt, wegen dem grösseren Lerneffekt positiv. Wenn Neues selber ausprobiert und weiterentwickelt wird und anschliessend das neue Wissen wieder verteilt wird, bildet sich ein Wissenskreislauf.

Anforderungen des Wissensnutzers
Die Anforderungen der Wissensnutzer basieren auf der Bequemlichkeit, weniger ist mehr (Einfachheit, Aktualität und Anschlussfähigkeit), strukturiertes Wissen (Visualisierung, Kurzzusammenfassung, Strukturieren, zu lange oder zu wenig handlungsorientierte Berichte) und dem nutzungsorientierten Arbeitsraum.

Generell kann dazu gesagt werden, dass bestehende Systeme oft der "goldenen Nutzbarkeitsregel" zu wenig Beachtung schenken. Dabei fördert die Einhaltung der Nutzer-Bedürfnisse den Wissensaustausch, welcher zudem noch mit verhältnismässig einfachen Mittel umzusetzen wäre. Die Umfrageauswertung bestätigt diese Meinung, die durchschnittlich stärksten Barrieren erhielten die zu lange oder zu wenig handlungsorientierte Berichte.

Die *Bequemlichkeit* steuert die Wissensnutzung, weshalb bei der Entwicklung der QUAR-Connections auf einen praktikablen, einfachen aber effizienten Wissensaustausch geachtet wurde. Wenn der Aufwand zum erwarteten Erfolg in einem positiven Verhältnis wahrgenommen wird, wird auch mitgemacht.

Die QUAR-Connections werden als nutzerfreundliche Infrastruktur geplant. Die *Anschlussfähigkeit* garantiert die rasche Kontaktaufnahme-Möglichkeit und die *Einfachheit* wird garantiert durch die verbale Kommunikation sowie das praktikable elektronische Kommunikationstool. Auf die *Aktualität* kann nur bedingt Einfluss genommen werden, wobei hier aber wieder das Netzwerk positiv wirkt, da veraltete Informationen wahrscheinlich rasch durch die Kollegen erkannt werden.

Die Barrieren *strukturiertes Wissen* und *nutzungsorientierter Arbeitsraum* werden bei den QUAR-Connections weniger stark hemmen, da das Tool auf verbale Kommunikation setzt, die Handhabung und die Archivierung einfach und bedienbar sind und ausser einem PC kein Arbeitsraum vorhanden sein muss.

4.2.3 Technik

Wenn viele Sinnesorgane mittels verschiedenen Reizen angesprochen werden - Sehen, hören, lesen, reden, handeln - wird der Lernerfolg stark erhöht. Schriftliche Dokumentationen werden kaum gelesen, da sie der Handlungsweise des Menschen grösstenteils widersprechen. Kommunikation und damit Wissensverteilung und -nutzung findet vorwiegend zwischen Menschen in der persönlichen verbalen Kommunikation statt.

Für eine Multiplizierung eignen sich Videos besser als schriftliche Dokumentationen - die Kommunikation läuft in einem gewissen Grad persönlicher und in Zeiten von YouTube auch gewohnter ab. Lebendige Inhalte vermitteln nicht nur Informationen, sondern auch Gefühle und Eindrücke. Informationen lassen sich so kompakt darstellen und für alle oder nur für einige verfügbar machen.[227]

Das Tool sollte eine verbesserte Verknüpfung der Teilnehmer und damit eine Optimierung der Kommunikation herstellen. Die Verständigung sollte zudem interagierend und zwischen mehreren Kommunikationspartnern möglich sein, die Teilnehmer sollten neben dem Lehrenden selber auch Fragen stellen und Feedback zum Thema geben können. Zudem sollte das behandelte Wissen auch nachträglich für die Teilnehmer zur Verfügung stehen und damit jederzeit abrufbar sein. Ein Volltext-Suchdienst bietet dabei Unterstützung bei der Wissenssuche.

Zugang erhalten nur Mitarbeiter von Verbandsmitgliedern, die im System einen Account eröffnet haben. Der Account bleibt erhalten, auch wenn der Mitarbeiter aus der Mitgliedsorganisation austritt und bei keinem Verbandsmitglied mehr angestellt ist. Die Zugangsbeschränkung bezweckt mehrere Ziele:

- Die Identität der Gruppe steigt durch die Nutzung eines separaten Bereiches im Intranet von swissPRM. Die Gemeinsamkeit wie auch das "wir-Gefühl" steigt mit jedem weiteren Treffen an.
- Zugang erhält nur, wer auch bereit ist Wissensverteilung und -nutzung zu betreiben. Es kann Beispielsweise zur Nutzungsbeschränkung gehören, dass innerhalb der ersten 6 Monate eine QUAR-Connections vom Neuzugang durchgeführt werden muss.
- Bei Fehlverhalten können Nutzer gesperrt werden
- Durch die Registrierung erhält man Nutzerdaten und kann das Nutzungsverhalten damit verbinden. Beispielsweise könnten Passive Nutzungsteilnehmer aktiv angeschrieben und an die nächsten interessanten QUAR-Connections erinnert werden.
- Durch diesen Zusatznutzen profitieren der Verband und deren Mitglieder.

---

[227] vgl. Hoeper Stefan 2013, S. 1-2

Die Internetseite sollte nutzerorientiert aufgebaut werden und mit einer integrierten Volltext-Suche ausgestattet sein. Darin aufgeschaltet werden können die Termine und Inhaltsangaben der nächsten Sessions, die Videos der vergangenen Sessions und damit zusammenhängender Tools oder Hilfsmittel. In solch einem separaten Ort kann sich eine eigene Sprache, Methode, Regeln oder Werkzeuge entwickeln, die diese Wissenseinheit markieren.[228]

4.2.3.1 Software-Kriterien

In der heutigen Zeit muss ein solches Tool nicht von Grund auf neu gebaut werden, da es schon viele solcher Tools auf dem Markt gibt. Der erste Schritt zur Evaluation umfasste die Erstellung wichtiger Kriterien, welch in einem zweiten Schritt mit den momentanen Marktführern (Google Hangout und Edudip) verglichen wurden, um das für diese Zwecke optimale Tool herausfinden zu können.

Die Kriterien wurden anhand der benötigten Funktionalitäten erstellt, die wichtigsten werden nachfolgend detailliert vorgestellt.

Kommunikation
Die Kommunikation lässt sich in asynchron und synchron unterteilen. Bei der synchronen Kommunikation befinden sich alle Teilnehmer in einem virtuellen Raum und kommunizieren miteinander z.B. über einen Chat, sehen und hören einander während der Live-Übertragung via Audio und Webcam. Die asynchrone Kommunikation verläuft zeitversetzt zwischen den Teilnehmern z.B. in einem Forum, beinhaltet aber auch eine Meldung zum nächsten Webinar.

Dokumenten-Management
Damit der Wissensaustausch optimal vonstattengehen kann, braucht es eine Volltextsuche, selbsterklärende Menü-Führung und eventuell auch die Möglichkeit, Dokumente mit Meta-Informationen zu hinterlegen. Die Dokumente sollten vor, während, und nach dem Meeting eingestellt werden können, zudem sollten alle gängigen Formate akzeptiert werden.

Verwaltung
Das Tool sollte neben dem Haupt-Moderator möglichst viele Moderatoren gleichzeitig zulassen sowie Bewertungsfunktionen beinhalten. Das Management der Mitglieder beinhaltet sowohl die Zugriffsrechte, wie auch das Verwalten der Mitglieder. Neben der Exportfunktion sollte auch eine Erinnerungsfunktion dabei sein, damit Mitglieder an die nächste Veranstaltung erinnert werden können. Jedes Mitglied sollte Zugriff auf die Mitgliederliste haben, welche den Benutzernahmen, die E-Mailadresse und die Haupt-Skills enthält und falls vorhanden eine

---

[228] Vgl. North Klaus 2011, S. 170

allfällige Bewertung des Mitglieds. Damit sollen ein rasches Auffinden der Experten und eine schnelle Kontaktmöglichkeit gewährleistet sein.

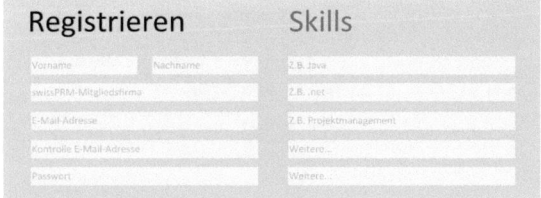

Abbildung 45: Registrierungs-Möglichkeit, eigene Aufbereitung

Bewertung

Die Bewertung geschieht entweder durch die Teilnehmer, diese verläuft verbal während oder durch die Bewertungsfunktion nach den Meetings. Die Qualität kann sich auch aus der Abfragehäufigkeit oder der durchschnittlichen Teilnehmerzahl zusammensetzen. Durch solche Bewertungs-Ranglisten gewinnt ein Wissenssuchender rasch einen Überblick, ohne das Wissen konsumieren zu müssen. Zudem erhält der Wissensteiler dadurch Anerkennung, welche ein ganz gewichtiger Motivator zur Wissensverteilung ist.

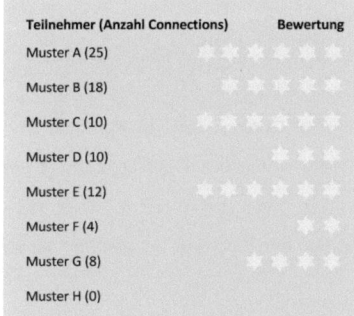
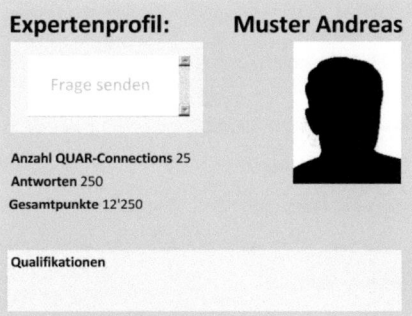

Abbildung 46: Beispiel Teilnehmerliste und Mitgliederprofil, eigene Aufbereitung

Technik

Das Tool sollte eine hohe Verfügbarkeit und Nutzerfreundlichkeit sowie mehrere Zugriffsmöglichkeiten (mit wenigen Hindernissen) besitzen. Eine Web-basierte Lösung ist zu bevorzugen, da damit kein zentraler Server benötigt wird und somit keine ungeplanten Kosten (Installations- und Wartungskosten) auftauchen können. Während dem Chat sollte die Teilnehmerliste für alle sichtbar sein. Damit die Events auch später noch angeschaut werden können, benötigt es eine Aufzeichnungsfunktion. Zudem sollte die Lösung in die eigene Website integriert werden können.

Kosten

Für die Teilnehmer sollten mehrere Bezahlfunktionen zur Verfügung stehen. Die Kosten der Lösung sollten planbar und nicht allzu hoch ausfallen.

	Hangouts On Air	edudip
Link:	http://www.google.com/intl/de/+/learnmore/hangouts/	https://www.edudip.com/funktionen
Kommunikation (Austausch)		
Live Übertragung	Möglich, Anruf an die Moderatoren Gruppe	Möglich, in einem Webinarraum
Audio	Ja Qualität sehr hoch	Ja Qualität sehr hoch
Webcam	Ja Qualität mittel	Ja Qualität sehr hoch
Desktop sharing	Ja Qualität hoch	Ja Qualität sehr hoch
Forum	Nein	Ja zu jedem Webinar ein Forum
Chat	Ja	Ja
Dokumenten-Management		
Vor	Ja	Ja
Während	Ja	Ja
Danach	Ja	Ja
Powerpoint	Ja	Ja
Word	Ja	Ja
Excel	Ja	Ja
Umfrage	Nein	Ja inkl. Live Statistik
Video	über Youtube	über Youtube
Verwaltung		
Übersicht	Unübersichtlich	Gut
Anzahl Moderatoren	Maximal 10 können gleichzeitig sprechen. Maximal 10 aktivierer	1 Moderator +3 CO Moderatoren. Unlimitiert Teilnehmer aktivierer
Teilnehmer Limit	Unlimitiert	1000 Teilnehmer
Direktversand über Teilnehmer Liste	Nein	Ja per Knopdruck beispielsweise Link zu Dokumenten etc.
Exportfunktion Teilnehmerliste	Nein	Ja
Erinnerungsfunktion	Nein	Ja
Bewertungs Funktion	Nein	Ja
Technik		
Smartphone	ja	Telefon Einwahl
Desktop PC	ja	Ja
Tabletts	ja	Nein
Einbindung Website	Ja	Ja
Vorausetzungen	Internet, Google+ Account	Internet, keine zusätzliche Software

Tabelle 24: Kriterien-Vergleich Hangout mit Edudip, eigene Aufbereitung

4.2.3.2 Betrachtung Google Hangout

Bei der direkten Gegenüberstellung wurde festgestellt, dass Google Hangout mehr für den öffentlichen Gebrauch gemacht wurde. So kann Beispielsweise ein Event per Livestream auf YouTube, Websites und Endgeräten den Zuschauern live publiziert werden. Nach dem Livestream wird automatisch eine Aufzeichnung als Video bei YouTube im eigenen Kanal veröffentlicht.

Als Voraussetzung um überhaupt an einer Live-Sitzung teilnehmen zu können, muss jeder Teilnehmer einen *Google+*-Account besitzen und die Applikation installiert haben.

Beim Gebrauch einer Geschlossenen Gruppe (z.B. der swissPRM-Mitglieder) muss der Moderator die CO-Moderatoren und die zuvor erstellte Gruppe über Google Hangout kontaktieren. Dieses Vorgehen kann bei einer grösseren Gruppe relativ aufwändig ausfallen. Bei einer öffentlichen Nutzung von Google Hangout kann ein Teilnehmer den Moderator anrufen und auf "On Air" klicken. Dabei werden alle Followers aus dem *Google+*-Netzwerk darüber informiert. Vorgesehen ist auch, dass zusätzlich jeder Event bei YouTube als Live-Stream ausgestrahlt wird.

Erwähnenswert ist auch, dass bei einer Live-Sitzung die Teilnehmer nicht identifiziert werden können, Kontaktdaten oder ähnliches wird nicht aufgezeichnet.

Vorgehen einer Live-Sitzung

Vorgehen	Darstellung
Erstellung eines *Google+*-Accounts	
Installation des Plugins von Google Hangout	
Einladung der Teilnehmer per E-Mail oder Direktlink	
Google Hangout starten	

Tabelle 25: Vorgehen Google Hangout, eigene Aufbereitung (Bilder aus http://www.google.com/intl/de/+/learnmore/hangouts/)

Möglichkeit zur Plattform-Bildung

Die Erstellung einer eigenen Plattform aus Google Hangout ist mit viel Erstellungs- und Gestaltungs-Aufwand verbunden. Zuerst müsste eine Plattform entwickelt werden, wobei dann idealerweise Google Hangout integriert wird. Der Kosten-Nutzen-Faktor wird bei diesem Vorgehen wahrscheinlich in keinem Verhältnis liegen, was nachfolgende geschätzte Kostenaufstellung verdeutlicht.

Aufstellung	Kosten in CHF
Domain	19.00
Webhosting	120.00
CMS Wordpress, Design und Programmierung	100'000.00
Integration Zahlungsschnittstelle	2'000.00
Integration der Community	1'000.00

Tabelle 26: Kostenaufstellung Google Hangout, eigene Aufbereitung

4.2.3.3 Betrachtung Edudip

Bei Edudip kann für jede Live-Session ein Webinar-Raum eingerichtet werden. Dadurch können sich die Interessierten Teilnehmer für die jeweiligen Webinars mit Name und E-Mailadresse anmelden. Generell kann gesagt werden, dass sich der Erstellungsaufwand in engen Grenzen hält, da Edudip auf Webinars ausgerichtet wurde. Vor der Live-Session wird standardmässig eine Erinnerung an die Teilnehmer versendet und das Webinar wird automatisch aufgezeichnet und kann anschliessend den Teilnehmern zur Verfügung gestellt werden. Dank der Teilnehmerliste kann der Moderator vor, während oder nach der Sitzung per Knopfdruck die Teilnehmer per E-Mail mit Dokumenten oder Informationen versorgen.

Vorgehen einer Live-Sitzung

Vorgehen	Darstellung
Account bei Edudip anlegen	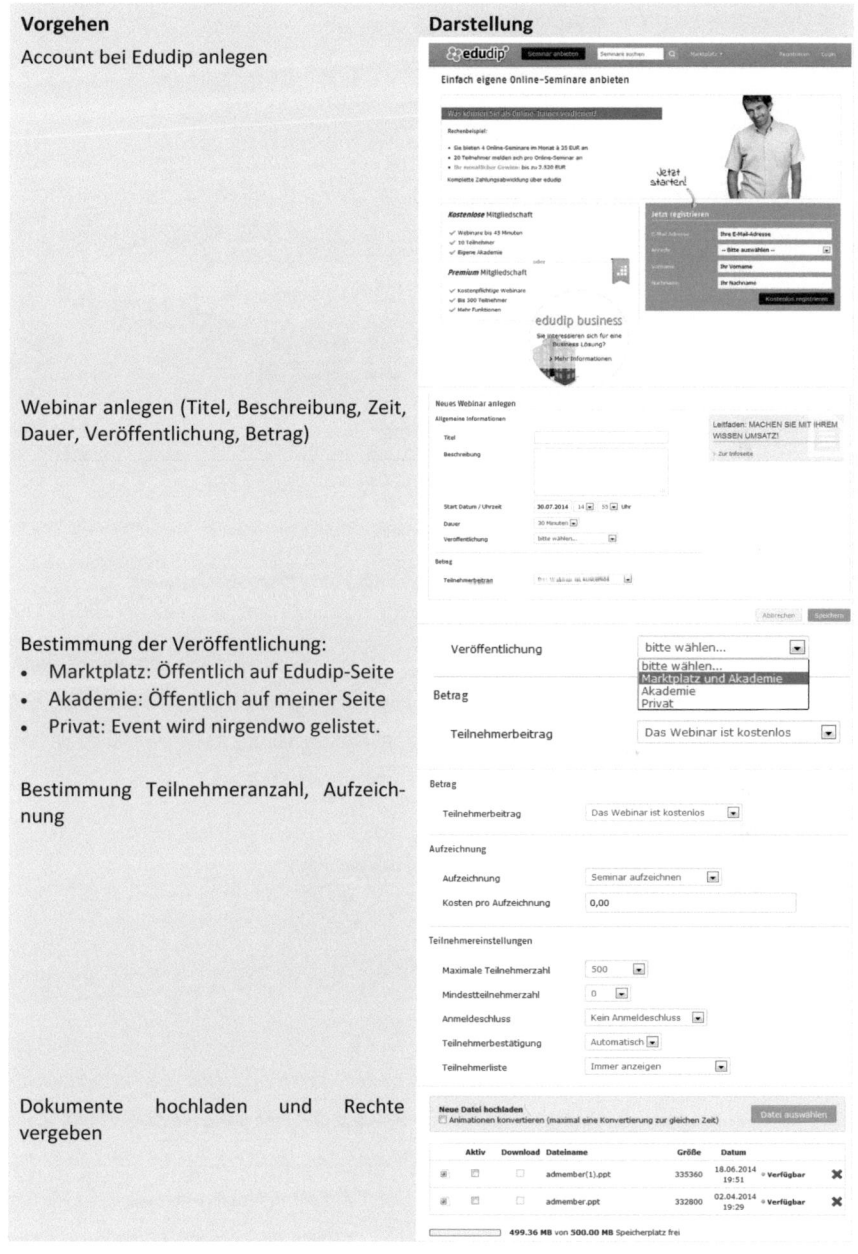
Webinar anlegen (Titel, Beschreibung, Zeit, Dauer, Veröffentlichung, Betrag)	
Bestimmung der Veröffentlichung: • Marktplatz: Öffentlich auf Edudip-Seite • Akademie: Öffentlich auf meiner Seite • Privat: Event wird nirgendwo gelistet. Bestimmung Teilnehmeranzahl, Aufzeichnung	
Dokumente hochladen und Rechte vergeben	

161

Teilnehmer Einladen mit automatisch erstellter Vorlage. Dabei integriert ist der Zugangs-Link, über den man entweder direkt und ohne Registrierung in den Event-Raum gelangt oder auf der Event-Einladungsseite landet, auf der man sich registrieren und je nach Fall auch zahlen muss.	
Automatische Erstellung der Eventseite	

Tabelle 27: Vorgehen Edudip, eigene Aufbereitung (Bilder aus https://www.edudip.com/)

Möglichkeit zur Plattform-Bildung

Ohne grösseren zusätzlichen Aufwand besteht bei Edudip die Möglichkeit eine eigene Platt-form daraus zu erstellen. Dabei wird die Edudip-Plattform dupliziert sowie Design und Funktionalität an die Kundenwünsche angepasst. Bei dieser Lösung kann man auch andere Trainern als Sublieferanten anbinden, welche selber Events durchführen.

Aufstellung	Kosten/Mt. in €
Normal (ohne eigene Plattform)	69.00
White Label (mit eigener Plattform)	299.00

Tabelle 28: Kostenaufstellung Edudip, eigene Aufbereitung

4.2.3.4 Fazit System-Vergleich

Google Hangout wurde grösstenteils für die Face-to-Face-Kommunikation wie Skype oder für ein Live-Stream an die Öffentlichkeit gedacht. Eine geschlossene Kommunikation mit einer grösseren Gruppe durchzuführen ist zwar möglich aber sehr umständlich und Zeitaufwändig, das das Tool nicht optimal darauf ausgerichtet wurde. Das Kosten-Nutzen-Verhältnis ist bei der Realisation einer eigenen Plattform kaum gegeben, zudem muss jeder Teilnehmer einen *Google+*-Account besitzen.

Edudip wurde speziell auf die Durchführung von Webinars ausgerichtet, was der Vorteil hat, dass viele mögliche Varianten (z.B. offene oder geschlossene Gruppen, Bezahl-Modus) schon von vornherein zum Standard gehören und nicht extra programmiert werden müssen. Positiv erwähnenswert ist sicher auch, dass keine Software vorgängig installiert werden muss, zudem verfügt Edudip über Funktionen wie Whiteboard, Aufzeichnung, Chat, Präsentation und Screensharing.

Beide Systeme ermöglichen die Kommunikation mit anderen Personen über das Internet. Für die hier geplanten Zwecke eignet sich jedoch das Edudip-System besser.

4.2.4 Abschluss

Virtuelle Treffen haben Vor- aber auch Nachteile. Die Teilnehmerzahl ist relativ unbeschränkt und Wortmeldungen mehrerer Teilnehmer sind möglich. Dank der virtuellen Teilnahme entfallen Reisekosten und entsprechende Organisationsaufwände. "Audio- und Videokonferenzen erlauben eine bidirektionale, synchrone, multimediale Kommunikation."[229] Audio- und Video-Aufnahmen und weitere zusätzlichen Informationen können relativ unproblematisch allen Benutzern zur Verfügung gestellt werden. Als kleinen Nachteil kann die benötigte Infrastruktur genannt werden, welche jedoch bei Informatikern bereits vorhanden und nicht mehr beschafft werden muss. Einzig die Kosten für ein Meeting-System und dessen Konfiguration können anfallen, wobei diese im Verhältnis sonstiger Raumkosten marginal ausfallen werden.[230]

In den neu entwickelten virtuellen QUAR-Connections verständigen sich die Teilnehmer untereinander wechselseitig, jeder kann Fragen stellen oder Feedback geben. Diese Sessions werden digital aufgezeichnet und mit allfälligen zusätzlichen Hilfsmitteln archiviert. Die Teilnehmer können somit jederzeit nach Stichworten suchen und das Gefundene wieder konsumieren.

Die nächsten Schritte werden sein:
* Präsentation von QUAR-Connections im Vorstand swissPRM
* Bei der Annahme des Projektes wird eine Arbeitsgruppe gebildet
* Arbeitsgruppe erstellt mit einem Fachspezialisten einen Prototyp
* Testphase mit drei Firmen und je zwei Mitarbeitern
* Abschlussbericht der Testphase wird dem Vorstand swissPRM präsentiert
* Bei Annahme des Abschlussberichts durch den Vorstand von swissPRM werden allfällige Verbesserungen umgesetzt und anschliessend die Startphase eingeleitet

---

[229] Lehner Franz 2012, S. 250
[230] vgl. Lehner Franz 2012, S. 251

Ob das angestrebte Ziel, Hilfe zur Selbsthilfe anzubieten, mit diesem Konzept der QUAR-Connections erreicht werden kann, wird sich erst in der Zukunft zeigen. Beim Praxistest werden wohl noch einige Verbesserungen oder Änderungen anfallen und es wird sich zeigen, ob die gewählte Variante praktikabel bzw. tauglich ist.

Das anschliessende Schlusskapitel umfasst die Zusammenfassung der vorangegangen Absätze, ermöglicht aber auch einen Ausblick auf mögliche Weiterentwicklungen der identifizierten Lücken. Diese Arbeit endet mit dem Fazit, worin Ziel und Zweck der Wissensverteilung und -nutzung nochmals konzentriert dargestellt wird mit der Schlussfolgerung, dass sich jeder Wissensmanagement leisten kann und sollte.

5 Schlussbetrachtung

Dieser Abschnitt bietet ein Resümee über alle vorangegangenen Kapitel mittels einer prägnanten und präzisen Zusammenfassung der zentralen Aussagen und der wichtigsten Ergebnisse der Arbeit. Der Blick wird auch in die Weite gerichtet auf potentielle Weiterentwicklungen und Forschungslücken die geschlossen werden könnten. Der Abschluss bildet das Fazit im Hinblick auf die Beantwortung der Forschungsfragen.

5.1 Schlussfolgerungen und Zusammenfassung

Das Ziel jeglichen Anstrengungen im Wissensmanagement sollte die positive und anhaltende Beeinflussung der Prozesse sein, welche beim internen und externen Kunden anfangen und enden.

5.1.1 Einleitung

Das erste Kapitel befasste sich mit der Problemstellung und gab einen Überblick über Ziele, Vorgehensweisen und Abgrenzungen.

In der heutigen Zeit stellt Wissen eine der bedeutendsten Ressource von Organisationen dar, Wissen ist zum zentralen Produktions- und Wettbewerbsfaktor geworden.[231] Die Bedeutung von Suchen und Auffinden wesentlicher Informationen wird immer wichtiger und erfolgsrelevanter.

Einig sind sich alle im Bedarf des effizienteren und effektiveren Umgangs mit dem Wissen. Beim wie, was, wer, wann, womit gehen die Meinungen aber bereits stark auseinander. Die Problemkreise betreffen vor allem die Themen wie:

- Eine Masse an Literatur mit unendlich vielen Ansätzen, deren Herangehensweise zudem aus sehr unterschiedlichen Perspektiven aufbauen
- Ein rasanter Fortschritt und Wandel der technologischen Rahmenbedingungen (technischer Fortschritt) und des wirtschaftlichen Umfelds (Globalisierung)
- Daten und Informationen sind zeitlich und örtlich unbegrenzt für jeden und alle verfügbar, es herrscht eine regelrechte Informationsflut und Entscheidungskomplexität
- Die Aktualität von Informationen und Wissen sinkt permanent, wobei die Zeit zur Prüfung und Auswertung immer knapper wird.
- die Beschleunigung und die immer geringer werdende Halbwertszeit der Technologien, Medien und des Wissens sind für den einzelnen Menschen schwer fassbar.

---

[231] vgl. Berger Andréa / Krieger David 2007, S. 9

Wissensmanagement kann nicht wie ein Management-System oder einer ISO-Norm in der Organisation implementiert werden, wohl aber können erprobte Leitlinien und Vorgehensschritte als Orientierung empfohlen werden. Es gibt keine Universalmethode, jede Organisation muss individuell ihre Gegebenheiten überprüfen und beurteilen, welche Richtung optimal für sie ist. Zentral dabei ist, dass Wissensmanagement maximal Rahmenbedingungen steuern aber nicht Wissen managen kann.

Wissensmanagement ist eng mit strategischen und operativen Zielen und Massnahmen wie auch der Organisationsstruktur und -kultur verbunden und kann durch diese gesteuert und beeinflusst werden. Aus der Sicht des Verbesserungsmanagements sollten bestehende Prozesse und Abläufe ständig beobachtet, analysiert und reflektiert werden, woraus sich dann Massnahmen zur Verbesserung ableiten lassen um diese effektiver und effizienter zu organisieren. Zielkonflikte zwischen den Individuen und der Organisation sollten analysiert und minimiert oder eliminiert werden. Das Ziel ist ein langfristiger Lernprozess, damit sich die Mitarbeiter und die Organisation den dynamischen Veränderungen und Herausforderungen im Umfeld anpassen und damit kontinuierlich zum Erfolg beitragen können.[232]

Der Nutzen von Wissensmanagement liegt unter anderem in folgenden Punkten:
- Brachliegende Wissensressourcen werden identifiziert und somit nutzbar gemacht
- Erhöhung der Innovations- und Wettbewerbsfähigkeit
- Senkung der Barrieren, Erhöhung der Mitarbeitermotivation
- Vernetztes Wissen, Steigerung der organisationalen Lernfähigkeit
- Verbesserte Entscheidungsfindung[233]

KMU's besitzen aufgrund ihrer Verschiedenheit in Grösse und Brachen andersgeartete Wissensmanagementprobleme als Grossunternehmungen und erfordern dementsprechend auch unterschiedliche Lösungsansätze. KMU's mit Projektwissen und Innovationsfähigkeit, zu welcher die IT Ressourcen Manager zählen, charakterisieren Problembereiche wie schneller Wandel, rasche Reaktionsfähigkeit und grosses Spezialwissen sowie einer ungenügender Kommunikation rund um die Projekte. IT Ressourcen Manager und ihre externen Mitarbeiter sind stark abhängig davon, ihr Wissen ständig zu aktualisieren um daraus einen Nutzung zu ziehen. Wissen und Kompetenzen müssen effizienter, rascher und möglichst kostengünstig erkannt, erfasst, aktualisiert und zur Verfügung gestellt werden, damit es von Anderen genutzt werden kann.

---

[232] vgl. Winkler Roland et al. 2007, S. 27,42,97
[233] vgl. Winkler Roland et al. 2007, S. 11

Die Problemstellung gründet in der Natur der Externen und deren Organisationen. Die IT Ressourcen Manager sind keine homogene Gruppe, was sie vereint ist ihre Mitarbeiterstruktur mit Externen. Da Wissen heutzutage als einen weiteren Produktionsfaktor neben Arbeit, Boden und Kapital gesehen wird, und dieser zudem knapper und damit wertvoller wird, steigt die Bedeutung der Steuerung des Wissensflusses für die Wettbewerbsfähigkeit der Unternehmen. Wertschöpfungsprozesse müssen verbessert werden, damit vorhandenes Wissen möglichst optimal vom Einzelnen verteilt und von Anderen genutzt werden können.[234] Das Ziel dieser Arbeit war, den IT Ressourcen Manager die Chance zu bieten, trotz den kleineren finanziellen und personellen Möglichkeiten die Wissensverteilung und -nutzung optimieren zu können. Dabei stand die praktikable Nutzung stets im Vordergrund. Fragen wie: "womit motiviere ich Mitarbeiter, ihr Wissen zur Verfügung zu stellen und fremdes Wissen zu nutzen" sollten beantwortet werden. Demzufolge besteht das Ziel aus der Beantwortung der Frage nach den Anforderungen einer Methode, wie IT Ressourcen Manager Wissensverteilung und -nutzung effektiver managen können. Welche Instrumente werden bereits erfolgreich benutzt und welche wären zusätzlich brauchbar, um neues Wissen zu generieren, auszutauschen und gezielt zu verteilen und anwenden zu können.

Aufgrund der Komplexität und Vielschichtigkeit des Themengebiets Wissensmanagement wurde eine starke Fokussierung auf die Bereiche der Wissensverteilung und -nutzung vorgenommen. Die weiteren Aspekte wie z.B. Wissensziele, -erwerb, -entwicklung, -bewahrung und -messung wurden daher nur am Rande beschrieben. Die Erläuterungen einiger der wichtigsten Grundbegriffe sowie die Darstellung deren Zusammenhänge dienten einem allgemeinen Verständnis des Themas Wissensmanagement.

5.1.2 Stand der Forschung

Das zweite Kapitel behandelt die Grundlagen und Begriffe der Wissensbasis, der vorhandenen Modelle und Methoden, der Detailbetrachtung von Wissensverteilung und -nutzung und endet mit der Beleuchtung einiger Wissensmanagement-Instrumente.

Auf der Basis von Daten und Informationen kombiniert mit dem Erfahrungshintergrund (Werte, Intuition), Kenntnissen und Fähigkeiten entsteht Wissen, dessen Anwendung dann in der Kompetenz und am Ende in Wettbewerbsfähigkeit mündet.

---

[234] vgl. Lehner Franz 2012, S 115

Die Schwierigkeiten und Lösungsansätze des Wissenstransfers zwischen den Wissensarten wurden in diesem Abschnitt beschrieben und erläutert. Explizites Wissen ist Fachwissen, kaum personengebunden und lässt sich gut speichern, vermitteln und übertragen. Implizites Wissen ist Erkenntnis- und Handlungswissen und damit personenbezogen und relativ schlecht vom Träger trennbar. Das individuelle Wissen ist an eine Person gebunden während kollektives Wissen für mehrere erreichbar ist. Die Hauptmerkmale dieser Wissensarten werden in der nachfolgenden Abbildung gezeigt.

	Individuelles Wissen	Kollektives Wissen
Implizites Wissen	Erfahrungswissen (Bauchgefühl)	Gemeinsame Werte (Unternehmenskultur)
Explizites Wissen	Fachwissen	Vision, Mission, Leitbild, festgelegte Abläufe

Tabelle 29: Unterscheidung der Wissensarten, eigene Aufbereitung

Erweitert wurde die Grundlagenbasis noch durch die verschiedenen Lern- und Organisationsebenen wie auch die Unterscheidung nach dem Einsatzzweck.

Die Entscheidung für eine der Wissensmanagementstrategien generiert unterschiedliche Investitionen, Kosten und Strategien. Es wurden zwei Wissensmanagementstrategien vorgestellt:

- Personifizierungsstrategie: Hier erfolgt der Wissenstransfer über Mensch-zu-Mensch-Kontakte. Zentral dabei ist:
  - Aufbau und Förderung der Netzwerke
  - Schaffung von Kontaktmöglichkeiten zwischen den Mitarbeitern
- Kodifizierungsstrategie: Hier wird das Wissen in Datenbanken abgelegt. Zentral dabei ist:
  - Mitarbeiter miteinbeziehen oder über Vorgehen informieren
  - Orientierung an den Nutzern
  - Informationen über Ziel und Zweck

In der Praxis lässt sich verfolgen, dass nur die Kombination beider Strategien zum Erfolg verhilft. Die zweite Strategie betraf die gedankliche Weiterentwicklung von der Industrie- zur Wissensarbeit, welche einer Richtungsänderung des Wissensmanagement hin zum wissensbasierten Ansatz bedarf.

Um Wissensbestände zu lenken und zu beeinflussen braucht es Modelle und Methoden, welche komplexe Sachverhalte verständlicher machen. Die vorgestellten Bausteinmodell nach Probst et al. und die Wissensspirale nach Nonaka und Takeuchi sollen dazu führen, dass Wissensbestände gelenkt und damit beeinflusst werden können.

Das wichtigste Element in einem erfolgreichen Wissensmanagement ist immer der Mensch, weshalb die Betrachtung der soziologischen und kommunikativen Problembereiche essentiell war. Das vier-Seiten-Modell nach Schulz von Thun (Sender/Empfänger), das Kommunikations-modell nach Bern Schmid (bewusste und unbewusste Ebene) und einen Kurzabriss über die eigene Wahr-Nehmung und Wahr-Heit verdeutlichen diese Schwierigkeiten. Die Schlussfolge-rung aus diesen Modellen und Theorien ist, dass auch explizites Wissen nach kommunikati-onswissenschaftlichen und systemtheoretischen Massstäben zuerst einmal Informationen darstellen. Erst wenn der Empfänger die Information mit seinen Relevanzkriterien abgleicht und bestenfalls integriert, wird die erhaltene Information für ihn zu eigenem subjektivem Wissen. Hiermit wird die Personengebundenheit von Wissen sehr deutlich: was für den Einen Wissen ist, bedeutet für den Anderen Information und kann im schlechtesten Fall bedeutungs-los sein. Diese Ausführungen zeigen deutlich, das Wissensmanagement nicht allein eine Vermehrung von Daten ist, sondern in einem grösseren Zusammenhang betrachtet werden muss, sie verbindet Informationen, Auslegungen, Überprüfung und Umwandlung in Wissen.

Eine erfolgversprechende Umsetzung von Wissensverteilung und -nutzung wird von vielen Faktoren beeinflusst, deren Verstärkung im Fall von Motivatoren und Verminderung oder Verhinderung im Fall von Barrieren massgeblich zum Erfolg führen kann. Die Motivation ist der Grund für eine Handlung und gibt ihm die Richtung, Stärke und Ausdauer mit Blick auf die Bedürfnisbefriedigung vor.[235] Beeinflusst wird die Motivation entweder extrinsisch, heisst die Anreize liegen ausserhalb des Menschen oder intrinsisch, was bedeutet dass die Anreize innerhalb des Menschen liegen. Untereinander können sich die Motivationsarten verdrängen oder verstärken. Verschiedene Motivationstheorien wie die Maslow-Pyramide, die zwei-Faktoren-Theorie von Herzberg und die Valenz-Instrumentalitäts-Erwartungs-Theorie von Vroom wurden vorgestellt und erläutert. Mit Blick auf die Wissensverteilung und -nutzung können Motivatoren wie eigene Weiterentwicklung, Vertrauen auf Gegenleistung, finanzielle Belohnungssysteme, Anerkennung, Verbundenheit, Status und Rolle aufgezählt werden. Als Barrieren genannt werden können z.B. Zeit, Kooperation, Kommunikation, Transparenz, Ängste der Mitarbeiter (Transparenz- wie auch Machtproblematiken), Formulierung, Struktu-rierung, Kapazitätsvermögen (Wahrnehmungs-, Verarbeitungs- und Lernkapazität), Fähigkeiten (Verarbeitungs-, Anwendungs- und Bewahrungsfähigkeit) und das fehlende Bewusstsein um die Transfer- und Nutzungswürdigkeit des Wissens. Motivatoren und Barrieren gibt es viele weshalb nicht alle identifiziert und genannt werden konnten, die ausgewählten erschienen jedoch relevant und ausreichend für diese Arbeit.

---

[235] Heckhausen 2006, zitiert in Osterloh Margrit / Weibel Antoinette 2008, S. 406-411

Der Wissensaustausch findet zwischen Menschen statt, weshalb darauf geachtet werde soll, was Menschen brauchen damit sie Wissen aufnehmen und weitergeben. Negativen Stress vermindern und positive Gefühle fördern sowie den Nutzen transparent darstellen - Menschen lernen und verteilen besser, wenn sie einen Nutzen für sich dahinter sehen. Offline stattfindende Techniken wie Netzwerke oder Meetings sind zu bevorzugen. Als förderlich erweist sich auch die Erweiterung der sozialen Kompetenzen, denn vielfach verhindern menschliche Verhaltensweisen wie Nullfehlertoleranz oder Vertrauensmangel die Wissensverteilung und -nutzung.[236] Auf den Punkt gebracht funktioniert Wissensverteilung und -nutzung nach dem Prinzip "Geben und Nehmen" welches nur mit einem nutzerfreundlichen Angebot funktioniert und wenn sich die Anwendung des neuen Wissens lohnt.

Besonders erwähnenswert ist bei den Barrieren die Magisterarbeit von Lisa Qattawi (2006), welche sich intensiv mit den Barrieren im Wissensmanagement auseinandergesetzt hat. Anhand der wissenschaftlichen Literatur hat sie Barrieren mit ihren Problematiken identifiziert und ausführlich beschrieben. Anschliessend wurden diese Barrieren aus der wissenschaftlichen Literatur mit Hilfe dem Vergleich aus 24 empirischen Studien auf ihre Auftretungshäufigkeit in der Praxis überprüft. In ihrer Metaanalyse hat sie die Barrieren in Cluster gemäss ihrer Auftretungshäufigkeit in der Praxis eingeteilt und fand dabei sowohl Gemeinsamkeiten, Überschneidungen aber auch Differenzen.

Bei der Wissensverteilung und -nutzung liegen die Hauptanstrengungen in der Umwandlung von individuellem zu kollektivem Wissen und damit Nutzbarmachung für Andere. Das Endergebnis sollte eine zielgerichtete Verhaltensänderung in der Verteilung und Nutzung sein.

Zielorientiertes Wissensmanagement bindet finanzielle und personelle Ressourcen, weshalb die Ergebnisse periodisch auf ihre Wirksamkeit überprüft und angepasst werden sollten. Bislang entwickelte Methoden zur Messung und Bewertung von Wissen können zum heutigen Zeitpunkt jedoch als noch nicht ausgereift angesehen werden. Anreizsysteme sollten vorhandene Barrieren mildern oder vermindern, mit dem Ziel, die Organisationsinteressen mit den Mitarbeiterinteressen zu vereinen.

Zentral beleuchtet beim Abschnitt "Methoden und Tools" wurden die zwei Klassifikationen " Methoden zur Förderung des Wissensaustauschs und der Wissensnutzung" und der "Organisation" welche detailliert beschreiben wurden. Die erstere hat zum Ziel, Erlebnisse und Erkennt-

[236] vgl. Föhr Tanja 2011, S. 1-2

nisse aus Einzelhandlungen für einen grösseren Kreis nutzbar zu machen, wobei vier Werkzeuge (Lessons Learned, Good/Best Practice, Story Telling, Dialog) näher beschrieben wurden. Die Organisation-Klassifikation legt ihr Schwergewicht bei der optimaleren Verbindung der Organisationsmitglieder, hier wurden drei Methoden (Hypertextorganisation, Communities of Practice, Netzwerke) näher beschrieben. Speziell erwähnenswert sind dabei die Netzwerke, welche bei einer systematischen Förderung gleich mehrere Zwecke erfüllen: Anerkennung der Gruppenmitglieder, die Profilierung als Experte, die Steigerung der Reputation, grenzenloser Wissensaustausch der in einer bereitwilligen wechselseitigen Wissensverteilung mündet, von der langfristig beide Seiten profitieren.

Der Abschluss bildet die Erkenntnis, dass egal welche Wissensmanagement-Methode oder - Instrument eine Organisation neu einführt: es wird ein Nachfolgemodell sein. Jeder verantwortungsvoller und erfolgreicher Mitarbeiter hat bereits sein eigenes persönliches System basierend auf seinem Netzwerk längst aufgebaut. Nur wenn der Nutzen des Neuen für den Einzelnen transparent, klar und relevant ist, wird er das Neue auch unterstützen, verteilen, nutzen und mit dem bereits Bestehenden verbinden.

5.1.3 Methode der empirischen Analyse

Das dritte Kapitel befasste sich mit der Erhebungs- und Forschungsmethode, die Erläuterungen einiger Grundbegriffe der qualitativen Forschung, die Fragebogenentwicklung zu den Experteninterviews und zum Schluss die Beschreibung zur Datenauswertung.

Als erstes wurde die qualitative Forschungsmethode "das leitfadengestützte teilstandardisierte Experteninterview" nach dem Modell von Mayer[237] beschrieben, welches die geltenden Güte- und Geltungskriterien der qualitativen Forschung erfüllt. Auf dieser Basis aufbauend wurde der teilstandardisierte Frageleitfaden erarbeitet, welcher eine Vereinigung aus dem narrativen und dem standardisierten Interview darstellt. Dabei wurden die Vorteile beider Verfahren kombiniert:

- Das Gespräch folgt dem Fragebogen, die Möglichkeit zur flexiblen Reaktion auf die Gesprächswendungen bleibt erhalten
- Das Verlorengehen von wichtigen Aspekten und die Themen-Abschweifung kann verhindert werden
- Ergebnisse sind grösstenteils vergleichbar
- Durch die thematische Einarbeitung in das Thema wirkt man als kompetenten Gesprächspartner.

---

[237] vgl. Mayer Horst Otto 2013, S. 30-34

Vielfachs ist die Untersuchung der Grundgesamtheit nicht möglich und auch hier wurde auf eine bewusst vorab ausgewählte Stichprobe an Experten zurückgegriffen. Durch Test-Interviews konnte der Leitfaden optimiert werden, indem unverständliche oder zu komplexe Themen angepasst wurden. Als Auswertungstechnik wurde das sechsstufige Verfahren nach Mühlefeld et al.[238] ausgewählt. Diese pragmatische und einfach nutzbare Methode zeichnet sich durch das Aufteilen in einzelne Segmente aus mit dem Ziel, das Überindividuell-Gemeinsame aus den Experten-Interviews herauszuarbeiten.

5.1.4 Ergebnisse und Interpretation

Das vierte Kapitel befasst sich mit dem aktuellen Stand in der Branche, gefolgt von der Konsolidierung und Bewertung der Wissensmanagementtools und endet mit der Erstellung des Grob-Konzepts zum Aufbau eines Wissenspools.

Der Ist-Stand in der Branche, erhalten durch die Ergebnisse und Interpretationen aus der Analyse der Experteninterviews, wurde verbunden mit der Literatur, empirischen Studien und Metaanalysen um schlussendlich für jede identifizierte Barriere Prophylaktische- oder Eliminie-rungsmassnahmen darlegen zu können. Als zentral für die Wissensmanagementaktivitäten kann eine umfassende Kommunikation, die vollständige Integration und die Schaffung von zusätzlichen Stellenprozenten angeführt werden. Die Kommunikation unterstützt die Bildung von Vertrauen und Transparenz, während die Integration des Wissensmanagements in den Arbeitsalltag einen Grossteil der motivationalen Barrieren vermindern kann. Eine Erhöhung der Kosten durch zusätzliche Kapazitäten (interne oder externe Ressourcen) klingt im Hinblick auf eine möglicherweise angestrebte Kostenreduzierung und damit Erhöhung der Wettbewerbsfä-higkeit widersprüchlich. Da sich der Zeitmangel in der Metaanalyse von Qattawi jedoch als die stärkste Barriere erwies (75%) und damit ein ernstzunehmendes Problem darstellt, bedeutet dies eine unumgängliche Massnahme bei der gewissenhaften Durchführung von Wissensma-nagementaktivitäten.

Die Auswertung der sechs Experteninterviews ergaben interessante Rückschlüsse auf die Praxis. Jede der Firmen hat ihre Problembereiche in verschiedenen Zonen, welche nicht zwingend deckungsgleich mit den anderen Organisationen waren. Die Zusammenführung der Theorie und Interpretation sollte den Organisationen die Gelegenheit bieten, ihre Problemfel-der gezielt in Angriff nehmen zu können. Im Bereich der Wissensmessung und -bewertung

---

[238] vgl. Mühlefeld et al. 1981, S. 336-338

sowie der Anreizsysteme konnte in der Praxis wie auch in der Literatur keine Best Practice gefunden werden, wobei zumindest in der Theorie verschiedene Lösungen existieren. Die befragten Experten bezeichneten dann auch die Messung und Bewertung von Wissensverteilung und -nutzung als ökonomisch nicht durchführbar, was sich jedoch bemerkbar und damit bewertbar machte war die persönliche Leistungssteigerung des Mitarbeiters. Bemerkenswert waren auch die Zukunftsmöglichkeiten bzw. Gefahren und Chancen bei den abschliessenden Fragen. Zentrale Aussagen dabei waren die Individualität des Wissens, trotzdem kann es neutral sein und über Grenzen hinweg verbinden. Wissen ist Macht und richtig eingesetzt unterstützt es die Verbindung der Menschen und Organisationen.

Bei den in der Praxis benutzten Wissensmanagementtools sticht vor allem die Gruppe der Organisationstools heraus. Hilfsmittel mit Netzwerk-Charakter, welche das Zusammenführen von Menschen fördern, werden viel benutzt und auch sehr gut bewertet.

Für die erfolgreiche Entwicklung des Grobkonzepts diente als Basis die Analyse der bestehenden Motivatoren wie auch der Barrieren zur Wissensverteilung und -nutzung. Die Auswertungsergebnisse flossen in die Erstellung des Grobkonzepts zum Aufbau eines Wissenspools ein, welches schlussendlich das Netzwerk zwischen den Externen stärken soll. Auch eine nähere Betrachtung einer optimalen Wissensteilungs- und -nutzungs-Kultur sowie möglicher Widerstände wurden in das Grobkonzept eingeflochten. Die entwickelten QUAR-Connections sollen eine optimalere Verknüpfung der Teilnehmer unterstützen und damit die Kommunikation untereinander optimieren. Der Nutzen daraus ist eine langfristige Erhöhung der Wettbewerbsfähigkeit des Externen und damit auch der Organisation.

In den neu entwickelten QUAR-Connections erfolgt die Verständigung interagierend zwischen mehreren Kommunikationspartnern, alle können Fragen stellen und Feedback geben und die Archivierung und damit jederzeitiger Abrufmöglichkeit mittels einer Volltext-Suche ist gewährleistet. Beim direkten Technikvergleich wurden Google Hangout und Edudip einander gegenübergestellt, wobei sich für die geplanten Zwecke Edudip als geeigneter erwies. In diesen Sessions können Techniken und Methoden gezeigt und dabei live erklärt werden. Der effektivste und effizienteste Weg zur Wissensverteilung und -nutzung ist der direkte von Mensch zu Mensch, auf dieser Grundannahme baut der neu entwickelte virtuelle Raum "von Interessierten für Interessierte" in dem sich Externe austauschen können.

Der Abschluss der Arbeit bilden die festgestellten Forschungslücken in folgenden Bereichen: Wissensmessung und -bewertung, Wissensproblem-Definition, Anreizsystem, Wissensmanagement-Werkzeuge und einer wissenschaftlichen Weiterverfolgung der neu entwickelten QUAR-Connections.

5.2 Ausblick

In diesem Kapitel soll unter der Berücksichtigung der gewonnenen Erkenntnisse aus Theorie und Praxisweiteres Forschungspotential identifiziert werden. Vier Forschungsbereiche wurden als zentral angesehen und nachfolgend detailliert beschrieben.

5.2.1 Wissensmessung und -bewertung

Da Wissensmanagement Ziele verfolgt und dabei finanziell und personell kostet, müssen die Ergebnisse wie in einem Regelkreis auf ihre Wirkung überprüft und wenn nötig geändert werden können. Eine Wissensbewertung als Leistungsbemessung ist wie bei jedem anderen Ziel unbedingt erforderlich. Die gefundene bzw. nicht gefundene Literatur zur Messung und Bewertung von Wissen lässt darauf schliessen, dass hier ein starker Bedarf an einer weiteren Erforschung besteht. Einige Ansätze und Methoden existieren, finden aber keine verbreitete Beachtung in der Praxis.[239]

Als Beispiel zu nennen wäre da die Organisation HP, welche Wissensmessung anhand Anzahl Downloads und eingebrachten Beiträge durchführt. Die Quantität wird somit gemessen, vernachlässigt dabei werden aber die Qualität und die Relevanz.[240]

Eine weiterführende Arbeit könnte sich auch mit einer Metaanalyse bestehender Studien über Bewertungsmethoden befassen. Denn erst mit einer praktikablen Möglichkeit zur Wissensbemessung und -bewertung können die Massnahmen und Ziele optimal definiert werden.

[239] vgl. Werner Matthias 2004, S. 73
[240] vgl. Gobi Birgit 2014, S. 28-29

5.2.2 Wissensproblem-Definition

Einen wichtigen Zugang zu einem erfolgreichen Wissensmanagement bilden die jeweiligen spezifischen Probleme der Organisation. Ihre Erkennung und anschliessende Minimierung bzw. Eliminierung bilden die zentralen Aufgaben im Wissensmanagement. Bereits der umgangssprachliche Gebrauch "Wissensproblem" zeigt auf einen starken Handlungsbedarf hin. Die in der Literatur gefundenen Begriffe zu Wissensproblemen sind vielfältig und nicht klassifiziert oder kategorisiert. Nachfolgende Abbildung stellt eine Auswahl an verwendeten Begriffen in der Literatur dar.[241]

Verwendete Begriffe	Autoren
Barriere(n) des Wissensmanagements	Bornemann/Sammer 2002 Bullinger/Prieto 1998 Bullinger/Wörner/Prieto 1997
Knowledge-management gaps	Lin et al. 2005
Wissensproblem(e)	Davenport/Prusak 1998 Pawlowsky/Reinhardt 2002 Roehl 2000
Wissenslücken	Probst et al. 1997
Know-how-Risiken	Probst/Knaese 1998
Knowledge gap(s)	Zack 1999b
Wissensbarriere(n)	Gomez/Probst 1995 Heck 2002 Lehner 2000 Probst et al. 1997 Schneider 2001

Abbildung 47: Wissensprobleme in der Fachliteratur, Lehner Franz 2012, S. 324

Eine Trennung nach individuellen, kollektiven, strukturellen, organisatorischen oder technischen Problemen wäre wünschenswert. Auch der Auftauchungsort bietet eine Möglichkeit zur Kategorisierung wie z.B. nach Wissenseinführung, -beschaffung, -speicherung, -verteilung, -nutzung. Auch eine Unterscheidung nach Wissensmanagementproblemen und Wissensproblemen wäre wünschenswert und sinnvoll. Diese Klassifizierung und Kategorisierung wie z.B. in der Medizin oder Psychologie würde der objektiven Bewertung wissensbezogener Erscheinungen dienlich sein und stellt eine Herausforderung für die Forschung in den nächsten Jahren dar.[242]

5.2.3 Anreizsystem

Zur Förderung von Wissensverteilung und -nutzung stehen den Organisationen eine Menge Möglichkeiten an Anreizen zur Motivation offen. Sowohl aus der Praxis wie auch aus der Lehre

---

[241] vgl. Lehner Franz 2012, S. 323-324
[242] vgl. Lehner Franz 2012, S. 323-324

und Forschung liessen sich nicht viele Erkenntnisse zu diesem Thema finden. Wie es scheint werden zurzeit vorwiegend materielle Anreize gefördert und die immaterielle Motivation vernachlässigt. Deshalb erscheint es für die Zukunft wichtig, dass die Forschung den komplexen Zusammenhang von Aktion und Reaktion sowie die bestehenden Wechselwirkungen in der Praxis genauer betrachtet.[243]

5.2.4 Wissensmanagement-Werkzeuge

Eine einheitliche Klassifizierung und Kategorisierung der Wissensmanagement-Instrumente und -Methoden konnte in der Literatur nicht gefunden werden. Auch bedeuten Begriffe wie Methode, Tool, Werkzeug etc. bedeuten manchmal das gleiche oder etwas vollkommen anderes, auch hier wäre eine Vereinheitlichung wünschenswert.[244]

5.2.5 Erstellung eines Grobkonzepts zum Aufbau eines Wissenspools

Als Grundlage bei der Erstellung des Grobkonzepts diente die Erkenntnis, dass Wissensverteilung und -nutzung ein grösstenteils mündlicher kommunikativer Prozess darstellt. Darauf aufbauend wurden die QUAR-Connections entwickelt, welche die bestehenden Netzwerke der Externen fördert. Interessant wäre nun die Weiterverfolgung der Auswirkungen der in der Praxis verwendeten QUAR-Connections, welche in einer zukünftigen Arbeit beobachtet werden könnte.

Weitere Studien könnten sich auch damit befassen, die getätigten Einschränkungen zu reduzieren und z.B. bei anderen KMU-Gruppen vergleichbare Untersuchungen durchzuführen. Auch wäre es interessant, repräsentative Ergebnisse für die gleiche Studie zu erhalten, indem die Umfrage bei allen swissPRM-Mitgliedern durchgeführt und analysiert würde.

---

[243] vgl. Wyssusek Boris / Schwartz Martin / Oliver Schliebs 2004, S. 272
[244] vgl. Lehner Franz 2012, S. 247

5.3 Fazit

Wissensmanagement bezeichnet den zielgerichteten Einsatz und Steuerung des Wissens, damit dieses verteilt und genutzt werden kann, wo es benötigt wird. Wissensverteilung und -nutzung steht für die Verteilung isoliert vorhandener Informationen und damit Nutzbarmachung für Andere. Vier Aspekte sind bei der erfolgreichen Wissensverteilung und -nutzung zu beachten und aufeinander abzustimmen:

Abbildung 48: Aspekte der Wissensverteilung und -nutzung, eigene Aufbereitung in Anlehnung an Dirbach Jörg 2013, S. 1

Der Faktor "Arbeit" betrifft alle Hilfsmittel und Abläufe sowie deren Organisation in der Arbeit. Der "Mensch" als zentrales Element beschreibt die Weiterbildung und lebenslanges Lernen. Mit "Austausch" wird jegliche Kommunikation (persönlich oder mit IT-Unterstützung) zwischen Menschen verstanden. Die "Organisation" schlussendlich fördert durch eine unterstützende Führung und Kultur die Wissensverteilung und -nutzung.[245] Die Verbindungspunkte zwischen diesen Elementen sind das erfahrungsorientierte Lernen und die feedbackorientierte Kommunikation zur Verständigung in Dialogen.[246]

Die Beantwortung der ersten Forschungsfrage "Welche Verfahren und Instrumente werden heute von den IT Ressourcen Manager eingesetzt, um Wissens-Nutzung und -Transfer durchzuführen" konnte mit der Durchführung, Analysierung und Auswertung der Experten-Interviews erreicht werden.

---

[245] vgl. Dirbach Jörg (2013), http://www.community-of-knowledge.de/beitrag/lernen-ist-wichtiger-als-wissen/ 16.03.2014
[246] vgl. Core Business Development GmbH, http://www.community-of-knowledge.de/fileadmin/user_upload/attachments/WiKoLe_Artikel.pdf/ 16.03.2014

Die Beantwortung der zweiten Forschungsfrage "Welche Verfahren und Instrumente sind für IT Ressourcen Manager zukünftig geeignet, um erfolgreich Wissens-Nutzung und -Transfer ein- und durchzuführen" wurde mit der detaillierten Betrachtung der nach der Lehre und Forschung vorhanden Methoden und Tools beantwortet. Welche Methode schlussendlich geeignet ist, muss spezifisch für jede Organisation separat angeschaut und entschieden werden.

Die dritte und letzte Forschungsfrage "Welche Handlungsempfehlung können abgegeben werden, damit implizites und explizites Wissen in der IT Ressourcen Management-Branche nutzbarer gemacht werden kann" beantworten einerseits die detaillierte Auswertung und Interpretation der Experten-Interviews und andererseits die Entwicklung des Grobkonzepts zum Aufbau eines Wissenspools.

Durch die Erstellung dieser Arbeit konnten nachfolgende Erkenntnisse gewonnen werden:
- Wissensmanagementaktivitäten speziell im Bereich Wissensverteilung und -nutzung erhöhen die Wettbewerbsfähigkeit der Organisation.
- Der Mensch ist das zentrale Element in der Wissensbasis. Wissen ist sehr persönlich und kann vielfach nur im direkten mündlichen Austausch zwischen Menschen übertragen werden. Wobei zwischenmenschliche Kontakte aufgrund der unterschiedlichen Kommunikationsmodelle mehrheitlich unkontrolliert vonstattengehen können.
- Wissensmanagement bedeutet Einsatz und Hingabe, es geht um Motivation, selbstverantwortliches Handeln und Engagement sowie um Vertrauen. Ein frühes konsequentes Einbeziehen der Mitarbeiter unterstützt diesen Prozess und reduziert Barrieren.
- Ein gelebtes Wissensmanagement befindet sich im stetigen Wandel, es:
  - fördert praktikable und pragmatische Lösungen
  - beginnt bei Problemen und hört nicht dort auf
  - setzt auf den Menschen und die Kommunikation, IT-Instrumente unterstützen und verknüpfen
  - versteht Nichtwissen als Bereitschaft zu Lernen und nicht als mangelnde Kompetenz
  - hinterfragt gesicherte Erkenntnisse und ändert sie wenn nötig
  - unterstützt soziokulturelle Aspekte wie den Einstellungen, Werten und Verhaltensweisen der Menschen (z.B. Vertrauen, Offenheit, Fehlertoleranz, Kritikfähigkeit)
- Eine erfolgversprechende Umsetzung von Wissensverteilung und -nutzung wird von Barrieren beeinflusst, deren Verminderung oder Verhinderung massgeblich zum Erfolg führen kann
- Mögliche Motivatoren sowie Barrieren und deren Lösungsansätze wurden aufgezeigt. Als zentral für die Wissensmanagementaktivitäten kann eine umfassende Kommunikation, die vollständige Integration und die Schaffung von Zeit genannt werden.
- Das Grobkonzepts zum Aufbau eines Wissenspools gibt den IT Ressourcen Manager ein Werkzeug in die Hand, mit dem sie die Wissensverteilung und -nutzung verstärken und optimieren können.

Das Auftreten vieler Wissensmanagement-Methoden wirken auf einen einfachen KMU abschreckend, das Gefühl kommt auf, dass man es sich sowieso nicht leisten kann. Diese Arbeit zeigt auf, dass dem nicht so ist. Die wertvolle Aufgabe, Wissen bewusster und zweckgerichteter zu handhaben, kann sich jeder leisten. Dies bedeutet aber, gerade weil weniger Ressourcen (Personal, Geld) zur Verfügung stehen, dass man sich intensiv mit der Frage nach den Schwerpunkten beschäftigen muss. Beachten sollte man auch: Behalte, was sich bewährt und schaffe Anschlussfähigkeit durch Anbindung an Bekanntes. Vielfach gibt es bereits Einzelprojekte an die man anknüpfen kann, denn Anliegen wie Qualität, Mitarbeitermotivation, Wissensmanagement gab es schon immer und kommen nicht aus der Mode.[247]

Erfolgreiche Wissensverteilung und -nutzung benötigt einen Struktur- und Kulturwandel in der Organisation mit dem Ziel, dass jeder Mitarbeiter selbstmotiviert ist Wissen zu verteilen und zu nutzen. Wenn jeder Mitarbeiter diese Einstellung verinnerlicht hat, erhalten Informationen und Wissen endlich die Bedeutung, die man sich heute wünscht und die sie verdient haben. Unter diesem Aspekt noch zu beachten ist, dass nicht alles auf einmal und mit dem "Vorschlaghammer" umgesetzt werden soll, zuerst sollte man die Mitarbeiter für neue Möglichkeiten und Betrachtungen gewinnen, ansonsten wird man auf hohen Widerstand und Rückzug stossen und schlussendlich versagen. Wie wir gesehen haben ist der Mitarbeiter Kern des Wissensmanagements und sitzt somit "am längeren Hebel".

Doch wie beginnt man einfach und praktisch eine erfolgreiche Wissensverteilung und -nutzung? Die Autoren Probst et al. haben acht Prinzipen hervorgehoben, mit denen man Wissensmanagement bei sich und in der Organisation erfolgreich ein- und durchführen sowie verankern kann. Es gibt zwei Grundsätze bei der Befolgung dieser Regeln, der erste betrifft das tun, nicht reden sondern tun. Die Authentizität unserer Handlungen fördert die Kraft unseres Wirkens. Der zweite betrifft "sich selbst", Veränderungen zuerst bei sich selbst umsetzen, bevor man andere verändern will, getreu nach dem Motto "Ändern muss sich jeder selbst, dann ändert sich auch die Welt".

1. Prinzip: Bewusstheit leben und damit Lern- und Entwicklungsblockaden abbauen: wir kommunizieren alle mehr oder minder widersprüchlich, seien wir uns dessen bewusst und stellen es ab.

2. Prinzip: Konzentration und Achtsamkeit: das "jetzt" frisch und offen erleben und nicht aus Bequemlichkeit oder Gewohnheit auf Autopilot umschalten.

3. Prinzip: Vorbilder suchen: inspirierte Lehrer inspirieren andere.

4. Prinzip: Wissen leben und verkörpern: Das Gesagte ist nur so stark wie das Vorgelebte.

[247] vgl. Belliger Andréa / Krieger David 2007, S. 206-208

5. Prinzip: Denken ist nicht alles: Denken ist eine Form um Wissen zu erlangen, aber nicht die einzige, daneben gibt es noch das Erfahrungslernen oder das Lernen aus Intuition. In der buddhistischen Psychologie ist Denken eine von über fünfzig Prozessen in unserem Geist.

6. Prinzip: Reduced to the max - weniger ist oft mehr: Überflutung und sich-überfluten-Lassen sind zwei verschiedene Seiten der gleichen Sache. Oftmals nimmt man zu viele mit zu wenig Qualität, zu wenig gefilterte oder bewusst ausgewählte Informationen zu sich. Abhilfe schafft hier systematisches filtern, wegwerfen oder abbestellen und damit die ehrliche Sicht auf die eigene Nutzung der Medien.

7. Prinzip: Ethik im Wissensumgang: es ist immer relevant, welches Wissen wir wem und warum zur Verfügung stellen oder wir von jemanden nutzen. Freude an der Arbeit hat nur, dessen Wissensverteilung und -nutzung mit seinen Werten in Einklang stehen.

8. Prinzip: Rückzug durch inspirierende Pausen: die Stille regt uns zum Nachdenken an, sie lässt uns reflektieren, bringt uns zu Einsichten, inneren Klarheit und zu intuitivem Wissen zurück, sie ist inspirierend und schärft unser Bewusstsein.

Diese 8 Prinzipien verändern uns und unser Umfeld radikal, sofern wir sie uns zu Herzen nehmen.[248]

Der Abschluss dieser Arbeit bildet die Sicht auf die Wissensmanagements-Experten schlechthin, die tagtäglich ja meist sogar von Minute zu Minute Wissensverteilung und -nutzung in einem erregenden Tempo betreiben. Sie betreiben diese effizient, effektiv und mit einer hohen Dynamik, von Angesicht zu Angesicht, vorwiegend in einem stetig wechselnden persönlichem oder familiären Netzwerkverbund aus Praktikern, zumeist ohne Informatik-Technologie und Dokumentenmanagementsystem, jedoch sehr agil, intensiv und informell. Sie betreiben die Wissensverteilung und -nutzung durch beobachten, nachmachen (Übungs- und Imitationsprozesse) und ausprobieren (Versuch- und Irrtumsprozesse), nachfragen und indem sie das soeben Gelernte Dritten zeigen oder erklären und damit verteilen und es dabei nochmals verinnerlichen. In ihrem Tun werden sie von den Meisten ermutigt, sei dies mit Anerkennung und Anregungen oder durch fundierte Kritik. Ganz normal, einfach und direkt legen sie Wissensbestände und -defizite offen aus, beraten sich untereinander bei der Ideenfindung und Problemlösung, erweitern ihre Wissensbasis sowie derjenigen der Anderen und sind meist sehr effizient in der Problemlösung und der Generierung neuer Ideen. Sie wollen die Zukunft nicht als gegeben hinnehmen sondern wollen sie mitgestalten und formen. Die Verbindung besteht aus Engagement, Leidenschaft, Gruppenidentifikation, Freundschaft oder nur Bekanntschaft, wechselseitigen Bedürfnissen und dauert solange das Interesse und eine Win-Win-Situation da sind und sie einen Vorteil in dem Kontakt sehen.

[248] vgl. Probst Gilbert / Raub Steffen / Romhardt Kai 2012, S. 261-269

Wer diese einmaligen Experten sind? Unsere Kinder! Wenn jeder von uns und speziell auch die Organisationen es schaffen würde, diese angeborene und natürliche Offenheit und Neugierde im Erwerbsleben und bis ins hohe Alter hinaus zu behalten und zu fördern, würden wir alle bereitwillig, aktiv und offensiv Wissensmanagement betreiben.

6 Anhang

Der Anhang gliedert sich aus drei Bereichen. Der erste Bereich beinhaltet die verwendete Literatur, der zweite Teil umfasst die Verzeichnisse (Abkürzungs-, Abbildungs- und Tabellenverzeichnis) und der dritte Teil beinhaltet die Vorab-Informationen an die Experten, die Zusammenfassung der Experten-Interviews und die Zusammenstellung der Managementtools und deren Verwendung und Nutzungsbewertung durch die Experten.

6.1 Literaturverzeichnis

Um die Übersichtlichkeit zu verbessern wurde die verwendete Literatur nach Quellen aufgeteilt in Bücher, Fachzeitschriften/Journals/Zeitungen, wissenschaftliche Arbeiten und Internet.

6.1.1 Bücher

Adelsberger Heimo H. / Bick M. / Hanke Th. (2002)
Einführung und Etablierung einer Kultur des Wissenteilens in Organisationen. In: Martin Engelien; Jens Homann (Hrsg.): Virtuelle Organisationen und Neue Medien 2002. Köln, S. 529-552.

Belliger Andréa / Krieger David (2007)
Wissensmanagement für KMU, Zürich

Bortz Jürgen / Döring Nicola (2006)
Forschungsmethoden und Evaluation - Für Human- und Sozialwissenschaftler, 4. überarb. Aufl., Berlin/Heidelberg/New York

Flick Uwe / von Kardorff Ernst / Steinke Ines (Hg.) (2013)
Qualitative Forschung: ein Handbuch, 10. Auflage, Reinbeck bei Hamburg

Fueglistaller Urs / Fust Alexander / Federer Simon (2007)
Kleinunternehmen in der Schweiz – dominant und unscheinbar zugleich, 2. überarb. Aufl., Solothurn

Gehrhards Sandra / Trauner Bettina (2007)
Wissensmanagement: 7 Bausteine für die Umsetzung in der Praxis, 3. Auflage, München

Gronau Norbert (2009)
Wissen prozessorientiert managen: Methode und Werkzeuge für die Nutzung des Wettbewerbsfaktors Wissen in Unternehmen, München

Hansen Heiko (2009)
Gründungserfolg wissensintensiver Dienstleister: Theoretische und empirische Überlegungen aus Sicht der Competence-based Theory of the Firm, Wiesbaden

Kühl Stefan / Strodholz Petra / Taffertshofer Andreas (Hrsg.) (2009)
Handbuch Methoden der Organisationsforschung - Quantitative und Qualitative Methoden, Wiesbaden

Lehner Franz (2012)
Wissensmanagement: Grundlagen, Methoden und Technische Unterstützung, 4. aktualisierte und erweiterte Auflage, München

Lasogga, Frank (1998)
Emotionale Anzeigen- und Direktwerbung im Investitionsgüterbereich - Eine exploratorische Studie zu den Einsatzmöglichkeiten von emotionalen Erlebniswerten in der Investitionsgüterwerbung, Frankfurt am Main, New York u. a.

Mayer Horst Otto (2013)
Interview und schriftliche Befragung - Grundlagen und Methoden empirischer Sozialforschung, 6. überarb. Aufl., München

Meuser Michael /Nagel Ulrike (1991)
ExpertInneninterviews - vielfach erprobt, wenig bedacht: ein Beitrag zur qualitativen Methodendiskussion. In: Garz, Detlef (Ed.) ; Kraimer, Klaus(Ed.): Qualitativ-empirische Sozialforschung : Konzepte, Methoden, Analysen. Opladen

Nickelsburg Angelika K. (2007)
Wissensmanagement - Verfahren, Instrumente, Beispiele für Vereine und Verbände, Bonn

Nonaka Ikuijri / Takeuchi Hirotaka (2012)
Die Organisation des Wissens: wie japanische Unternehmen eine brachliegende Ressource nutzbar machen, 2. um ein Vorwort erweiterte Auflage, Frankfurt/New York

North Klaus (2011)
Wissensorientierte Unternehmensführung: Wertschöpfung durch Wissen. 5. aktualisierte und erw. Aufl., Wiesbaden

Polanyi, Michael (1985)
Implizites Wissen, Frankfurt am Main

Porst, Rolf (2000)
Praxis der Umfrageforschung. In: Sahner, Heinz (Hrsg.): Studienskripte zur Soziologie, 2. überarb. Aufl., Wiesbaden

Probst Gilbert / Raub Steffen / Romhardt Kai (2012)
Wissen managen: wie Unternehmen ihre wertvollste Ressource optimal nutzen, 7. überarb. Aufl., Wiesbaden

Rauchfleisch Udo (2005)
Testpsychologie, 4. Überarb. Auflage, Göttingen

Schreyögg Georg / Geiger Daniel (2004)
Kann man implizites in explizites Wissen konvertieren? Die Wissensspirale auf dem Prüfstand, erschienen in Wissenschaftstheorie in Ökonomie und Wirtschaftsinformatik, Wiesbaden

Franken Swetlana (2007)
Verhaltensorientierte Führung: Handeln, Lernen und Ethik in Unternehmen, 2. Auflage, Wiesbaden

Strebel Heinz (2007)
Innovations- und Technologiemanagement, 2. Erweiterte und überarbeitete Auflage, Wien

Waibel Roland / Käppeli Michael (2010)
Betriebswirtschaft für Führungskräfte: Die Erfolgslogik des unternehmerischen Denkens und Handelns, 3. Auflage, Zürich

Werner Matthias (2004)
Einflussfaktoren des Wissenstransfers in wissensintensiven Dienstleistungsunternehmen - eine explorativ-empirische Untersuchung bei Unternehmensberatungen, Wiesbaden

Winkler Roland / Bauer Renate / Ditzel Benjamin / Ebner Daniela / Gutounig Robert / Stoller Stefan / Ninaus Manfred / Oberschmid Hannes (2007)
Das Praxishandbuch Wissensmanagement: Integratives Wissensmanagement, Graz

Wyssusek Boris / Schwartz Martin / Oliver Schliebs (2004)
Wissensmanagement komplex: Perspektiven und soziale Praxis, Berlin

Zehnder Carl August (2003)
Informatik-Projektentwicklung, 4. Auflage, Zürich

6.1.2 Fachzeitschriften, Journals, Zeitungen

Bettoni M. (2002)
Auch KMU brauchen Wissensmanagement. In: MACH, Nr. 13 09/2002

Culen Julia (2006)
Mit Netzwerkstrukturen das traditionelle Organisationsdenken überwinden. In: Lernende Organisation, Nr. 30 März/April, S. 38-43

Föhr Tanja (2011)
Wissenstransfer hoch vier – Online & offline, sozial & fachlich. In: Wissensmanagement, Nr. 3

Gobi Birgit (2014)
Wissen managen: HP setzt auf Menschen, Prozesse und Technologie. In Personalmanager, Nr. 4, S. 26-29

Hoeper Stefan (2013)
Wissenstransfer: Videos sagen mehr als tausend Bilder. In: Wissensmanagement, Nr. 9

Käser Urs (2002)
Was bringt der Einsatz von externen Spezialisten bei EDV-Projekten? In: Neue Zürcher Zeitung
http://www.nzz.ch/aktuell/startseite/article7X1PL-1.365252/ 11.09.2002

Mühlefeld Claus / Windolf Paul / Lampert Norbert / Krüger Heidi (1981)
Auswertungsprobleme offener Interviews. In: Soziale Welt, Jg. 32, S. 325-352

Osterloh Margrit / Weibel Antoinette (2008)
Managing Motivation - Verdrängung und Verstärkung der intrinsischen Motivation aus Sicht der psychologischen Ökonomik. In: WIST 37, Nr. 8, S. 406-411

Rohleder, Norbert (2004)
Die Bausteine des Wissensmanagements in der Praxis. In: Wissensmanagement Nr. 08

http://www.wissensmanagement.net/online/online_artikel_und_e_paper_archiv/fachbeitraege/a
usgabe/artikel/die_bausteine_des_wissensmanagements_in_der_praxis./ 09.02.2014

Stamov Christian (2008)
    Bei uns steht alles auf dem Kopf. In: Frankfurter Allgemeine Zeitung
    http://www.genios.de/presse-archiv/artikel/FAZ/20081101/im-gespraech-christian-stamov-
    rossn/FD1200811011968340.html/ 25.07.14

Szulanski, Gabriel (1996)
    Exploring Internal Stickiness: Impediments to the Transfer of Best Practice Within the Firm. In:
    Strategic Management Journal Nr. 17 (Winter Special Issue), S. 27 - 43
    http://gul.gu.se/public/pp/public_courses/course40530/published/1291620354679/resourceId/1
    5964758/content/Szulanski1996%20-%20Theme%203.pdf/ 03.08.2014

6.1.3 Wissenschaftliche Arbeiten

Meinke Julia Hanna (2012)
    Wissensmanagement im Bereich der universitären Forschung, Inaugural-Dissertation zur Erlan-
    gung der Doktorwürde, philosophischen Fakultät III der Universität Regensburg.

Qattawi Lisa (2006)
    Barrieren im Wissensmanagement, Magisterarbeit zur Erlangung des akademischen Grades Ma-
    gistra der Kommunikationswissenschaft, Paris-Lodron-Universität Salzburg

Romhardt Kai (2001)
    Die Organisation aus der Wissensperspektive - Möglichkeiten und Grenzen der Intervention, Dis-
    sertation an der Université de Genève

Sennhauser Oli (2002)
    Vorteile externer IT-Dienstleister gegenüber internen Mitarbeitern, Diplomarbeit zur Erlangung
    des Titels NDS Wirtschaftsingenieur FH, Private Hochschule Wirtschaft (ein Teil der Berner Fach-
    hochschule), Bern

Sukowsky Oliver (2002)
    Der Einfluss der Kommunikationsbeziehungen auf die Effizienz des Wissenstransfers - Ein Ansatz
    auf Basis der Neuen Institutionenökonomie, Dissertation zur Erlangung der Würde eines Doktors
    der Wirtschaftswissenschaften, Universität St. Gallen

6.1.4 Internet

Brosziewski Achim (1999)
    Wissen über Wissen - Zusammenhänge zwischen Wissensökonomie und Wissenssoziologie, er-
    schienen in: Schwaninger, Markus (Hrsg.): Intelligente Organisationen. Berlin (Duncker & Humblot)
    www.sozialarabeit.ch/dokumente/wissen_ueber_wissen.pdf/ 03.05.2014

Bundesamt für Statistik
    Definitionen: 06 Industrie und Dienstleistungen
    http://www.bfs.admin.ch/bfs/portal/de/index/themen/06/11/def.html / 05.01.2014

Core Business Development GmbH
    WiKoLe – Das Methodenset für die Wissenskommunikation im unternehmerischen Alltag. In
    http://www.community-of-
    knowledge.de/fileadmin/user_upload/attachments/WiKoLe_Artikel.pdf/ 16.03.2014

Dirbach Jörg (2013)
Lernen ist wichtiger als Wissen. In
http://www.community-of-knowledge.de/beitrag/lernen-ist-wichtiger-als-wissen/ 16.03.2014

Doberstein Steffen (2004)
Wissensmanagement-Stammtische. In
http://www.community-of-knowledge.de/beitrag/wissensmanagement-stammtische/ 16.03.2014

Dunning David
New York Times: Interview mit David Dunning. In
http://opinionator.blogs.nytimes.com/2010/06/20/the-anosognosics-dilemma-1/ 20.06.2010

Finke Ina
Verhaltensänderung und Motivation für Wissensmanagement
http://subs.emis.de/LNI/Proceedings/Proceedings28/GI-Proceedings.28-70.pdf/ 10.08.2014

Franken Swetlana (2010)
Wissensmanagement in KMU: Bedeutung, Konzepte, Einführung. Impulsvortrag im Rahmen der
Veranstaltung „Vorsprung durch Wissen", In
http://www.pro-wirtschaft-
gt.de/fileadmin/media/bilder/Wirtschaft/Innovation/Innovations.Kreis.GT_2010/prowirtschaftGT
_Innovations.Kreis.GT_Prof.-Franken_Wissensmanagement-in-KMU-24.03.2010.pdf/ 03.01.2014

Gilbert Oliver T. (2011)
Was verbirgt sich hinter der Externalisierung von implizitem Wissen? In
http://www.community-of-knowledge.de/beitrag/was-verbirgt-sich-hinter-der-externalisierung-
von-implizitem-wissen/ 16.03.2014

Lasogga Frank (2001)
Grundlagen, Erfolgsfaktoren und Umsetzung von Wissensmanagement-Systemen. In
http://www.community-of-knowledge.de/beitrag/grundlagen-erfolgsfaktoren-und-umsetzung-
von-wissensmanagement-systemen/ 16.03.2014

Neumann Robert / Grillitsch Waltraud / Müller-Stingl Alexandra (2007)
Best Practices und Lessons Learned aus Wissensmanagement-Initiativen. In
http://www.community-of-knowledge.de/beitrag/best-practices-und-lessons-learned-aus-
wissensmanagement-initiativen/ 16.03.2014

Schmid Bernd / Wahlich Stefan Mathias
Beratung als Kulturorientierte und sinnschöpfende Kommunikation. In
www.coaching-magazin.de, 16.06.2014

Schulz von Thun Friedemann
Miteinander reden, Störungen und Klärungen. In
http://www.schulz-von-thun.de/index.php?article_id=71, 16.06.2014

Wyssling Heinz Léon (2012)
Motivorientiertes Führen
http://www.personalmanagement.info/hr-Know-how/fachartikel/detail/motivorientiertes-
fuehren/ 10.08.2014

6.2 Verzeichnisse

6.2.1 Abkürzungsverzeichnis

Aufl.   Auflage

CoP   Communities of Practice

E-Mail Electronic Mail

etc.   Et cetera

Hrsg. Herausgeber

IT   Informatik

Jg.   Jahrgang

KMU

KVP   Kontinuierlicher Verbesserungsprozess

S.   Seiten

überarb.   überarbeitete

usw. und so weiter

uvm. und vieles mehr

verb. verbesserte

z.B.   Zum Beispiel

z.T.   zum Teil

6.2.2 Abbildungsverzeichnis

6.2.3 Tabellenverzeichnis

6.3 Diverse Unterlagen

6.3.1 Experten-Interviews

Fragebogen	A	B	C	D	E	F	Zahl	in %
Fragen zur Firma								
Wie lange besteht die Firma	15	28	11	11	13	15	15.5	
Anzahl Mitarbeiter aufgeteilt nach Interne/Externe	55	79	112	80	275	63	110.67	664
Interne	17	7	12	10	45	13	17.33	15.66%
Externe	38	72	100	70	230	50	93.33	84.34%
Minimum	30.9%	8.9%	10.7%	12.5%	16.4%	20.6%		
Maximum	69.1%	91.1%	89.3%	87.5%	83.6%	79.4%		
Aufteilung nach:								
Projektmanagement	5	10	25	56	150	3	41.5	44.46%
Minimum/Maximum	0.2%	13.9%	25.0%	80.0%	65.2%	6.0%		
SW-Entwicklung und Test	33	5	45	14	N	4	20.2	18.04%
Minimum/Maximum	86.8%	6.9%	45.0%	20.0%		8.0%		
Betrieb	0	57	30	N	15	43	29	25.89%
Minimum/Maximum	0.0%	79.2%	30.0%		6.8%	86.0%		
anderes	N	N	N	N	65	N	65	11.61%
Fluktuation in % über die letzten zwei Jahre	15	10	15	N	20	N	15	
Nur Zuwachs in % im letzten Jahr	5	30	5	N	20	N	15	
Gab es in den letzten 2 Jahren übermässiges Wachstum, Unternehmenszusammenschlüsse oder Reorganisationen?	N	N	N	N	N	N	Nein	
Fragen zu den eingesetzten Externen								
Kann das Verhalten zu Wissens(ver)teilung/Wissensnutzung aller drei Gruppen von Externen zusammengefasst werden? (wenn Nein, dann wird nur noch die Gruppe Projektleiter weiterbetrachtet)	J	J	N	J	J	N	Ja	
Arbeiten die Externen vorwiegend alleine beim Kunden oder sind mehrere Mitarbeiter vor Ort?	Gruppe	Alleine	Alleine	Alleine	Alleine	50/50		
Aufteilung nach Junior/Professional/Senior								
Junior	0	4	N	N	N	28	10.67	5.7%
Professional	4	50	N	14	104	40	42.3	37.8%
Minimum	0.6%	69.4%		20.0%	45.0%	80.0%		
Senior	34	18	100	56	127	10	57.42	61.5%
Minimum	86.9%	25.0%	66.0%	80.0%	55.0%	20.0%		
Geschlechterverteilung								
Männlich	38	40	97	56	N	48	55.7	84.4%
Weiblich	0	32	3	14	N	2.5	10.3	15.6%
Minimum	100.0%	55.6%	97.0%	80.0%		95.0%		
Maximum	0.0%	44.4%	3.0%	20.0%		5.0%		
Alter (Durchschnitt + jüngster + ältester)								
Durchschnitt	32	40	45	50	40	28	39	
Jüngster	23	21	38	30	22	20	26	
Ältester	47	64	65	67	68	56	61	
Durchschnittliche Mandatsdauer in Monaten	8	24	6	18	24	6	14.33	
Rahmenbedingungen								
Strategie								
Ist WT/WN ein Bestandteil ihrer Strategie?	N	J	J	N	J	N		
Wo sehen Sie in der Zukunft Handlungsoptionen im Bereich Strategie?	N	J	N	N	N	N		
Führung								
Wie wird heute die Wissens(ver)teilung und Wissensnutzung gehandhabt? Gibt es bereits Leitplanken zum WT/WN wie:	J	N	J	N	N	J		
Leitsätze	N	N	N	N	N	N		
Richtlinien	N	N	J	N	N	J	Richtlinien benutzten zwei der Firmen, wobei Firma C den Wissenstransfer explizit niedergeschrieben hat, Firma F benützt ebenfalls Richtlinien, sie werden aber gemäss eigenen Aussagen nicht konsequent durchgesetzt.	
Leitfäden	N	N	N	N	N	N		
Weisungen	N	N	N	N	N	N		
anderes:							• Firma A hat dafür institutionelle Gefässe entwickelt wie z.B. monatliche Treffen der Fachbereiche oder auch auf Firmeneben, lockere monatliche Brunchs. Zudem wurden personenbezogene Kompetenzzentren errichtet, so das Spezialistenwissen für alle sichtbar und abholbar wurde. • Bei Firmen B wird das den Kunden überlassen bzw. von denen übernommen. • Die Lösung der Firma C schaut so aus, dass jedem Mitarbeiter ein Coach zugewiesen ist, der die Regeln und Weisungen mündlich weitergibt.	
wenn Nein, besteht ein impliziter Verhaltenscodex?	J	J	N	N	N	N		
wenn ja: lebt die Führung vorhandene Grundsätze vor?	J	J	J	J	J			
Sehen Sie Möglichkeiten den WT/WN aus heutiger Sicht zu verbessern?	J	N	J	N	J	N	• A "das Rad nicht neu erfinden (zwischen den Abteilungen, auch international)" • C: "Durch Meetings die Beteiligung fördern, diese ist sehr persönlich, manchmal muss man sie zwingen dazu." • E: "Gruppierung, ev. wenn man gleiche Leute zusammenfasst und bündelt. Differenzierung zwischen einzelnen Verliehenen und Teams mehr beachten."	
Wie stellen Sie sicher, dass sich möglichst viele daran halten/beteiligen?								
Verhalten								
Wird die Umsetzung des WT gemessen	N	N	N	N	N			
Wird die Umsetzung des WT honoriert								
Extrinsisch mit welchen Mitteln? z.B. finanziell	J	N	N	N	N	N	Updates können Bonusrelevant werden	
Intrinsisch mit welchen Mitteln? z.B. Wertschätzung	N	J	J	J	N	N	die Externen erfahren z.B. Wertschätzung wenn der Wissenstransfer bemerkt wird.	
Wird die Umsetzung des WN gemessen	N	N	N	N	N			
Wird die Umsetzung des WN honoriert								
Extrinsisch mit welchen Mitteln? z.B. finanziell	N	J	J	N	J	N	Bei drei der Firmen wird die Wissensnutzung extrinsisch durch Saläranpassungen honoriert	
Intrinsisch mit welchen Mitteln? z.B. Wertschätzung	N	J	J	J	J	N	Bei vier der Firmen erfolgt eine intrinsische Honorierung mittels Wertschätzung, bei einer nicht systematisch und bei einer überhaupt nicht.	
Kultur								
Wie ist ihre subjektive Einschätzung zur (angenommener!) Unternehmenskultur in folgenden Punkten?								
Vertrauen	6	5	5	5	5	6	5.33	
Offenheit	6	6	6	6	5	5	5.67	
Lernbereitschaft	6	3	4	5	6	4	4.67	
Fehlertoleranz	5	5	5	5	N	5	5	
Feedback/Rückmeldungen	5	5	5	5	5	3	4.67	
Kritikfähigkeit	5	4	5	5	5	5	4.83	
Autonomes Handeln	5	5	5	5	5	5	5.17	
Umgang mit Nichtwissen (Mangelnde Kompetenz oder Bereitschaft zu Lernen und Veränderungen?)	5	3	5	5	N	4	4.4	
Wo sehen Sie in der Zukunft Handlungsoptionen in diesen Bereichen?	N	N	N	N	J	J	Firma D " immer dran bleiben, hinterfragen. Durchführung von Effizienzmeetings" sowie ein typisches Problem bei Externen aus der Sicht der Firma E: "sie vom Anfang an darauf hinweisen das sie ihre Fähigkeiten zur Verfügung stellen und dann regelmässig nachfassen".	
Systeme								
Werden bereits IT-Systeme zur Unterstützung von WT/WN eingesetzt?	J	N	N	N	N	N	Firma A setzt bereits IT-System zur Unterstützung des Wissenstransfer, alle anderen besitzen nichts, wobei sich Firma C immer wieder seit mehreren Jahren überlegt, ob sie etwas entsprechendes einführen soll.	
Wenn ja, welche/Nutzwert?	6	N	N	N	N	N		
Wenn Nein, werden alternative Systeme eingesetzt (ohne IT)?	N	N	N	N	N			
Wenn ja, welche?	N	N	N	N	N			
Sind ihre Informationsquellen benutzerfreundlich gestaltet?	6	J	4.5	6	5	5	5.3	

Fragebogen	Totalisierung über alle Firmen						Zahl	in %
	A	B	C	D	E	F		
Verbesserungsmöglichkeiten aus Ihrer Sicht (Applikations-Funktionen)	J	N	J	N	J	J		• A: "Die Pflege/Aktualität ist sehr schwierig, es gibt immer wie mehr veraltete/falsche Informationen. Jedes solches System krankt daran, man findet immer wie mehr Schrott, weshalb sie nicht mehr benutzt werden. In diesem Stadium braucht man sie nicht mehr, sondern geht direkt zur Person, die aktuelles Wissen hat. Eine Lösung dieses Problems ist aber nicht in Sicht. In der IT ist Wissen das älter als 2-3 Jahre ist total veraltet und nichts mehr wert. Deshalb braucht es Netzwerke und die Fähigkeit, Wissen aufzubauen. Daneben gibt es das Erfahrungswissen, das man nicht transferieren kann, jeder muss selber an die Wand fahren. Menschen müssen dürfen an die Wand fahren." • C: "Mehr Informationen hineintun, mehr Pflege, Aktualität fördern" • E: "Verwässerung mit nicht akkurater Daten, Sales-MA sind keine Administrations-MA, deswegen stimmen die Daten nicht ganz immer." • F: "wird neu gestaltet mit Update der bestehenden Software."
Fragen zu Wissensverteilung								
Wie bringe ich das Wissen zur richtigen Zeit an den richtigen Ort?								
Wissensmultiplikation								
Nach welcher Strategie wird Wissen bei Ihnen verteilt?								
Push-Strategie: Information ist eine Bringschuld. Information ist eine Bringschuld. Zentrale Entscheidung welches Wissen in welchem Umfang und wie verteilt wird, Wissen wird in die Firma gepresst. Anteil in % der Wissens(ver)teilung?	15	20	70	40	30		35	
Pull-Strategie: Information ist eine Holschuld. Bei Bedarf kann benötigtes Wissen schnell angefordert werden. Anteil in % der Wissens(ver)teilung?	85	80	30	60	70		65	
Welche Informationen/Wissen werden gepusht?								
Allg. Informationen	J			J		J	3	
Weisungen	J						1	
Technische Neuerungen	J		J			J	3	
Firmeninformationen		J	J	J	J	J	5	
Welche Informationen/Wissen werden gepullt?								
Wissen	J						1	
Individuelle pro Mitarbeiter (Weiterbildungen, Gesetze, Sozialversicherungen, Finanzen)			J		J	J	J	4	
Technischer Bereich			J				1	
Wo denken Sie ist der Nutzwert für den Nutzer höher?	Pull	Pull	WN	Pull	Pull	Pull		
Teilungsbereitschaft fördern								
Wie stark sind folgende Mitteilungsbarrieren bei ihnen ausgeprägt? Oder anders gefragt, weshalb werden gewisse Mitteilungen nicht mitgeteilt ;-)								
Fehlende Wahrnehmung der Wichtigkeit des Wissens	4.5	2	5	2	6	3	3.75	
Wie schätzt er die Situation ein in seinem Wirkungsbereich zu diesen Punkten?								
Kommunikationstalent	4	5	1	4	6	4	4	
Zeitproblem	2	5	1	4	5	2	3.17	
Unlust zur Dokumentation	4	6	1	4	5	5	4.17	
Besitzerstolz (ich habs erfunden, dir sag ich's nicht)	1	1	1	2	3	4	2	
Wer fragt gilt als unwissend	2	1	1	4	4	3	2.5	
Machtverlust	1	1	2	4	4	3	2.5	
Informationen zurückhalten um sich unentbehrlich zu machen	2	1	1	4	3	3	2.33	
Fragen zu Wissensnutzung								
Wissensnutzung als Erfolgskriterium								
Wie stark man sich bewusst, dass nur durch die Wissensnutzung das vorhandene Wissen in fassbare Resultate umgesetzt werden kann?	5	6	5	3	4	3	4.33	
Wird "Fragen zu stellen" als Zeichen mangelnder Kompetenz verstanden?	4	6	6	2	N	4	4.4	
Wird "Fragen zu stellen" als Bereitschaft zu Lernen und Veränderung aufgefasst?	5	6	5	3	N	4	4.6	
Wie stark wird Wissen als Ressource verstanden, die unabhängig von ihrem Ursprung zum gemeinsamen Nutzen der Organisation eingesetzt wird?	3	6	4	3	N	5	4.2	
Wird ein dokumentiertes Wissen als Hilfe/Information oder eher als Belastung aufgefasst?	4.5	6	3.5	3	4	5	4.33	
Hilfe	4.5	6		4.5			5	
Belastung			3.5		4	5	4.17	
Nutzungsbereitschaft fördern								
Wie stark (nach ihrer subjektiven Einschätzung) sind folgende Psychologischen Nutzungsbarrieren bei ihnen ausgeprägt?								
Angst vor Neuem (Generelles Beharrungsvermögen mit Altvertrautem)	1.5	5	5	3	1	4	3.25	
Überschätzung der eigenen Fähigkeiten	4.5	2	5	3	4	4	3.75	
Angst vor dem Verlust des eigenen Expertenstatus motiviert.	1	1	5	3	4	2	2.67	
Betriebsblindheit: Tendenziell wird mit zunehmender Routine auch die Bereitschaft sinken, neuen Verfahrensweisen ein Potenzial zur Verbesserung der eigenen Effizienz zuzutrauen.	2	5	2	2	3	3	2.83	
Grössere Verwundbarkeit durch das Eingestehen einer Wissenslücke (neues Wissen nutzen heisst gleichzeitig Unsicherheit akzeptieren und neue unbekannte Wege einschlagen)	2	4	5	3	3	2	3.17	
Geheime Spielregeln: Die Art und Weise, wie und bei wem das Wissen nachgefragt wird birgt zusätzliche Gefahren (Sympathien der Vorgesetzten oder anderer Mitarbeiter gehen verloren, die meinen, dass sie diese Frage auch hätten beantworten können).	1	1	2	3	N	2	1.8	
Das not-invented-here-Syndrom (nicht hier erfunden): „Nicht alle cleveren Menschen arbeiten in unserem Unternehmen, trotzdem erfinden wir das Rad neu.	3	1	4	3	N	2	2.6	
anderes: Will ich selber machen (grösserer Lerneffekt)	6	2	3	4	N	5	4	
Der Wissensnutzer								
Wie stark trifft folgende Aussage auf Ihr Unternehmen zu: Die Wissensnutzung wird von der Bequemlichkeit gesteuert: eine informelle Anfrage bei einem Kollegen in unmittelbarer Ruf – oder Gehdistanz oder ein kurzer Telefonanruf sind üblicher als eigenständige Recherche in einer Datenbank oder im Internet.	5	5	6	3	6	N	5	
Nutzergerechte Darstellung von Informationen (Hirngerechte Dokumente)								
Wie wird nach ihrer subjektiven Einschätzung bei der Wissensverteilung auf die Bedürfnisse der Nutzer eingegangen?								
Einfachheit (Weniger ist mehr = Reduce to the max)	4	3	5.5	4	6	6	4.75	
Aktualität	2	4	5.5	5	6	6	4.75	
Anschlussfähigkeit (Kollegen) Konnektik	5	6	6	5	6	6	5.67	
Visualisierung (Zeichnungen, Flipchart, Fotoprotokoll etc.)	5	5	5	5	6	1	4.5	
Kurzzusammenfassung	N	5	6	4	6	N	5.25	
Strukturieren wie z.B. Ausgangslage, Übersicht, Schnittpunkte, Einsichten, weiteres Vorgehen	4	5	6	4	6	N	5	
zu lange Berichte	2	1	2	3	6	N	2.6	
zu wenig handlungsorientierte Berichte	2	1	2	3	6	N	2.8	
Ist der Arbeitsraum oder das Grossraumbüro nutzungsorientiert eingerichtet? Z.B. mit Flipchart, Whiteboard etc.)	4	5	6	4	6	N	5.6	
Dauer des Interviews:	81	50	60	70	55	55	61.83	
Interview-Abschluss								
Ergänzungen/Inputs	N	N	N	N	N	N		
Wurde aus Ihrer Sicht alles Wichtige zum Thema WM behandelt?	J	J	J	J	J	J		

Tabelle 30: Auswertung der Experteninterviews, eigene Aufbereitung

6.3.2 Wissensmanagementtools

Zuerst einmal wurde erhoben, ob die Experten das Tool kannten, ob sie es bereits benutzten und wenn ja, bewerteten sie die Nutzbarkeit auf einer Skala von 1-6. Anschliessend wurde eine Bewertung der Antworten anhand der Gewichtungsskala vorgenommen (Anzahl Nennung mal Skalenwert durch Summe der Nennungen), was folgendes Bild ergab:

6.3.2.1 Totalisierung und Bewertung über alle Firmen

Titel	Bekannt		Nutzung			Anzahl Bewertungen auf Skala 1-6						Gewichtung
	Ja	Nein	Ja	Nein	WN	1	2	3	4	5	6	
Expertenverzeichnisse	4	2	3	2	0	0	0	1	0	1	1	4.7
Wissenskarten	1	5	0	4	0	1	0	0	0	0	0	1
Wissensmatrix	2	4	1	4	0	1	0	1	0	0	0	2
Kompetenzkarten	3	3	2	3	0	0	0	2	0	0	1	4
Informelle Netze	5	1	5	0	0	0	0	0	0	4	1	5.2
Netzwerke	5	1	5	1	0	0	0	0	1	2	2	5.2
Ideenmanagement	5	1	3	2	1	0	1	0	0	1	2	4.8
Kontexte welche das Neue	5	1	4	2	0	0	0	0	2	3	0	4.6
Lernforen/Erfahrungsgruppen	6	0	6	0	0	0	0	0	1	4	1	5
Lessons learned	5	1	4	2	0	0	1	2	1	1	0	3.4
Success Stories	5	1	4	2	0	0	0	0	2	2	0	4.5
Best Practice	6	0	5	1	0	0	0	1	3	1	1	4.3
Selbstreflexion	6	0	5	1	0	0	1	0	3	0	2	4.3
Communities (Practice/Learning)	6	0	4	2	0	0	2	0	2	1	1	3.8
Diskussionsforen	5	1	3	3	0	0	0	1	2	1	0	4
Groupware	5	1	4	2	0	0	0	1	1	1	1	4.5
Intranet	5	1	4	2	0	0	0	2	1	1	1	4.2
Mikro-Artikel	3	3	2	4	0	1	1	0	1	0	0	2.3
Götti	6	0	6	0	0	0	0	0	1	4	1	5
Projekt-Datenbanken	5	1	3	3	0	0	1	0	0	2	2	4.8
Qualitätszirkel	5	1	3	3	0	0	0	1	2	0	1	4.3
Storytelling	5	1	1	5	0	1	2	0	1	0	0	2.3
Wicki	4	2	1	5	0	1	2	0	1	0	0	2.3
Wissensbroker	3	3	1	5	0	0	2	1	0	0	0	2.3
Wissensdatenbanken	2	4	2	4	0	0	1	0	0	0	1	4
Wissens-Tandems	5	1	4	2	0	0	0	0	5	0	0	4
Job-Rotation	5	1	2	4	0	0	0	0	1	2	1	5
Handbücher	6	0	4	2	0	1	2	0	1	0	2	3.5
Seminare, Kurse	5	0	5	0	0	0	1	0	2	1	1	4.2
Train-the -trainer-Konzept	5	0	3	2	0	0	0	2	0	0	1	4
Learning "near the Job"	5	1	2	3	0	0	0	0	2	1	1	4.8
Business-Lunchs	6	0	4	2	0	0	1	2	1	2	0	3.7
Firmen-Anlässe	6	0	5	1	0	0	0	1	0	3	2	5
Team-Events	6	0	5	1	0	0	0	1	0	3	2	5
Workshops	5	1	4	2	0	0	0	0	2	0	3	5.2
Newsletter	5	1	3	3	0	1	2	0	1	1	0	2.8
Berichte	5	1	3	3	0	1	2	0	0	0	1	2.8
Sitzungen/Besprechungen/Meeting	6	0	6	0	0	0	0	2	1	2	1	4.3
E-Mail	5	1	5	1	0	0	2	0	1	0	2	4
Social Media	5	1	5	1	0	0	0	2	1	1	1	4.2

Tabelle 31: Totalisierung und Bewertung über alle Firmen, eigene Aufbereitung (J=Ja, N=Nein, WN=weiss nicht, Bewertung: 1=sehr schlecht - 6=sehr gut)

Firma A — Bekannt (J, N), Nutzung (J, N, WN), Bewertung Skala 1-6 (1,2,3,4,5,6)

Titel	J	N	J	N	WN	1	2	3	4	5	6
Expertenverzeichnisse (gelbe Seiten)	x		x								x
Wissenskarten		x		x							
Wissensmatrix		x		x							
Kompetenzkarten		x		x							
Informelle Netze	x		x								x
Netzwerke	x		x					x			
Ideenmanagement		x		x			x				
Kontexte welche das Neue ermöglichen	x		x					x			
Lernforen/Erfahrungsgruppen	x		x								x
Lessons learned	x		x			x					
Success Stories	x		x								
Best Practice	x		x			x					
Selbstreflexion	x		x					x			
Communities (Practice/Learning)	x		x		x						
Diskussionsforen	x		x								
Groupware	x		x								x
Intranet	x		x			x					
Mikro-Artikel	x		x				x				
Götti	x		x								x
Projekt-Datenbanken	x		x			x					
Qualitätszirkel	x			x							
Storytelling	x			x							
Wicki	x		x					x			
Wissensbroker	x		x				x				
Wissensdatenbanken	x		x			x					
Wissens-Tandems	x		x					x			
Job-Rotation	x			x							
Handbücher	x		x			x					
Seminare, Kurse	x		x					x			
Train-the-trainer-Konzept	x			x							
Learning "near the Job"	x		x								x
Business-Lunchs	x			x							
Firmen-Anlässe	x		x				x				
Team-Events	x		x				x				
Workshops	x		x					x			
Newsletter	x		x			x					
Berichte	x			x							
Sitzungen/Besprechungen/Meetings	x		x				x				
E-Mail	x		x			x					
Social Media	x		x					x			

Firma B — Bekannt (J, N), Nutzung (J, N, WN), Bewertung Skala 1-6 (1,2,3,4,5,6)

Titel	J	N	J	N	WN	1	2	3	4	5	6
Expertenverzeichnisse (gelbe Seiten)	x		x							x	
Wissenskarten	x		x								
Wissensmatrix	x		x							x	
Kompetenzkarten	x		x								
Informelle Netze	x		x								x
Netzwerke	x		x								x
Ideenmanagement	x		x								x
Kontexte welche das Neue ermöglichen	x		x								x
Lernforen/Erfahrungsgruppen	x		x								x
Lessons learned	x		x								
Success Stories	x		x								x
Best Practice	x		x								x
Selbstreflexion	x		x								x
Communities (Practice/Learning)	x		x								x
Diskussionsforen	x		x								x
Groupware	x		x								x
Intranet	x		x								x
Mikro-Artikel	x		x								
Götti	x		x								x
Projekt-Datenbanken	x		x								x
Qualitätszirkel	x		x								x
Storytelling	x		x					x			
Wicki	x		x								
Wissensbroker	x		x								
Wissensdatenbanken	x		x								x
Wissens-Tandems	x		x					x			
Job-Rotation	x		x								x
Handbücher	x		x							x	
Seminare, Kurse	x		x							x	
Train-the-trainer-Konzept	x		x				x				
Learning "near the Job"	x		x								x
Business-Lunchs	x		x								x
Firmen-Anlässe	x		x								x
Team-Events	x		x								x
Workshops	x		x					x			
Newsletter	x		x								x
Berichte	x		x								x
Sitzungen/Besprechungen/Meetings	x		x								x
E-Mail	x		x								x
Social Media	x		x					x			

Firma C — Bekannt (J, N), Nutzung (J, N, WN), Bewertung Skala 1-6 (1,2,3,4,5,6)

Titel	J	N	J	N	WN	1	2	3	4	5	6
Expertenverzeichnisse (gelbe Seiten)	x		x							x	
Wissenskarten	x		x							x	
Wissensmatrix	x		x							x	
Kompetenzkarten	x		x							x	
Informelle Netze	x		x							x	
Netzwerke	x		x							x	
Ideenmanagement	x		x							x	
Kontexte welche das Neue ermöglichen	x		x							x	
Lernforen/Erfahrungsgruppen	x		x								x
Lessons learned	x		x							x	
Success Stories	x		x							x	
Best Practice	x		x							x	
Selbstreflexion	x		x							x	
Communities (Practice/Learning)	x		x							x	
Diskussionsforen	x		x							x	
Groupware	x		x							x	
Intranet	x		x							x	
Mikro-Artikel	x		x							x	
Götti	x		x							x	
Projekt-Datenbanken	x		x							x	
Qualitätszirkel	x		x							x	
Storytelling	x		x							x	
Wicki	x		x							x	
Wissensbroker	x		x							x	
Wissensdatenbanken	x		x							x	
Wissens-Tandems	x		x							x	
Job-Rotation	x		x							x	
Handbücher	x		x							x	
Seminare, Kurse	x		x							x	
Train-the-trainer-Konzept	x		x							x	
Learning "near the Job"	x		x							x	
Business-Lunchs	x		x							x	
Firmen-Anlässe	x		x							x	
Team-Events	x		x							x	
Workshops	x		x							x	
Newsletter	x		x							x	
Berichte	x		x							x	
Sitzungen/Besprechungen/Meetings	x		x							x	
E-Mail	x		x						x		
Social Media	x		x					x			

Firma D — Bekannt (J, N), Nutzung (J, N, WN), Bewertung Skala 1-6 (1,2,3,4,5,6)

Titel	J	N	J	N	WN	1	2	3	4	5	6
Expertenverzeichnisse (gelbe Seiten)	x	x	x					x			
Wissenskarten	x		x		x						
Wissensmatrix	x		x		x						
Kompetenzkarten	x		x				x				
Informelle Netze	x		x							x	
Netzwerke	x		x							x	
Ideenmanagement	x		x							x	
Kontexte welche das Neue ermöglichen	x		x						x		
Lernforen/Erfahrungsgruppen	x		x					x			
Lessons learned	x		x					x			
Success Stories	x		x						x		
Best Practice	x		x						x		
Selbstreflexion	x		x						x		
Communities (Practice/Learning)	x		x					x			
Diskussionsforen	x		x						x		
Groupware	x		x				x				
Intranet	x		x						x		
Mikro-Artikel	x			x		x					
Götti	Nei		Nei			x					
Projekt-Datenbanken	x			x					x		
Qualitätszirkel	x			x					x		
Storytelling	x			x		x					
Wicki	x		x			x					
Wissensbroker	x		x			x					
Wissensdatenbanken	x		x							x	
Wissens-Tandems	x		x						x		
Job-Rotation	x		x							x	
Handbücher	x		x			x					
Seminare, Kurse	x		x			x					
Train-the-trainer-Konzept	x		x			x					
Learning "near the Job"	x							x			
Business-Lunchs	x		x			x					
Firmen-Anlässe	x		x							x	
Team-Events	x		x							x	
Workshops	x		x								x
Newsletter	x		x			x					
Berichte	x		x			x					
Sitzungen/Besprechungen/Meetings	x		x					x			
E-Mail	x		x			x					
Social Media	x		x								x

Firma E — Bekannt (J, N), Nutzung (x, x, WN), Bewertung Skala 1-6 (1,2,3,4,5,6)

Titel	J	N	x	x	WN	1	2	3	4	5	6
Expertenverzeichnisse (gelbe Seiten)	x										
Wissenskarten	x										
Wissensmatrix	x										
Kompetenzkarten	x										
Informelle Netze	x									x	
Netzwerke	x		x							x	
Ideenmanagement	x		x							x	
Kontexte welche das Neue ermöglichen	x		x						x		
Lernforen/Erfahrungsgruppen	x		x						x		
Lessons learned	x		x			x					
Success Stories	x		x					x			
Best Practice	x		x					x			
Selbstreflexion	x		x				x				
Communities (Practice/Learning)	x		x				x				
Diskussionsforen	x		x					x			
Groupware	x		x					x			
Intranet	x		x						x		
Mikro-Artikel	x		x			x					
Götti	x		x							x	
Projekt-Datenbanken	x		x					x			
Qualitätszirkel	x		x					x			
Storytelling	x		x			x					
Wicki	x		x		x						
Wissensbroker	x		x		x						
Wissensdatenbanken	x		x						x		
Wissens-Tandems	x		x					x			
Job-Rotation	x		x					x			
Handbücher	x		x							x	
Seminare, Kurse	x		x							x	
Train-the-trainer-Konzept	x		x			x					
Learning "near the Job"	x		x							x	
Business-Lunchs	x		x						x		
Firmen-Anlässe	x		Ja							x	
Team-Events	x		Ja							x	
Workshops	x		Ja							x	
Newsletter	x		x				x				
Berichte	x		x				x				
Sitzungen/Besprechungen/Meetings	x		x							x	
E-Mail	x		x							x	
Social Media	x		x							x	

Firma F — Bekannt (J, N), Nutzung (J, N, WN), Bewertung Skala 1-6 (1,2,3,4,5,6)

Titel	J	N	J	N	WN	1	2	3	4	5	6
Expertenverzeichnisse (gelbe Seiten)	x		x								
Wissenskarten	x										
Wissensmatrix	x		x						x		
Kompetenzkarten	x		x						x		
Informelle Netze	x		x								x
Netzwerke	x		x								x
Ideenmanagement	x		x				x				
Kontexte welche das Neue ermöglichen	x		x								x
Lernforen/Erfahrungsgruppen	x		x								x
Lessons learned	x		x							x	
Success Stories	x		x							x	
Best Practice	x		x							x	
Selbstreflexion	x		x								x
Communities (Practice/Learning)	x		x					x			
Diskussionsforen	x		x					x			
Groupware	x		x							x	
Intranet	x		x					x			
Mikro-Artikel	x		x							x	
Götti	x		x								x
Projekt-Datenbanken	x		x								x
Qualitätszirkel	x		x					x			
Storytelling	x		x			x					
Wicki	x		x			x					
Wissensbroker	x		x			x					
Wissensdatenbanken	x		x				x				
Wissens-Tandems	x		x					x			
Job-Rotation	x		x								x
Handbücher	x		x			x					
Seminare, Kurse	x		x					x			
Train-the-trainer-Konzept	x		x								
Learning "near the Job"	x		x					x			
Business-Lunchs	x		x								x
Firmen-Anlässe	x		x								x
Team-Events	x		x								x
Workshops	x		x							x	
Newsletter	x			x			x				
Berichte	x			x		x					
Sitzungen/Besprechungen/Meetings	x		x			x					
E-Mail	x		x					x			
Social Media	x		x								x

Tabelle 32: Auswertung der Bekanntheit, Nutzung und Bewertung der Wissensmanagementtools, eigene Aufbereitung
(J=Ja, N=Nein, WN=weiss nicht, Skala: 1=sehr schlecht - 6=sehr gut)